台州科普大讲堂

台州市民讲堂 第三辑

台州市科学技术协会 台州市图书馆◎编

國家圖書館出版社

图书在版编目（CIP）数据

台州科普大讲堂/台州市科学技术协会，台州市图书馆编.—北京：国家图书馆出版社，2015.3

ISBN 978-7-5013-5546-4

Ⅰ.①台… Ⅱ.①台… ②台… Ⅲ.①科学知识－普及读物 Ⅳ.①Z228

中国版本图书馆CIP数据核字（2015）第019466号

书　　名　台州科普大讲堂
著　　者　台州市科学技术协会　台州市图书馆　编
责任编辑　邓咏秋
助理编辑　潘　竹

出　　版　国家图书馆出版社（100034 北京市西城区文津街7号）
（原书目文献出版社 北京图书馆出版社）
发　　行　010-66114536　66126153　66151313　66175620
66121706（传真），66126156（门市部）
E-mail　btsfxb@nlc.gov.cn（邮购）
Website　www.nlcpress.com→投稿中心
经　　销　新华书店
印　　装　北京市通州兴龙印刷厂

开　　本　710×1000（毫米）　1/16
印　　张　24
字　　数　300千字
版　　次　2015年3月第1版　2015年3月第1次印刷

书　　号　ISBN 978-7-5013-5546-4
定　　价　58.00元

序

科学是什么？这是个问题。

近一个世纪前，伟大的五四运动中，赵家楼的熊熊烈火宣告了万马齐喑的中国终于响起了呐喊之声。“科学”与“民主”是那个时代反抗旧秩序的宣言。

那么，科学到底是什么？简单地说，科学是一种思想，是一种精神，也是一种方法，它包含科学知识、科学方法和科学精神三个维度。一个成年人只有同时通过这三个维度的调查测度，才能被认定为具备了基本的科学素质。2013 年，我们委托中国科普研究所对我市市民的科学素质情况进行抽样调查，调查结果显示，我市具备基本科学素质的成人的比例为 6.35%，高于 2010 年全国平均水平（3.27%），但与上海等先进地区近 20% 的比例相比，仍有较大的差距和不足。

如何提高我市人民的科学素质，它的实现路径是什么？这是近几年我们台州科协一直在探寻摸索的问题，“台州科普大讲堂”活动的举办就是我们找到的方法之一。在台州市图书馆的大力支持下，我们依托那里优越的讲座条件，开创了一种固定场所、固定时间、话题热门、听众稳定、热烈互动的科学知识普及讲座新模式，其效果之好，反响之大，受欢迎之广，远远超出我们当初的预计和期望。

科学普及是浇灌心灵的事业。每当看到讲座时台上老师飞扬的神采、台下孩子如醉的表情，每当看到听众们互动时求知若渴的眼神、结束时依依不舍的身影，我们知道我们的工作做对了，我们的路走对了。

科学普及是启迪智慧的事业。一堂深入人心的讲座，可以改变孩子的未来；一本饱含真知的书籍，可以启发读者的思索。为了更好地发挥知识讲座的传播效果，我们从近几年“台州科普大讲堂”的演讲稿中遴选出二十来篇，汇编成本书，以飨读者。

科学普及只有进行时，没有完成时，借用当下的话说，它永远“在路上”，我们期盼更多的有识之士参与到这项伟大事业中来。

是为序。

台州市科学技术协会

2014 年 9 月 9 日

目　录

接种疫苗　呵护健康

沈叙庄

主讲人简介：首都医科大学附属北京儿童医院主任医师，博士生导师，国务院特殊津贴专家，擅长小儿呼吸道感染性疾病的治疗。

各位家长、各位朋友，大家上午好。我今天非常高兴来到台州，跟大家一起讨论儿童的健康问题。今天在座的多数人可能都是孩子的家长，在临床中，我也经常看到，孩子一得病，家长都非常着急。今天，咱们在一起聊一聊儿童的感染性疾病，因为我主要从事的工作是儿童感染性疾病的预防和治疗。儿童期，感染疾病是非常常见的，小孩第一个出现的症状，往往是发烧。孩子一发烧，家长们就不知道怎么办了。今天，我从感染性疾病发生的原因、处理原则和预防方法三方面来跟大家聊一聊怎样使孩子健康地成长。

今天想给大家解答三个问题，第一个问题是婴幼儿为什么容易引起感染性疾病，这是一个大家都非常关心的问题。“我这孩子怎么老得病”，“我这孩子一有事就跑嗓子，一有什么就感冒”，“我这孩子在三个月里面感冒好多次了，上次没好，就又感冒了”。第二个问题是孩子为什么反复地呼吸道感染。这一点大家都有感受，孩子刚刚好，按说应该有抗体，应该有免疫力，怎么还会反复地呼吸道感染？第三个问题是如何预防儿童感染性疾病。下面，我就从这三方面给大家做一个简单的介绍。

首先，我们看一看感染性疾病。甭说在我们国家，就是在世界范围内，这都是一种常见的疾病。在感染性疾病引起的死亡病例中，呼吸道感染是占第一位的。儿童，尤其是小婴儿，最常见的就是呼吸道感染，就是我们常说的发烧、感冒、咳嗽、流鼻涕。其次，腹泻也很常见，特别是一岁以内的孩子，弄不好就腹泻了。所以，在儿童期，孩子呼吸道感染和胃肠道腹泻都是非常常见的。那么，我们怎样去辨别？我们又应该采取什么方法处理呢？不同的感染的处理方法是不一样的。

小孩为什么会反复引起感染呢？因为小孩在婴幼儿时期的抗体非常少，抵抗外面细菌和病毒的能力弱。母亲通过脐带将血液传给胎儿。母体与胎儿之间，有一层非常薄的膜，这层膜是什么呢？这层膜就是胎盘。母亲血液中的营养物质通过胎盘和脐带传给胎儿，所以只要孕妇有营养，胎儿的营养也会很充足。同样的道理，抗体也是通过胎盘进入脐带，传给胎儿的。如果母亲很强壮，那么，胎儿从他出生到新生儿期（就是月子期间），他的抗体水平还是蛮高的，跟他母亲相似，有的新生儿的抗体水平甚至比母亲还要高一些。但是出了满月以后，新生儿从母亲体内带来的抗体，慢慢就会分解掉。因为，所谓“抗体”都是蛋白质，会随着新陈代谢而分解。分解掉以后，新生儿的抗体水平就逐渐下降，特别是 2—4 个月的时候相对偏弱。按说新生儿应该要产生抗体，但是他本身小，免疫功能发育还不是很完善。所以，在这个时候，婴幼儿自身产生的抗体水平非常低，容易发生呼吸道和胃肠道的感染。大家会问，为什么就是呼吸道和胃肠道呢？因为，幼儿只有两个“口”直接跟外界接触，一个是呼吸用的鼻子，一个是吃东西的口腔。脏空气进入呼吸道，就会引起呼吸道感染。如果我们吃进去的食物不干净、不卫生，在经过胃肠道之后，就会引起胃肠道感染。所以，小儿容易引起呼吸道感染和胃肠道感染。

刚才我讲到了，小孩在出生两三个月，从母体获得的抗体水平降低，自身产生抗体的能力又没有那么完善，所以就很容易引起感染。在婴幼儿期，尤其是一岁以内婴儿，特别容易得病。当然，两三岁的孩子也容易得病，因为他一跑出去接触社会、接触人，就容易得感染性疾病。这个时候，家长要好好地把他保护起来，不要经常领他去公共场所以及空气特别污浊的地方，这么点儿大的孩子一定要在家里好好静养。在流感暴发的冬春季节，家长更要细心地呵护孩子，应当注意适当地补充营养，适当地锻炼，适当地休息，让他规律地生活，让他在清洁的空气中健康地成长。

第二个问题，小孩容易得什么样的感染性疾病呢？很常见的，比如流行性感冒。很多患儿家长来医院就说，“我这孩子感冒了，发烧了，赶快打吊瓶吧”。可他们不知道，很多的感冒刚一开始是病毒感染，而打吊瓶输液输的是葡萄糖加抗生素（就是抗菌药物）。这样的药物主要是对抗细菌感染的。如果，孩子就是一个病毒感冒，在正常情况下，是不需要输抗生素的。因为，抗生素是杀灭细菌的，对病毒没有作用。所以，请大家记住，很多小儿的感冒发烧，先吃退烧药，再吃一点清热解毒的中药就差不多了。因为病毒感染，现在也没有什么非常好的、非常有效的药物，当然也有抗病毒的药物，但这种药物的效果不是很好。一般来说，病毒感染的孩子，我们就是对症治疗。如果小孩烧得很高，可以用物理法降温。小孩的皮下脂肪都是很薄的，找到大的静脉、动脉的血管（比如颈部、腋下、大腿根部等大血管出入比较明显的地方），拿 75% 的酒精兑一半水进行擦洗，让他退烧。除这几种方法之外，家长还可以做什么呢？如果两三岁以上的孩子感冒了，是病毒感染的发烧，在初期的时候，家长可以用一些清热解毒的小儿中药。这类中药都会有泻的作用。用药后，孩子可能要拉稀。

一般来说，1 岁以内的孩子要慎用。因为，这样大的孩子一拉稀就不太好弄，不太好收拾。对于一般呼吸道感染、病毒感染引起的发烧，我们可以用上述方法来退烧，减轻孩子的症状。

一个身体比较健壮的孩子，如果是一般的感冒发烧，他的体温应该是一个逐渐下降的过程。比如，孩子昨天的最高体温是 39 度，今天的最高温度可能就 38.5 度了，再过一天就 37 度多了，是一个逐渐往下走的过程。很多家长走入了一个误区，孩子发烧，就要输液。其实，输液不好，可能在输了一些抗生素和糖类之后，孩子稍微精神了一点。但是，需要输液的人都呆在一起，交叉感染的几率非常高，这是一个更大的弊端。还有一种家长，孩子发烧不退就反复地带他来医院，这样一点好处都没有。我的建议是不要天天去医院，就让孩子在家里安静地休息，多饮水，按时服药。一般来说没有很好的特效药，这种感冒，七分养、三分治。家长一定要注意，孩子在感冒发烧的时候，要及时地就诊。如果就诊以后确认是呼吸道的感染，孩子状态还好的话，家长就要在家里好好地护理，控制孩子的活动，让他多多休息。一般来说，孩子感冒的话，早晨好一点，晚上还要烧，家长一定要注意这一点。家长要让孩子多饮水，注意他的排便，保证大小便通畅。每个孩子都是个体，没有一个公式是对所有孩子的。所以家长要分析自己孩子的情况，这是非常重要的。

很多家长一见孩子发烧就非常紧张，其实发烧发热是孩子对外界感染的一种反应，是有好处的。一般我们主张发烧超过38.5度再吃退烧药。实际上，轻微的发烧是孩子对抗病毒，或者是对抗感染的一种很好的反应，可以促进他产生抗体和新陈代谢。家长还要知道的是，发烧的高低并不能说明病情的轻重。这个孩子感冒了，发高烧，可能持续四五天就好了，也有的孩子发低烧，却得了很重的感染性疾病。所以，发烧不能作为判断孩子病情的标准。家长们一定要把握上述原则，来照顾好孩子。

小孩还有什么样的感染呢？比如，麻疹、风疹、流行性腮腺炎、水痘等。有的孩子可能出过水痘，是病毒感染的，这比较常见。而脊髓灰质炎的病毒感染是很少见的，但是这个病毒一旦感染，后果是非常严重的。还有像大家都知道的手足口病，也是病毒感染的。小儿最常见的感染除了初期的病毒感染还有细菌感染。现在的小孩在出生以后，接种的百白破（白喉、百日咳、破伤风）疫苗，就是一个三年基础免疫。孩子到了学龄前的时候，可能会出现链球菌感染，也就是猩红热，它是一种细菌感染。痢疾也是一种传染病，是一种痢疾杆菌感染。除上述感染外，还有肺炎链球菌感染、流感嗜血杆菌感染等。

我刚才讲的是细菌、病毒的感染，除此之外，还有支原体感染。刚才已讲，小孩容易引起呼吸道感染和胃肠道感染，其中呼吸道感染最常见。呼吸道感染分为三个层次，一是上呼吸道感染，二是气管和支气管炎，三是肺炎。我们的宝宝如果保护好了，常常停留在上呼吸道感染阶段。如果在这个阶段家长不好好地护理，孩子没有得到充分休息，抵抗力下降，交叉感染以后，炎症可能顺着气管往下走，就会得气管炎。家长再不好好地护理，炎症再顺着气管到了肺，就会引起肺炎。这是一个连带的关系。当然，我们希望孩子如果得了呼吸道感染，就停留在上呼吸道，大部分孩子都是可以康复的。

呼吸道感染一般都是飞沫传播。孩子在抵抗力很弱的时候就会发生感染，先在鼻咽，如果再往下走，可以引起气管炎和支气管炎，严重的还可以引起败血症、脑膜炎等等，那就是非常严重的情况了。当然，细菌感染要比病毒感染来得严重，会引起很多指标的上升，医生就会自动地给孩子输液，或者是让孩子吃一些抗生素。只有细菌感染的时候，才应该吃抗菌药。病毒感染的时候，不必预防用药。一般来说，孩子能不用抗生素就尽量不用，能口服就尽量不肌注或者输液，能不用抗菌药物就不用抗菌药物。抗菌药物在人群中应用多了以后，就会具备耐药性。如果耐药菌传播起来，我们再吃抗生素就不管用了。所以，大家一定要注意，不是所有的感染都要用抗生素，只有在细菌感染的时候才用抗菌药。

我们讲到了细菌感染，因为它是很严重的。门诊是把关的过程，是分流病人的过程。如果，孩子是上呼吸道感染，我们通过验血，看一看是细菌感染还是病毒感染，如果是病毒感染，就放心了一半。因为病毒感染护理得好，不再严重的话，是可以自己恢复的，就不急于用药。如果孩子是细菌感染，一定要尽早用药，而且要针对性用药，要遵照医嘱使用抗生素。

什么样的细菌容易引起感染性疾病呢？比如说肺炎链球菌容易让孩子得呼吸道感染，还可以引起中耳炎、气管炎、肺炎，重症的还会引起败血症、脑膜炎等等。流感嗜血杆菌也是很常见的。百日咳，是一种非常经典的呼吸道感染。它能引起孩子非常剧烈的咳嗽，也是一种细菌感染，现在已经有疫苗预防了。

刚才讲的都是呼吸道的感染，下面我简单地介绍一下消化道的感染。比如腹泻，一般是消化不良引起的，也有可能是病毒感染引起的。病毒感染引起的拉肚子，一般来说都是水泻，就是水样的大便。如果，孩子是细菌感染引起的腹泻，他的大便是脓样的便，有炎症的。秋季是腹泻常见季节，在10月份、11月份，常常有孩子得病毒感染的腹泻（水泻便），医生对症开一些安抚胃肠黏膜的药物，恢复胃肠的菌群，孩子也就好了。如果孩子脱水了，我们再给他输一些液体。小婴儿、婴幼儿尽量少口服抗菌药物。因为，小婴儿体内的菌群，能帮助他消化食物，也能抵抗外界毒素的侵入。如果孩子无意间吃了很多的抗生素，就会杀死大量正常的菌群，造成肠道紊乱，也容易拉稀。家长一定要注意这种情况。

我刚才讲到了呼吸道感染，也讲到了肠道的感染。现在我再给大家简单介绍一下小孩常常容易发生的出疹性疾病。小孩出疹性的感染疾病有很多种，比如麻疹，往往都是从孩子的耳后往下长。如果孩子面部出现红色的斑丘疹，家长要查看孩子的口腔黏膜是否有一块溃疡斑，如果有，孩子就出麻疹了。麻疹属于病毒感染，是可以自愈的。但是，感染麻疹后，孩子的抵抗力和免疫力都非常低，就特别容易得肺炎。所以，得麻疹的孩子一定要注意在家里隔离，不要到人多的地方去。麻疹导致肺炎死亡的病例是非常多的，不过现在我们有了麻疹的疫苗，它的功效是非常强大的。第二类出疹性疾病是风疹，它也是一种病毒感染的疹子，速来速去，发个一两天，孩子身上到处都是疹子，以脸、颈部、躯干为主。这时家长摸摸孩子的耳朵后，可能会淋巴结肿大。一般病毒感染引起的风疹，过两天很快就下去了。还有一类叫幼儿急疹。两三岁以内的小孩，一般都是发烧，等出了满身的疹子，烧一下子就退了。这是非常典型的幼儿急疹，也属于病毒感染。猩红热是一种细菌感染。孩子身上出了疹子，一定要到医院去看，如果诊断为猩红热的话，就是细菌感染，一定要用抗生素，疗程为 7 天。水痘也是两岁以内的孩子最常出现的病毒感染，冬春季节比较常见。水痘刚开始在头部，然后再到躯干、四肢。水痘和麻疹很相似，在生病期间，孩子的抵抗力非常低，容易引起败血症和并发性感染，所以家长一定要注意。还有就是手足口病，它是由多种肠道病毒引起的，主要的特点无外乎是孩子的手部、口部、足部起水疱疹子。前些年，这种病非常常见，在冬春季节就会流行。

那么，如何防止孩子感染传染性疾病呢？第一，要避免交叉感染，尤其是在冬春感冒流行的季节，家长不要带孩子到人多的场所，要给他一个干净的环境。第二，要让孩子适当地锻炼，要有强壮的身体。第三，要给孩子加强营养，多给他吃蛋白质食物，增强他的免疫力。当然，在感染性疾病流行期间，可以用药物预防。比如流感高发的时候，可以适当给孩子吃一点清热解毒的药物，让他有一些抵抗力。最后，就是疫苗的预防。目前，我国有很多种疫苗，比如小孩刚出生时接种的卡介苗、乙肝疫苗；后来还要接种的百白破疫苗；孩子在三四个月的时候，要吃的糖丸；到了八个月的时候，孩子打的麻疹疫苗、流脑疫苗。现在针对新的疾病，出现了一些新的疫苗，比如肺炎链球菌疫苗、流感嗜血杆菌疫苗。

针对肺炎链球菌，有的家长会问："我这孩子已经接种了，怎么还会得肺炎呢？"肺炎是由多种病源引起来的，除肺炎链球菌之外，其他的病毒、支原体也都可以引起肺炎。肺炎链球菌疫苗，只对肺炎链球菌感染有效。流感嗜血杆菌疫苗的效果比较好，现在大多数国家都在使用。

现在有许许多多的疫苗，除了我刚才讲到的计划内的，还有很多计划外的疫苗。孩子在 2 岁以内，大概要接种 20 针次的疫苗。

如果要接种更多的话，孩子受不了，家长也受不了。所以，很多的科学家就想到，把疫苗联合起来接种，即把多个疫苗搁在一个针里面进行接种，也叫作“联合疫苗”。这个方法就比较好，孩子轻松，大人也轻松，打一针就可以预防多种疾病。比如，现在就有麻疹、风疹的联合疫苗，还有麻疹、流行性腮腺炎联合疫苗以及五联苗，等等。五联苗就是注射用的脊髓灰质炎疫苗，加上百白破疫苗，再加上 B 型嗜血杆菌疫苗等五种疫苗，一针预防五种疾病，效果是比较好的。同时，这个疫苗还有两个免疫程序，可以使接种孩子的抗细菌感染能力增强，降低孩子得感染性疾病的可能。

最后，我想简单地说一下，感染性疾病对婴幼儿来说，是非常常见的，如果我们处理得不好，它会引起严重的并发症。抗感染的方法，除了家长对孩子进行科学有效的呵护外，疫苗接种也是一个很好的预防方法。联合疫苗，一针就可以防很多种疾病，既减少了注射的针次，又让孩子少受罪。如果我们预防接种的药品质量好，整个地区的孩子的抗体水平都很高的话，细菌和病毒就不容易在这个地区传播，那么孩子也就少得疾病。

最后再说一句，预防为主、医疗为辅，用疫苗来保护我们健康的宝宝。谢谢大家！

（以上内容根据 2012 年 4 月 13 日的讲座录音整理，略有删改）

“抑郁”——当今时代病

傅素芬

主讲人简介：主任医师，心理学硕士，杭州师范大学心理健康教育中心教授，国家卫生部突发公共事件应急专家委员会专家，浙江省卫生厅心理危机干预应急专家组专家，浙江省心理卫生协会副秘书长，2005年获杭州市“十佳临床医生”称号。从事心理咨询、心理治疗和心理危机干预工作20余年，有丰富的实践经验。曾参与“非典”期间被隔离者的心理服务，“云娜”台风后的心理救灾、印度洋海啸杭州幸存者的心理干预等突发事件中的心理危机干预工作。擅长青少年各种心理卫生问题的咨询和治疗、创伤后心理障碍的心理治疗。

抑郁症是一种时代病。现在人际关系复杂，竞争压力大，在媒体以及各种日常能够接触到的信息当中，我们常会看到因抑郁而自杀的消息，这同我们的生活环境、社会环境有关系。我在心理咨询门诊工作时，如果看 5 位病人，那么可能其中 3 位是有抑郁症的，我们现在称之为“心理的感冒”。

我先介绍一下时代病的基本情况，让大家从态度上、从认知上重视抑郁症的问题，因为它就在我们的身边，甚至可能发生在自己身上。世界卫生组织预测，抑郁症、艾滋病、癌症并列为 21 世纪的三大“杀手”；世界卫生组织、世界银行和哈佛大学的一项联合研究表明，抑郁症已经成为中国的第二大疾病；美国权威部门有一项调查，自杀者当中有 2/3 是抑郁症患者。抑郁症的一个主要特征是患者感到度日如年、生不如死，他对生的恐惧超过了对死的恐惧，所以才会采取一种极端行为来结束自己的生命。

现在产后抑郁症也很常见，它是女性在生完孩子后的三四个月里得的一种抑郁症，最可怕的后果就是扩大性自杀，她觉得活着很煎熬，要把她最放不下的人杀掉，再自杀。自杀群体当中有超过 2/3 的个体是一种病态，他们已经患有抑郁症或者有非常严重的抑郁情绪，而他们对于这种行为没有自控的能力。所以我们要给予这样的人群多一点关注。

9·11 恐怖袭击事件发生 3 年后，多数的幸存者也遭受到了诸如呼吸道疾病、抑郁焦虑和其他心理问题的折磨。抑郁症发病的原因有很多，其中有一个就是“创伤事件”，“9·11”就是一个典型的“创伤事件”。我们可以回顾一下自己的成长经历，有没有对自己身心造成极大伤害的突发事件，如果有，我们就要进行心理危机干预。我举个例子，一个十几岁的孩子曾经遭受性侵犯，过了一段时间以后，周围的人可能认为，孩子一切都恢复正常了，但是如果不进行心理干预的话，这件事对他心理的伤害就会很严重。如果再遇到类似的事件，就会累积，称之为“创伤累积”。所以说，遇到过这种突发的“创伤事件”的群体患抑郁、焦虑等心理疾病的概率就很高，我们也称之为“易感人群”。

在5·12汶川大地震之后，受灾地区出现了自杀的突发事件，经历了大地震的幸存者都遭遇了“创伤事件”，所以我们国家一直在对这个群体进行心理援助。浙江省对口援助的是青川县，我们的医生会经常到那边，给当地基层的工作人员讲一些心理科普知识，开展一些心理辅导，等等。

我们要树立一种观念，只看到身体的伤害是远远不够的，我们要重视心理创伤，有一些突发事件，我们自己觉得没事了，但可能在某一个时间又遇到了另外一件事就会把它引出来，再次影响心理功能。什么是心理功能？心理功能主要指工作效率、学习效率，思维的深度、广度，觉察能力，注意力和心理感受。心理感受就是你主观的感受，感觉神清气爽、精力充沛、脑子清楚、思维活跃，就是心理功能良好的一种主观体验。如果身体检查没有问题，但学习效率、工作效率很低，感觉自己整天很疲乏，有可能是你的心理出了一点问题。很多情况下，心理功能会影响到社会功能，原来非常喜欢和朋友们外出去玩，但现在不愿意了，而且连上班也不想去了，你的社会功能明显受到了影响。我曾经做过一个大学生休学退学的原因调查，大约 2/3 的学生不是因为客观因素而退学，而是因为各种各样的心理问题。所以说，心理问题影响了学习功能，这的确值得我们重视。

我们国家的抑郁症的情况是怎么样的？根据世界卫生组织研究报告和中国卫生部有关的资料，有 20% 的人有抑郁症状，当然抑郁症状和抑郁症是两回事，程度不一样、影响也不一样。20% 的人有抑郁症状，他们的心理功能都会受到一定程度的影响，而且他们的生活质量、主观感觉也会很不好。以前有一个电视调查，采访大家，“你幸福吗”，幸福到底是什么？到底和什么有关？大家肯定也有自己的判定。我们在 10 年前做过一个小范围的调查，一个人的经济收入和他的主观幸福度之间到底有什么关系？调查选择了三个群体，第一个群体是经济收入每年 3 万元左右的，第二个群体的收入是每年 10 万元左右，第三个群体的收入是每年 30 万元左右，结果发现第三个群体的主观幸福度并不是最高的。金钱和主观幸福体验并不能成正比。有大量的研究结论表明，经济收入、住房面积等物质条件和主观幸福度的关系不是成正比的，可能还有点成反比。我的门诊病人中有一位上市公司的总裁，他说别人都觉得他很幸福，公司这么大，身价那么高，但他自己觉得不幸福。我们还对浙江省直属机关的公务员做过一个调查，调查结果也是不容乐观。

我们的主观幸福度和金钱、权力的关系并不大，主观幸福度和主观的心理体验有关，至少心理应该是健康的。心理健康有什么标准呢？这个判定标准是自我的愉快、乐观的体验、高工作效率和和谐的人际关系。我们要判断一个人的心理健康水平如何，人际关系是非常重要的一个指标，一个人积极向上、对生活充满热爱，他的人际关系也会比较和谐。人际关系和谐既是心理健康的一个评判标准，也是维护我们心理健康的一个重要途径。“人”这个字，一撇一捺要相交才是“人”，人与人之间需要相互交往，需要尊重、需要爱。

我们现在来看一个案例，一个大三的男生非常聪明，学习成绩也很优秀，只用了三年半就完成小学学业，之后念完初中、高中，最后非常顺利地考上浙江大学，并且进入为优秀本科生实施“特别培养”的竺可桢学院。而他存在一个什么问题呢？叫作性心理问题，就是性别认同障碍，他不希望自己是男性，而是希望自己是女性。为什么会出现这样的问题？因为男生的发育本来就要比女生晚，等他上初中的时候，其他男生长得都比他高大，不愿意和他玩，他只能和女同学玩，无形之中就养成了女孩子的习惯，比如买一些小挂件、小饰品之类的。他的走路姿态、说话方式、手势等都非常像女孩子。这个例子也给我们一个启示，从小的玩伴是很重要的，从幼儿园到小学再到初中，同伴的交往可以给我们心理成长提供一个非常好的平台。

严重的精神疾病有一个发病原因，病人往往个性都比较孤僻，这是一个个性基础，但与我们通常所说的性格内向又是不同的，可能有人认为内向性格比外向性格容易导致心理疾病，这个说法不是十分科学，内向、外向都不是问题性格，而孤僻就是一个问题性格。

有20%左右的人有抑郁症状，这说明他们心理的幸福指数是偏低的。还有7%的人患有重型的抑郁症，这个就是一种疾病了，应该用科学的方法进行治疗。疾病需要治疗，不是说我想得开就能好起来，因为疾病一定有生理基础的问题，必须要遵循医生的治疗。抑郁症患者当中有90%没有得到过正规的治疗，现在我们对这样的疾病遮遮掩掩，可能会觉得不太光彩，治疗也是时断时续，所以最后就可能导致极端行为的发生。

浙江省在2004年做过一个15岁以上精神障碍患病情况的调查，精神障碍的总发生率为17.9%，其中最常见的就是心情障碍8.7%，心情障碍里面最常见的就是抑郁，重型抑郁障碍占4.5%。这些数据都是比较高的。现在每年的大学新生都要做心理普查，抑郁情况也是很明显的，如果进行及时的干预，情况就会好转。

曾经饱受抑郁症困扰的崔永元大声呼吁，不要歧视你身边患有抑郁疾病的朋友。很多人对心理疾病有一种病耻感，生病好像是一种耻辱，这是对精神疾病的一种不公平，当代社会应该要纠正这样一种思维的偏见。有的家庭有了这样的病人以后，不仅背负着经济负担，还要背负精神负担。所以我们也希望大家正确地认识这个病，对精神心理疾病患者给予一些宽容，给予一些理解。

现在我们要建立起一个新的健康理念。如果你连续好几天不开心、心里很难受，可能要看心理医生，我知道大部分人都会扛着，靠自我调整。当然，我国目前的治疗心理疾病的资源相对比较欠缺，一些病人对看心理医生有点失望。现在，病人就诊时间一般不会超过十分钟，医生了解病情后马上就开一点药。为什么是这样的模式？因为病人多，像一些大医院的医生可能一个上午要看六七十位病人，分配给每个人的时间就少了。我的很多病人曾经抱怨，觉得自己的心理疾病看不好了，认为医生连病情都没有判断好就开药，对医生那种看病方法不相信，觉得还是应该靠自己。现在，医生有难处，病人有怨言，是多方面原因造成的。

首先，我们自己对健康的整体观念要转变过来，不仅是身体出了问题我要去看医生，我现在心里感觉不是特别的稳定，也应该去看医生。你一两天睡不着不要紧，如果持续一两个星期，你的精力就会下降，你的社会功能就会受到影响，如果你自己纠正不过来，那就要积极地求助专家。这个求助本身是你自己的一个心理功能好的表现。有的人说我自己会解决的，过了半年都没好起来，问题会越来越严重。一个病不是一个晚上就发生的，有一个前兆积累，到一定的程度你没去理它，它严重到暴发了，这个时候就不行了、崩溃了，所以说我们自己的健康观念一个是身体的健康，一个是心理的健康，还有一个叫社会功能的完美状态。比如，你的身体检查都没问题，自己感觉好像还好，但问题是工作效率在下降，学习效率在下降，不愿意出门，这其实就是你的社会功能受到了影响，这个本身就是一个不健康的表现。所以从整体上来说，我们要树立一个整体的健康观。

不管你的种族、性别、年龄，都有可能患上抑郁症。据世界卫生组织统计，全球抑郁症的发病率约为11%，全球约有3.4亿抑郁症患者。抑郁症在特殊人群中显得更高，如慢性疾病病人患抑郁症的比率是9.4%，一般住院病人是33%，老年住院病人是36%，门诊癌症病人是33%，住院癌症病人是42%，脑卒中病人是47%，婚姻家庭变故的抑郁症发病率达80%以上。从年龄上分析，25到50岁的中青年是抑郁症的主要发病人群，占门诊量的80%。这些数据其实给大家一个提示，全球抑郁症发病率是相当高的，所以我们周围有一些朋友如果得了心理疾病，更需要你的照顾，不需要说什么，你的陪伴就是非常好的精神支持。这就是社会支持系统，指的就是家人、朋友的支持。

抑郁症是一种病，而有些人认为这只是一个思想问题。我的病人中就有这样一个案例，一个刚毕业的男青年患有非常明显的焦虑症，总是担心小事会出大问题，杞人忧天。他的父母都认为他是想得太多，看病都是花冤枉钱，没有理解他正在受疾病的折磨。一方面他为自己疾病而痛苦，另外一方面因为家人和朋友的不理解而痛苦。我们如果没有太多的专业知识，平时所能做的就是倾听他，做一些能够帮助他的事，而不是指责他想太多，这话很伤人。我们要消除固有的误解，抑郁不是心胸狭窄，也不是意志薄弱，更不是品质的问题。它是一种隐性的痛苦，没有伤口、没有流血，也没有检测到具体的数据。其实按目前的科学技术，是能够检测到脑内神经递质的变化，抑郁症病人脑内的神经递质相对缺少。

心情不好、郁闷、抑郁症，三者到底如何来鉴别？心情不好，每个人都会有，遇到顺心的事心情就好，遇到不顺心的心情就不好，这是一种正常的反应。郁闷还没有到抑郁症的程度，个人的主观体验是乏味、没有激情、没有乐趣，但是还能勉强工作和学习，被动地维持社会关系、社会活动，也可以称之为“抑郁状态”。如果心情不好、郁闷，大家自己可以调整过来，那没问题。但是，经常的郁闷就会给抑郁的状态埋下一颗种子。所以我们应该培养良好的情绪，学会观察美好的事物，从中获得力量。

抑郁症的主要特征有前驱症状、典型症状、伴随症状。前驱症状表现是乏力失眠。睡觉是基本的生理功能，如果你原来的睡眠比较好，也没有诸如大脑损伤等身体问题，而现在出现睡觉问题，大致可以判定你的心理、情绪有问题。睡眠是最敏感的心理功能的指标之一，所以大家对睡觉既要重视但又不能太重视。可能我们会偶尔失眠，那不要太在乎，不要想太多，要放松心情，睡眠规律自然会建立起来。如果，大家把心事放下，能睡多少算多少，慢慢地睡眠的规律可能又重新建立起来。睡眠和心理反应有密切的联系，对于二者来说，生理功能是一个很敏感的指标，包括工作学习效率的下降和内感性的不适，有很多称之为“隐性抑郁”，他们会到内科看病，主诉的是腰酸背痛、心慌乏力、头晕头痛等。内科医生一般会做一些检查，抽个血，拍个片，如果检查没有发现任何阳性的症状，内科医生会做出神经官能症的诊断，然后配一些中成药给你。有很多内感性的不适，客观检查没有任何阳性的结果，可能是心理疾病的躯体化表现。

我们再来看看典型症状。前驱症状出现后，如果我们不重视它，典型症状就会慢慢地出现。第一是情绪低落，表现出压抑、沮丧、烦恼，容易悲伤，无缘无故地哭泣。如果这种状态每天如此，连续超过了两周，那么临床上就是抑郁症的表现之一。第二是兴趣减退或者消失，这个兴趣不是指培养新的兴趣，而是原来非常感兴趣的事现在都不感兴趣了。第三是自我否定，患者的思维全是负面的，内疚、自责，觉得自己活着是社会、家庭的累赘，对自己的能力全盘否定。我曾经接手一位病人，他是一名工程师，他在抑郁症期间觉得自己一无是处，但仔细去问，他每一项工作都完成了。这个基础就是他的情绪到了一种病态的低落状态，思维变得非常消极，会加强情绪的低落，从而进入了一个恶性循环，所以这时候必须要求助医生。

伴随症状，情绪低落之后，思维会变得很慢、很迟钝，自我感觉就是脑子很笨，行为也是抑制的。情绪低落会影响思维、行为和注意力，也就是心理功能。有些学生考试的时候会有“考试焦虑”，如果焦虑超过了一定的程度，一定会影响他的心理功能，比如有些知识本来记住的，一到考场就忘了，这就是记忆提取功能出了问题，情绪问题影响到了心理功能。焦虑的人一般伴有抑郁，抑郁的人伴有焦虑，这两种病在治疗上是不一样的。伴随症状还有很多是躯体症状，比如消化系统功能性疼痛。胃肠道是我们的情绪器官，胃溃疡就是典型的心身疾病。心身疾病是由心理因素引起的一些躯体的疾病。大家认为胃溃疡就是有一个溃疡灶，怎么会由心理因素引起呢？科学家从动物实验证明，长期的焦虑和抑郁会导致身体器官功能的损害。所以伴随的症状特别是隐性抑郁，它就是以疼痛为主的一种表现。

接下来我们来看患抑郁症的原因。原因很复杂，一般是三个方面——生理、心理、环境因素。

生理因素，大脑神经的递质中有一个叫五羟色胺，它和人的情绪相关，如果五羟色胺的浓度太低就会抑郁，太高会特别兴奋乃至狂躁，所以它应该维持在正常水平。精神疾病有遗传倾向，这也属于生理范畴，但并不是说家族里有这样的病人，其他人一定会得这个病，只不过是易感性比一般的人群更高一些。

心理因素，或者说是个性因素。现在我们父母对孩子的培养，不要只关注他的营养、他的成绩，还要多多关注他的心理、心情。有一本书叫《素质教育在美国》，其中就比较了美国的父母和中国的父母对孩子的一个态度调查，美国的父母在孩子放学后问他的第一句话一般是“你今天开心吗”，中国的父母一般问“你今天想吃什么”，“你在学校表现好吗”。现在的孩子都很聪明，他在快乐当中学习，效率一定很高。现在特别是初中阶段的孩子，逆反心理是特别明显，这其实同父母的教育是有关系的，因为孩子现在接受的信息很多，他自我保护意识也很强，家长要把他当成一个有思想的成人来看待，你要尊重他，他也会尊重你。如果不尊重他，总是命令式地教育孩子，孩子可能逆反得越来越严重。我觉得孩子的学习成绩和心理健康比较起来，那一定是后者重于前者。

环境因素，比如自然环境的光照缺乏，像北欧国家光照时间少，当地人群抑郁症发病率就高。在临床上治疗有一个“光照治疗”，就是通过光照提高神经递质的功能。

得了抑郁症怎么办？我们要直面抑郁。抑郁症已经被医学证明是一种病，所以就应该咨询医生或者用药物来辅助。抑郁症是一种心理疾病，如果患者主动求治的欲望比较强烈，治疗效果也会比较好。因为抑郁症的治疗不仅仅是给你一颗药，心理治疗还有很多家庭作业的，患者要配合去做。如果患者不配合，对治疗抑郁没有信心，没有很好地遵守医嘱，那么治疗效果是不太好的。

医生会开出很多的处方，包括家庭作业，就是在医生的指导下去做一些事，比如，医生说每星期运动 3 次，走路 30 分钟以上，你如果做不到，那就减少到两次，还是做不到，那就每星期运动一次，这就是家庭作业，你必须要在医生的指导下去执行。另外就是维持正常的生活节奏，很多病人，他工作也停了，学习也进行不下去了，生活没有规律，这样对治疗是很不利的，应当建立起良好的生活规律，维持好自己的生物钟。

患者还要找人倾诉，及时宣泄不良情绪。这就需要家人、朋友的支持。然后，病人还要找出抑郁的节奏，就是每天什么时候感觉最不好，是早上起床的时候还是晚上临睡之前，这个时候医生就要布置相应的任务让他去执行。有的人在很压抑的时候，会到书房里写字，让心情能平静下来。运动是抑郁症的病人必备的作业，因为运动能够提高五羟色胺的含量，慢跑 90 分钟能够提高一倍，长期的慢跑能够增加活动力，运动能够使我们的身体分泌更多的兴奋的物质。

我觉得现在对抑郁症的心理治疗已经非常成熟了，最好的一种治疗方法叫作“认知行为治疗”，抑郁症确实要服用一些抗抑郁的药，但我们认为这些药处于一个辅助的位置，单单吃药的话可能改善一下情绪，但是无法治本。因为抑郁症病人往往会有一种思维，叫作“歪曲的认知”，他们有很多不客观的认知需要重新转变过来，单单服药是不管用的，还要配合一些心理的治疗。大家一定要明确一个概念，抑郁症是可以被治愈的，能够彻底被治愈的。很多人认为严重的抑郁症可能会发展成精神病，实际上是不会的，这是两种性质的疾病，类似抑郁症的强迫症、焦虑症，都不会变成精神分裂症，这是大家要明确的。

今天的讲座就到这里，谢谢大家！

（以上内容根据2013年3月16日的讲座录音整理，略有删改）

认识心肌梗死

杜于茜

主讲人简介：1994年毕业于浙江大学医学院，现任台州医院心血管内科主任医师，擅长冠心病、高血压、心力衰竭等心脏常见病及疑难病症的诊治。

今天我讲的话题是心肌梗死。我们先来说一下几位大家都非常熟悉的人：高秀敏、马季、侯耀文，他们都是曾经活跃在舞台上的艺人，都死于心肌梗死，所以对于心肌梗死，我们并不陌生。

心肌梗死的病灶在心脏，关键点是血管，血管如果堵住，就造成了一大片心肌的坏死，引起生命危险。我在临床工作了至少15年，五六年前碰到过一位病人，是杭州的一位退休老人，他和老伴参加了一个旅游团到我们临海来玩。这位老人其实有冠心病，平时病情蛮稳定的，吃阿司匹林跟硝酸甘油。到

临海长城去旅游的前一个礼拜他有点胸口闷，当时想退休后难得和老伴一起出来玩，忍一忍就过去了。于是旅游的时候就把药带上了，结果第一天去爬长城就不舒服了。他到下午熬不住了，就被送到台州医院，送到的时间是下午两三点钟。我们给他做了心电图、验了血，最后检测出来的结果是心肌梗死，当时我们给他的建议是马上做手术。他非常犹豫，老伴也拿不了主意，后来反复沟通，定在晚上做手术。手术中，发现不止一根血管堵了，当时我们把那根堵得最严重的血管开通了，手术结束后回到病房已经 11 点半。算一下时间，他从发病到手术做好至少有 10 个小时了。第一天晚上情况很好，第二天白天查房的时候也不错，到第二天晚上发生急性左心衰，胸闷、肺部罗音，躺不下。我从家里赶过来立马对其进行抢救，手术后终于挺过来了。过了三四天，老人的情况就蛮好了，转回到我们心内科。他的子女大概是三四天以后到临海来把他接走的。我随访了一下，他到杭州以后，又放了第二个支架。有两个问题：老人明明患的是冠心病，为什么会发生急性心肌梗死？治疗以后为什么又会发生一次急性左心衰？

第一个问题主要是因为这个老人在病情变化的时候没有重视。冠心病其实是一个血管的疾病，在病情变化的时候及时重视是非常重要的，平时非常稳定，劳累时候、紧张时候胸闷，差不多每次几分钟，吃点药是可以的，但是在一些特殊的情况下，比如老人旅游之前病情已经有变化了，晚上开始胸痛、胸闷了，如果这个时候再不重视，那么就要出问题了。这位老年病人正是这样子。他在病情变化的时候没有重视，也没有在旅游开始前咨询医生应该带什么药，应该重视什么？第二个没有做好的就是，他知道自己有冠心病，就应该准备好一旦出现严重并发症的应对措施。心肌梗死一旦发生，到底做不做手术？不做手术有不做手术的打算，做手术有做手术的打算。本来时间是够的，从他发病到我们医院就诊的时间还算是蛮短的，在6个小时之内，如果那个时候血管就开通了，可能之后就不会发生心功能衰竭。可是他一直在犹豫，直到10个小时才去做手术，心肌坏死面积肯定是会扩大的。时间越短，梗死面积越小，心功能保护得越好。作为一个有慢性疾病的人，不管是高血压，还是冠心病，平时就要多想一想，一旦出现并发症，我该怎么办？

下面我们就讲一下心肌梗死的特点，心肌梗死的高危人群应该怎样去预防并发症的发生。冠心病目前是人类的第一杀手，我国每年大概有260万人死于心血管疾病，其中有70万是死于冠心病，绝大部分都是心肌梗死，当然一部分可能是心律失常，还有一部分是其他原因，比如说心脏破裂。我们先来看一下什么叫冠心病？冠心病其实就是心脏里面血管的疾病。心脏里面的血管叫冠状动脉，大的血管其实是三根，左侧两根，右侧一根。

左侧叫左冠脉，右侧叫右冠脉。冠状动脉发生了粥样硬化引起血管腔变狭窄或者堵塞，导致心肌缺血、缺氧、坏死，引起病人胸闷、胸痛，严重的话可以引发死亡。冠心病其实是心脏冠状动脉疾病的一个总称，有很多种类型，比较常见的有心绞痛、心肌梗死和猝死，还有一些不是很常见的类型，比如心肌病和无症状性的冠心病，平常没有任何感觉，如果突发就是心肌梗死或者猝死。

心绞痛是什么样子的呢？如果医生告诉病人，你这个病是心绞痛。病人会说，我不痛啊，就是有点闷，有点不舒服。胸闷和胸痛其实是同一回事。胸闷只是程度轻一点的胸痛，胸痛是程度重一点的胸闷。心绞痛有两个特点：一个是有诱发因素的，比较常见的是体力劳动或者情绪激动，这些因素都会引起心脏的负担加重，使心跳加快，诱发胸部不适，最常见的是胸痛胸闷，或者是心前区的压迫感。它的临床特点一般体现在胸部局部的心绞痛，如果持续时间是3—5分钟，是能够靠休息或含服硝酸甘油自行缓解的，这个就是最典型的心绞痛。任何疾病都有不典型的，心绞痛也可以出现在其他部位，时间也可以稍微长一点或稍微短一点，但大部分都是这个类型的。

第二种类型就是我们今天重点要讲的心肌梗死。心肌梗死跟心绞痛的病理基础是一样的，症状也很相似，但也有不同的地方。一是它的胸痛跟心绞痛相比更加剧烈，时间更加长久。一般时间是超过半个小时，甚至可以长到好几个小时或者好几天。心肌梗死伴随着心肌坏死。如果冠心病患者已经确诊，平时有心绞痛，一旦出现这样的胸痛剧烈，时间很长同时有全身不舒服，硝酸甘油含服突然没效果了，就要怀疑心肌梗死。

猝死现在网上报道也比较多，有时候是年轻人，有时候中年人，猝死里面很大一部分都是心脏疾病，其中包括心肌梗死。猝死的冠心病类型是一种急性发作，时间很短，心脏就停止跳动，有一些尸检发现，其实是冠脉堵塞引起的心肌梗死。

今天的讲座分为三部分内容：第一部分讲我们如何认识心肌梗死；第二部分讲一讲哪一些人容易得心肌梗死；第三部分讲心肌梗死怎么防治。

一、如何认识心肌梗死

先来讲一下心肌梗死的胸痛到底有多痛。胸痛很剧烈，最典型的是一种胸部的紧缩感，好像有一个东西箍在那儿，有一种濒临死亡的感觉。以前上实习课的时候，老师告诉过我们，心绞痛、心肌梗死、冠心病这种痛，不是一般的痛，是心肌有缺血或坏死才放射到体表的那种痛，是非常剧烈的。大部分的心绞痛或心肌梗死，只要得过一次，终生难忘。心肌梗死痛在心前部，濒临死亡的那种感觉都在胸廓后区，这个部位是最典型的。但任何疾病都会有不典型的位置，心脏这个位置的疼痛会牵拉胸膜、胸壁，会出现神经的放射痛，牵涉到其他部位，出现一些不典型的胸痛

部位，比较常见的是颈部和下颌部。像这种情况，有时候就会出现在牙科，有些病人一段时间出现了牙齿不舒服，下颚角的酸胀痛。我们碰到过一个病人，早上给孙女去买油条，冷风一吹，走两步路就开始牙痛了，痛了好长时间，然后去看牙科，检查后发现牙齿是好的，后来到心内科一查，是心绞痛。这个是具有诱发因素的，走路是一个运动，早上冷风吹是一个刺激，引起了心绞痛，最后神经放射到了牙齿，引起牙痛。牙科医生也非常警惕，查不出来病因的一般会介绍到心内科来。另外一些不典型的位置，比如说臂膀，是心脏的神经牵拉区，胸痛伴有左臂内侧痛是非常典型的心绞痛。有时候会单独出现臂膀痛、肩膀痛、手臂痛，一种放射样的痛，而且是跟劳动，或者紧张受凉有关系。一受凉、一劳累就痛，一休息就好，就要怀疑心绞痛。还有其他一些不典型位置的疼痛，像背部、头部，甚至下肢、腹部。心内科医生有时候开玩笑说，从头开始一直到腹股沟区，所有的痛都要去排除心绞痛。病人没必要去责怪医生给查心电图，其实是在给你排除心绞痛。心绞痛的位置是不定的，最典型是在心前区。刚才也讲到，心绞、心肌梗死不仅胸痛部位不定，有时候是以其他情况开始的。有一些是以突然昏厥开始的，往往都比较严重。因为大血管堵塞以后，影响整个心脏放血功能，紧接着引起脑子的供血不足，就表现为突然晕倒了。来到医院发现是心肌梗死，这个就是猝死型的冠心病。有些是以急性左心衰引起的，突然心功能不好了，胸闷气促、浮肿，躺不下，心脏功能就不行了。有些是以休克为表现的，非常严重，会出冷汗、虚脱、意识丧失。

心肌梗死发生以后病人会有以下情况：一种是非常典型的，就到医院来看病了。一种是发病很急，还未送到医院就死亡了。有一些症状很轻，或者没有症状，称作无症状冠心病。这种情况不太容易引起患者注意，没有及时到医院就诊，像著名演员马季、侯耀文、高秀敏都是这种情况。有一位专家讲过心肌梗塞这个疾病，大致可以分为三个三分之一。这个疾病一旦出来，有三分之一是送不到医院的，有三分之一在医院外就抢救不过来了，有三分之一是送到医院还救不过来，所以心肌梗死能够救过来的概率其实是比较小的。我们希望能够通过我们的科普，让大家认识这个疾病。有些人可能目前没有心肌梗死，但是尽量去预防，因为这确实是一个非常危急的疾病。

下面我们来看看患有心肌梗死病人的寿命。前面讲到三位笑星都是心梗以后，送到医院之前就死亡了。心梗这个疾病有特殊性，它是因为心脏里面的血管突然堵死引发一部分心肌没有血供了，要使心肌恢复血供，一定要用最短的时间把这个血管打开，使血路恢复，才能保护他的心肌。要挽救病人的生命首先就是要保护心肌，如果时间长了，即使能保护生命，也会造成心肌坏死，造成心衰。最佳的时间是 2—6 个小时，救治时间越早，生存机会越大。

心肌梗死能不能提前发现呢？其实很多都是可以的，要引起重视。比如侯耀文在去世的前一天就出现了胸闷的情况，他就没有重视，去世那天的上午才发现心梗，傍晚去世。如果他头一天能够就诊，及时手术的话，可能就不会这样早早地离开我们。那么心梗有些什么先兆呢？它会出现各种和心、肺相关的异常症状，比如说胸闷、气促、恶心、胸痛、心绞痛的发作、呕吐、血压下降、乏力等等。要重视自己的心脏，说实话这些例子，我们在临床都碰到过。比如说有些病人以前身体很好的，早上起来突然胸口不舒服，过一会就好了，这可能就是一个初发的心绞痛。有一些是上班骑车或者挤公共汽车的时候，胸口突然一阵不舒服，但歇一会马上又好了。有的是聊天或看电视的时候，尤其是看一些比较紧张的惊悚片时，心跳一阵加快就不舒服了，过一会又好了，其实这些都是心绞痛的症状。如果以前没有，突然发生，医生确诊是心绞痛的话，要当心，因为这是初发性心绞痛的症状。初发性心绞痛是一种不稳定心绞痛，最好是到医院去观察。心绞痛不一定是一个地方痛，有时候表现为咽喉部的紧缩感，好像呛咳一样，以为是感冒了。如果是非常规律的喉咙疼痛，一活动、一紧张它就来了，一休息、一放松它就好了，反反复复，可能就不是咽喉炎了，这时候就要去心内科排除下是不是心绞痛。有些症状是夜间出现的，有一个共同特点，就是在心绞痛阶段的都有一个诱发因素，时间大概 3—5 分钟，如果完全没有规律，时间非常长，精神状态很好，那么医生会根据你的症状排除心绞痛。当然不能完全排除你是冠心病，医生还要通过心电图、B 超来检查。

这个变化的“变”字，是今天讲座重点当中的重点。不管以前有或者没有，新出现的就是变，原来平稳的出现变化的也是变。一旦出现变化，就是先兆。你就要到医院来看。医生通过你的病情变化，再经过实验室检查，只要初步认为你是不稳定的心绞痛，就应该叫你去住院观察，看看病情朝哪一方面变化。下面我们会讲到为什么这个症状一变会这么严重。具体讲一下，比如说有一位冠心病病人，他平时就是走路锻炼，走得很快，他会闷一下，痛一下，一休息就好。慢慢走路没关系，休息也没关系，睡觉也没关系，就是稳定心绞痛。它的病变程度胸痛程度差不多，位置差不多，诱发因素差不多，持续时间也差不多，就是稳定的。有一天突然出现变化了，快速走他痛，慢慢走也痛了。原来要走 1000 米他才会出现胸部不舒服，这几天走 100 米就不舒服了。这个就是变化。不管是时间变化、诱因变化，还是胸痛的程度变化，不管哪种变都是变。要高度重视这个变化。我刚才举的那位杭州老人的例子，来旅游前他是有变化的，但没重视。如果他对自己的疾病更关心一点，了解这个变是有多重要，就可能要推迟一下旅游去看一看医生，可能就会避免那次心肌梗死。

二、哪些人容易得心肌梗死

这部分内容可能是大家更关心的。心肌梗死有很多高危因素，高危因素越多的人，他越容易得冠心病，越容易心绞痛，甚至心肌梗死。这些都是可以预防的。如果是不能预防的，我们没办法。比如说年龄大了，血管就要老化，就容易硬化，这个我们没办法控制。但是大部分因素我们是可以控制的。比如说吸烟，是会影响心脏血管内皮的，对冠心病的影响非常大。高血压也会影响我们的心血管。现在医院里接收的心脏病病人、心绞痛病人、心肌梗死的病人越来越年轻化了。现在办公室的人越来越多，坐在电脑前一呆就是一天。再吸吸烟、喝喝酒、不运动、精神压力大，送到病房做手术的年轻人真不少。我几天前一个下午坐门诊，连来两位男性都是35岁左右的，又高又壮，都是心肌梗死。病房里其实也很多，甚至有20多岁的。我在安贞医院进修过，见过28岁的女性心肌梗死。没有任何的表面上的危险因素，不吸烟，没高血压，没糖尿病。她的唯一因素就是紧张，精神压力大。所以现在心肌梗死冠心病不是老年病，是中青年疾病。我们要预防。这些危险因素里面首推“三高”，或者叫“三血”——高血压、高血糖、高血脂。这个大家可能都知道了。马季其实是糖尿病，经历过两次心肌梗死。第一次救过来了，第二次没救过来。中心环节就是斑块。血管里面长了一个斑块，叫粥样斑块。这个斑块形成了以后，才会造成冠心病、心绞痛、心肌梗死。斑块当中是脂核，就是脂肪。血脂很高，脂核就会很大。我们看一下为什么这些危险因素会造成血管损伤。第一步：这些危险因素会使血管的内皮受损。血压一高，内皮破掉了，血液当中的一些坏的分子，比如说胆固醇、纤维素，会进入到血管壁，慢慢“沉积”下来，造成凸出于血管腔的整整一大块，就是斑块。斑块的核心是一个坏的胆固醇，液化变成一个脂肪的核心，叫脂质核心，所以斑块又叫“脂质斑块”。它分为两种类型，一种叫稳定斑块，一种叫不稳定斑块。稳定斑块里面的脂肪成分比较少，外面这层膜就是纤维素，细胞膜比较厚。它虽然也造成了血管狭窄，但不大容易破掉。另外一种叫不稳定斑块，里面脂肪很多，外面的这层膜又轻又薄，就像饺子一样，薄皮大馅。这种斑块是很容易破裂的。一旦血压升高，精神压力很高，吃了高脂肪饮食，这个斑块破掉，就会造成急性心肌梗死甚至猝死，像一个定时炸弹一样。稳定斑块造成的是一些稳定的心血管疾病，比如说稳定的心绞痛、小的脑梗死、脑缺血。不稳定斑块会造成一些急性的、很严重的危险性疾病，包括大的脑中风、心肌梗死、猝死。刚才，我们讲过不稳定心绞痛，它和心肌梗死的病理基础是一样的，都是不稳定斑块。不稳定心绞痛的时候，斑块已经在变化，可能已经在破了。只不过血管还没有堵死，这个时候在临床上表现出的就是个“变”字。我们要高度重视这个变，下面再来看一下

其他危险因素，首当其冲就是高血压。专家发现把血压降得低一点，预防冠心病的效果更好。降低10毫米汞柱，冠心病的相对危险因素就可以减少40%。血压升高，冠心病的危险因素就会增高。高血压是怎么导致冠心病的呢？一方面，高血压可以促进动脉硬化斑块形成使血管腔变狭窄。冠心病病人如果血压突然增高，会斑块破裂，形成一个急性的血栓把血管堵死。冠心病人降压治疗是非常重要的，其实有几个关键点。一个是降压不能太急，不管是心脏的疾病，还是脑子的疾病，降压一定要慢。有一些药是非常凶的，年轻人可以，有些老年人是不合适的。我们的行业内不断有报道，有时候降得太凶了，老年人本来就有高血压，降压以后变成脑中风了。因为脑子供血不足。老年人完全可以给他放一个月、两个月，从高慢慢降到正常。不要今天是高血压，明天突然降到正常，后天就低了，这容易出问题。选择降压药要合理，应该交给医生去给你选。一些病人喜欢自己选药，邻居吃什么就也吃什么。其实这是不合适的，每个人的情况不一样。各种降压药有各自的特点，每个人有每个人的特点。比如，糖尿病的人选降压药和冠心病人选降压药是不一样的；肾脏有没有损害也是不一样的；年龄大、年龄轻不一样；男性女性也是不一样的；甚至胖和瘦都是不一样的。除了降压以外，我们也要考虑其他的一些综合因素，血脂、血糖要同步进行控制。

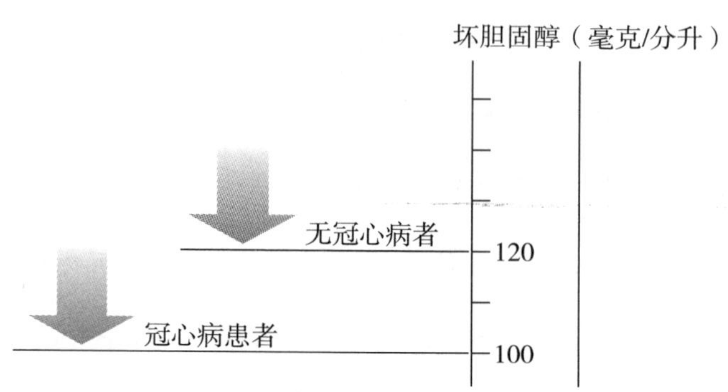

图 1　冠心病患者与无冠心病者坏胆固醇比较

从这张图上我们可以看到，没有冠心病的血脂 120，胆固醇 120，就能保持健康了。有冠心病的降到 100 以下，是有保护作用的。血脂降得好不好，得去问一下医生。什么是高血脂呢？血脂里面有两个主要成分，一个是胆固醇，一个是甘油三酯。在心血管里面起主要坏作用的是胆固醇。甘油三酯跟脂肪肝、胰腺炎、胆囊炎关系更密切一点。胆固醇是直接参与动脉硬化形成的，可以导致冠心病、中风，危害非常大。要重视胆固醇的增高。胆固醇分高密度脂蛋白胆固醇、低密度脂蛋白胆固醇。高密度的胆固醇是好的胆固醇，相当于血管里面的清道夫，可以把坏的胆固醇都带出去。所以这个指标是越高越好，越高血脂越好。如果这个指标是低的，其他指标都好的，也可以诊断为高血脂,. 说明你体内自己清除坏血脂的能力不够。坏的胆固醇叫低密度脂蛋白胆固醇，这个指标在冠心病病人里面是最重要的。高危因素里面还有一些，抽烟、喝酒、精神紧张、

肥胖，这个我们就不一一讲了，大家应该都理解。我们再讲一下性格，A 型性格的人是容易患心梗的。他们性情急躁容易情绪波动，进取心强、竞争性强，经常处于紧张状态，缺乏耐心，对挫折耐受性差。这种性格不但容易得冠心病，还容易得胃溃疡、甲亢。所以如果有这种性格的话，为了身体健康，尽量自己调整调整。刚才讲了很多是病因、危险因素，诱因也很重要。诱因是什么意思呢？良好的生活习惯、勤锻炼、危险因素预防，其实就是在防范诱因。诱因就是突然疾病加重，一个使它发生变化的诱发因素。我们这里面举了几个，都是最常见的。一个是太劳累了。有些报道就说，中青年的科技工作人员猝死，在工作岗位上太劳累，情绪波动太厉害，暴饮暴食、便秘、寒冷。便秘是老年人尤其要注意的。因为老年人胃肠道功能减退，本来就容易便秘。那么便秘以后他就会使劲地拉大便，用劲太大了，会造成血管的损伤和心脏的破裂。比如，马季第二次心肌梗死诱发的猝死就是在大便的时候。人们形象地把它叫作“危险的一号事件”。老年人要保持大便通畅，有一些生活细节也不能大意。比如说不能过度劳累，不要抬太重的物品，太用劲了容易诱发各种心血管疾病。避免激烈的竞争比赛，不要暴饮暴食，洗澡水不要太冷太热，时间不宜太长，因为会造成缺氧。恶劣天气的时候也要注意。再一个就是日常生活当中的一个“魔鬼时刻”——凌晨。凌晨是猝死的高发时间，也是各种心脑血管疾病最容易发生的时间，包括脑中风、心肌梗死。所以我们是不主张老年人，尤其是有心血管疾病的老年人在凌晨早锻炼，最好是放在下午或者晚上。这个凌晨是指 0 点到 6 点。前面讲了这么多危险因素可能还远远不止。这些因素都导致血栓性疾病。血栓性疾病包括了动脉和静脉的。在内科疾病里面最凶险的都是血栓性疾病，从上到下。脑中风、心肌梗死、下肢的血栓形成（腿栓塞），都是血管里面一个血块形成的。

三、心肌梗死怎么防治

如果已经得了心肌梗死，或者有高危因素的人群，怎么去“防”和“治疗”？心肌梗死是可以预防、控制的。10 个心肌梗死有 9 个是可以被预测的。6 个心肌梗死，有 5 个是可以预防的。应该说大多数的冠心病是可以“防”、可以“治”的。美国最近 30 年来人均寿命延长了 6 年，其中有 3.9 年是归功于心血管疾病的有效预防。预防为主也是“健康中国 2020”的一个战略。现在，全国从卫生部到省到地区对慢性病的防治还是非常重视的。我们台州医院也跟着全国的脚步在做脑卒中的预防、筛查。预防心肌梗死要从生活方式入手。这个是老生常谈，但它有很多具体的内容。如果不是很科学的预防，可能你花了很大力气也达不到效果。总的原则是饮食要合理，不良生活习惯要戒掉，还要保持适当的体力活动和锻炼。一般人都非常关心饮食，冠心病病人饮食应该注意什么？控制脂肪和胆固醇的摄入很重要。脂肪里面的胆固醇，

很多食物里面都有的。最常见的是动物内脏、海鲜。还有一些比较好吃的食物，其胆固醇也比较高，比如蛋黄、巧克力。要控制盐的摄入，盐和高血压关系非常密切。以前有个统计说，我们中国北方人的盐的摄入量大概是每天 10—12 克，南方人的盐的摄入量大概每天 7—8 克。健康人群的盐的摄入量要求是小于 6 克，相当于一个啤酒盖装满。北方冠心病的发病率是很高的。多吃蔬菜多吃水果。怎么运动呢？要在医生指导下运动。尤其是心肌梗死以后，只要在门诊随诊，医生一般会具体告诉他。一开始有心功能损害的时候做什么运动，恢复了以后做什么运动。有些高危因素的人群，比如说吸烟的、高血压的、有明确冠心病的，也主张每天运动。这个运动叫有氧运动。可能这个名字大家都听说过。有氧运动就是一种持续的、重复的、低频度的、不断进行的运动。比如说快走、慢跑、骑自行车、打太极拳、游泳、打乒乓球。这些对心脑血管是起到很好的保护作用的。每周运动 3—5 次，每次持续 20—60 分钟。如果能坚持每周运动 7 次，1 天 1 次最好。吸烟很严重，为什么严重我们就不讲了。它的烟雾会直接损失血管内皮。血管内皮损伤就容易使斑块破掉。过量饮酒也是影响心脏的，葡萄酒对心血管的好处是没有定论的。喜欢喝酒的，少喝一点。这里给你推荐一个定量，60 度的白酒不到 25 毫升，其实就一小杯。啤酒每天不要超过 250 毫升，能不喝尽量不喝。冠心病人要控制体重，肥胖都会使心脏负担增加。胖的人会血脂增高，加重动脉粥样硬化。所以冠心病病人控制体重也是很重要。前面讲的有氧运动目的之一也是为了控制体重。还要注意心理平衡，戒躁戒怒，戒大喜大悲。要注意气候变化，寒冷季节凌晨都是容易诱发心脑血管病急性变化的。冠心病人在这些高发的季节要注意防寒保暖，减少户外运动。

下面讲一下一旦发生冠心病，出现症状，作为患者怎么来急救。归纳起来就这么几个字：一静二快三含药。“一静”就是说突然出现胸痛，不舒服了，马上就地卧床，保持安静。这个时候不要再去自己去找医生，请附近的人来帮助你。第二个要快速的拨打急救电话，到医院里来。第三个要含药，一个是硝酸甘油，一个是阿司匹林。这些药作为已经明确知道自己有心脏方面疾病的人应该要常备。硝酸甘油 1 颗是 0.5 毫克，含服，就含在舌头底下。因为舌头底下有非常多的血管，药含化以后，就会非常快的吸收。它会在 1—2 分钟之内就起效果。如果你是吞下去的通过胃肠道再吸收，时间就比较长，要五六分钟以后。还要注意一个问题，不要站在那，因为硝酸甘油是会影响血压的，突然头晕就摔倒了。这都是不必要的损害。所以建议含服硝酸甘油的时候躺在床上，至少坐在凳子上有个依靠，闭上眼睛休息一下。第二个很重要的药物，阿司匹林，嚼服 300 毫克，市场上或者医院里卖的阿司匹林是叫肠溶片，外面是有一层膜的，是为了保护胃。平时吃阿司匹林到肠道里面，外面那层膜就崩掉了，开始吸收。在

急救的时候，要尽快让阿司匹林起作用，就要把它嚼碎，药吃下去以后赶快送医院。医学里面有一个词叫急性冠状动脉综合征，它包括不稳定心绞痛、心肌梗死。心肌梗死还有两种形态，一种是血管里面的血栓跟浆糊一样，把血管全部堵死了，另一种是没有完全堵死的心肌梗死。心电图是不同的，堵死的心电图是抬高的。没有堵死的心电图是压低的。一旦出现心肌梗死，血栓破掉了以后，血里面就会释放出一些不好的物质。肌酐蛋白、心肌酶就增高了。如果没有完全堵死，这些酶都是正常的。有胸部不舒服或者其他不舒服，怀疑心脏问题的，不要去怀疑医生去让你反复做心电图，因为要看两个动态变化。心肌梗死也好，心绞痛也好，早期可能是没变化的。它会随着时间的变化，心电图越来越典型。动态变化细微到什么程度呢？ 10 分钟、15 分钟做 1 次。病人送到急诊科，做一个心电图，过 10 分钟医生又做 1 次，过 10 分钟再做 1 次，他在看动态变化。血也是一样的，早期 4 个小时之内血里面的东西还没出来，可能是个阴性的，4 个小时一过它就开始增高了，到 6 个小时它会更高。这个有什么作用呢？医生可以判断心肌梗死严重不严重。这个酶越高心肌梗死的范围越大，愈合越差。所以说一个病人到医院里面会反复的抽血如果发生了心肌梗死，怎么来急救呢？最关键的一点就是尽快把堵死的血管开通，我们又回到这一句，时间就是心肌，时间就是生命。4 个小时之内活的心肌还是蛮多的，但是越来越少。一旦超过 12

小时，活的心肌基本就没了。越早，活的心肌越多。怎么去把血管开通，我们常用的手段有三个。一个是溶栓，就是把药打进去，把里面的血栓给溶掉。第二个就是放支架，用导丝把里面的这种浆糊一样的血栓开通，用球囊把它扩开。里面放一个支架，把不好的血管撑牢，其实就相当于一个水管，已经硬掉了，里面堵住了。做手术是先把堵住的东西先给它弄开，再用个支架把这个不好的血管撑牢。第三个叫血管搭桥。这个是外科医生做的，血管已经太严重了，都没法开通了。每个地方都堵住了，支架也没法放了，还有些病人是有一些其他疾病，不适合放支架。这个时候会到外科去，在你的身体里面取几根好的血管，搭到正常和不正常的血管之间，叫搭桥手术。溶栓非常强调时间，最佳时间是 6 个小时之内。大部分的溶栓是不能完全再通的，仅可以通一部分。对心肌梗死的人通一部分也是很好的。只要给它通一点点，一丝血流过去，一部分心肌就活过来了。病人的胸痛马上就缓解了。所以为了救命有时候在一些没有条件做手术的医院，先溶栓，之后需要进行做造影评估一下。如果心肌梗塞发病已经超过 12 小时，但还是有缺血症状，比如心电图还在变化，胸痛还在继续，还可以做手术，就是冒险也要把血管通一下。如果出现心源性休克，往往都是大面积心肌梗死，就非常危险了，死亡率可以高达 40%。

经皮冠状动脉介入治疗是从桡动脉或者股动脉导管进去，一

个微创的手术，不开刀，导管到心脏里面，把堵住的血管开通放支架。它是降低急性心肌梗死死亡率最有效的方法。我们看一下它怎么做。导管以前经典的是从股动脉进去，现在大部分医院都是从桡动脉进去。好处是病人不用手术以后躺 24 小时，难度是稍微大一点。可以几个小时以后就下床行走，不影响解小便，并发症也可以减少。从股动脉或者桡动脉进去，一直到心脏血管，导丝带球囊经过了狭窄的血管，球囊一打开，把斑块都贴到血管壁上去，血管就通了。血管通了，导管就出来了，支架就留在血管里面了。

下面再简单讲一下药物治疗，有了冠心病或者得过心肌梗死以后，手术只是一个临时急救抢救。长期治疗还是要靠药物治疗、运动锻炼和危险因素的控制。药物治疗在其中是非常重要的。其中有几个原则，抗血小板、降胆固醇、降血脂、一些危险因素的控制治疗。抗血小板为什么重要，刚才讲到过急救，阿司匹林就是一个抗血小板的药。我们再看这个斑块，一旦破掉，黏在上面的首先就是血小板，血小板不断的黏上去，斑块越来越大，就把血管堵住了。阿司匹林在你的血管里面，降低血小板的活性，使血小板不容易黏上去。有冠心病的人，可能会跟你提到有另外一个药叫波立维，化学名叫硫酸氢氯吡格雷，也是抗血小板的，药理作用比阿司匹林还强，但太贵了。放了支架以后，需要双联抗血小板，就是阿司匹林加氯吡格雷，要治疗至少 1 年。第二个是降脂药，冠心病明确的病人，降脂药就显得非常重要。最主要的药物叫他汀，有很多种。如果他汀用得合适，把胆固醇降得更低，可以减少冠心病事件 1/3，使脑中风的风险明显降低。不管是抗血小板也好，降血脂、降胆固醇也好，已经明确冠心病病人都要长期地服药。绝大部分都是终身口服，除非有很明显的副作用，再根据医生的要求去调整。有些人会问，血脂要降到什么程度？它有几个标准。如果是一个急性的冠心病发作，或者急性的脑中风，看一下自己的低密度脂蛋白，要在几个月之内，把它降到 50%，不管它多少。如果是一个比较轻的危险因素，没有发生急性的病变，需要把它降到 39%—50% 的程度。降得更低一点更好，当然也不能非常低。零点几肯定不合适。以前还有一个标准叫低密度胆固醇要降到 2.6。2013 年，这个观念已经更新了，对于一些危险的病人，比如说心绞痛的、冠心病的、脑中风的，降得更低一点更好。长期的目标，像阿司匹林、他汀，具体每个人其实是需要咨询医生的，它可以使斑块炎症消退，更加稳定，不单纯是降血脂，是需要长期坚持的。另外一些药物也需要在医生指导下长期坚持。

总结一下，其实讲了这么多，最关键的就这么几个：冠心病或者心肌梗死症状判断最关键点就是变化的胸痛。冠心病是可防可治的，血压降得好，运动锻炼得好，不吸烟少喝酒，危险因素控制得好，就慢慢趋向于正常。急救包括了自我的急救和向医院的

求救。要备好自己的药，重视症状变化，要知道这个吃药是怎么个吃法。阿司匹林是要嚼碎的，硝酸甘油是要含服的。求助医院，要抢时间。时间就是生命。

谢谢，我今天就讲到这里。

（以上内容根据2013年12月7日的讲座录音整理，略有删改）

美丽的眼睛和皮肤

韩莉

主讲人简介：中国科学院老科学家科普演讲团成员，军事医学科学院附属医院原门诊部主任、副主任医师。从事临床医疗及医疗管理工作30余年，曾任整形美容科主任，门诊部主任，《中华健康管理学杂志》特邀编辑等职务。

大家都很清楚我们人类的皮肤颜色主要有黄色、白色、黑色、棕色，那么有没有蓝色的皮肤呢？今天我们从“蓝色的皮肤”这个话题切入，讲一讲皮肤颜色是怎么形成的。《蓝精灵》这部动画片大家肯定都很熟悉，它讲述了一群蓝色精灵的故事；《阿凡达》是前几年比较火的一部3D影片，讲的是蓝色类人生物“纳美族”本来在一片世外桃源生活得非常好，后来人类的介入打破了他们平静的生活。这些都是科幻作品，到底世界上有没有蓝色的人种？

美国加利福尼亚大学的运动生理专家在智利欧坎基尔查山脉海拔6000多米的地方发现了蓝色的人种；非洲的撒哈拉大沙漠中也发现了蓝色的人种；喜马拉雅山海拔很高的山脉深处的一些蓝肤色僧侣也被人们发现了。这些发现说明世界上确实存在蓝色人种。

蓝色人种的肤色是怎么形成的？为什么人类会有不同肤色？皮肤的颜色和血液的成分密切相关。生物色有四种：褐色，红色，蓝色和黄色。褐色主要是黑色素，红色的是氧化血红蛋白，蓝色的是还原血红蛋白，黄色的是胡萝卜素。这四种生物色通过血液在我们皮肤上反映出来，就形成不同肤色，有黄种人、有黑人、有白种人，同时还有人发现了绿色人种。

人类表皮除了角质层，还有颗粒层、棘层和基底层。白种人和黄种的人的黑色素分布在基底层，黑色素相对是比较少的。黑种人的黑色素分布占了颗粒层、棘层和基底层，黑色素含量很多，所以皮肤也是黑色的。那么，这和蓝色的人种有什么关系？一项研究显示肤色和微量元素有关系，红色血液含有血红蛋白，它的微量元素是铁。蓝色血液含有一种血蓝蛋白，它的微量元素是铜。这是从微量元素这方面去考虑，除此之外，还有的研究认为缺氧会造成皮肤蓝色。目前发现的蓝色人种基本都分布在海拔很高的地区，他们都面临缺氧的状况，缺氧导致血红蛋白变成蓝色。还原血红蛋白是蓝色的，在缺氧的情况下人类的皮肤会变得紫绀。动脉血液里头含有很多的氧，所以它是一种氧化的血红蛋白，呈鲜红色的。一般我们到医院看病抽血都是抽静脉血，静脉血主要含的是二氧化碳和一些机体排泄的肥料，所以它是一种还原的血红蛋白，血就呈暗紫色。

肤色形成是有很多条件的，多种因素决定一个人的肤色。我们经常看到各类广告，说有一种产品能让你一夜之间变白，疗效是百分之百的。“一夜变白”可能吗？不可能！所谓的快速美白实际上就是让你快速脱皮，我们刚才讲了表皮的前面有一个角质层，一般来说角质层脱落是 3—4 周，也就是 21—28 天。所谓的让你快速美白就是让表皮快点脱落。现在美容院给你去角质磨砂，包括在市面上卖的一些快速美白的产品，就是让你的角质层快速剥脱。医学上是有这种方法的，但是一定要在好的、正规的医疗条件下去做，因为角质层快速剥脱以后，新生的皮肤可能会很嫩、很白，如果不去保护，反而破坏了皮肤。千万不要在地摊或者非正规的地方去做，因为他们所谓的快速脱皮都是用一些含有重金属成分的产品，还有加上酸性物质，比如苯二酸。这种物质会导致你皮肤永远损害。汞可以快速杀死皮肤中的黑色素细胞，使皮肤快速美白，所以被打着快速美白的化妆品滥用。对皮肤的损害非常大。过去皇室，也是讲究美白，就会用汞，所以她们寿命都不会很长。上述物质会让人体慢性中毒。中消协对 16 种祛斑化妆品做了一个检测，检测仪器居然都被污染了。所谓快速美白的产品，汞含量都是超标的，不合格的产品会造成人体的慢性中毒，皮肤白了人却中毒了。美白祛斑产品，女性朋友们可能都会有，比如粉底、隔离霜、祛斑霜等等。这些产品使用后皮肤特亮，白白的，但实际上我们本人却遭受了它的损害。这些产品中不光含有汞、铅，还含有激素，所以抹完了以后肯定会使你容光焕发，但长期使用你皮肤可能老化得更快，还可能造成慢性汞中毒。汞中毒对我们身体的神经系统、消化系统、泌尿系统、内分泌系统都是有影响的，同时会出现面部的色素沉着。开始很白，但日久天长以后，你的皮肤可能就会出现激素性皮炎或者是化妆品性的皮炎，还可能出现一些重金属中毒所导致的斑。特别是孕妇和刚做母亲的女性，你抹的这些化妆品很可能会通过胎盘和乳汁进到婴儿和胎儿的体内。我们要特别的注意这些问题。如果我们皮肤出现一些问题，还是应该到医院去解决，要采取一些正确的处理方法。

很有意思的一点，没有人对肤色是满足的，像我们黄种人一般都喜欢美白，但是在欧美，他们喜欢美黑，就是要享受日晒，这是他们的一种时尚。欧美人认为晒得越黑越有财富，他们希望把皮肤晒成小麦色、咖啡色、古铜色、巧克力色。现在有很多人在不采取任何的防护措施的情况下，把自己晒黑。这是不是就是健康色了呢？紫外光对我们是有害的，我们不是被晒黑了，而是它损害了我们的真皮层，促使皮肤老化，甚至可以导致皮肤癌。同时斑也会产生，也就是由于黑色素分泌旺盛而产生的色素沉着，所以黑也不代表健康。大家对皮肤还是要讲究保护，现在市面上有很多防晒霜，大家是不是都知道如何选择呢？防晒霜上会出现了一个 SPF 标识，它是指防晒系数，具体有 5 倍、15 倍、30 倍和 50 倍。如果在没有涂任何东西的情况下，你曝晒 10—20 分钟，皮肤出现红斑了，那么这时涂上系数 15 倍的防晒霜，它可以让你在 300 分钟之内防晒；如果你涂系数 20 倍的，那你就可以防晒 400 分钟。不可能说我今天早上涂了出门，一直到晚上我都只涂这一次的防晒，那不行。如果按 300 分钟来算，300 分钟以后你可能就要涂第二次了，也就是每隔三四个小时，你就要再涂上一次防晒霜。有的人说了我长期坐办公室，还用防晒吗？答案是那也要经常涂一点防晒，一般肤质的人用差不多用 8—12 倍的就可以了。你如果对光敏感些，就要用防晒指数高一点。一般人上下班用 SPF15 倍的就可以了，如果你到野外可以涂倍数更高一些的，维护的时间就相对长一点。我们要知道防晒系数，仅针对 UVB。UVB 对我们真皮造成的损伤也就占到所有损伤的 1% 左右，所以我们还不能完全靠它。现在防晒霜又出现了一个系数 PA，我们该怎么去选择呢？PA 是针对紫外线 UVA，也就是长波紫外线。长波紫外线它可以透过玻璃，透过衣服来损害到我们的真皮。它主要是破坏了皮肤中的纤维蛋白和胶原蛋白，造成了皮肤的早衰和老化。所以说，我们不能不讲没有科学地在那儿曝晒，这样做会对真皮造成损伤，会让你的皮肤出现一些老化问题，甚至还有发生皮肤癌的可能。我们要学会正确选用防晒霜。PA+ 它表示防晒时间是 4 个小时，PA++ 是 8 个小时，PA+++ 是一个超强的防护。我们在选择防晒霜时要考虑使用情况，比如你要做一个日常的防护，你可能选择 SPF 倍数稍微低一点的。还是那句话，所有的护肤品有好的一面，同时也有对皮肤刺激的一面。大家的皮肤类型也是不一样，有的人是油性的，有的人是干性的，有的人是敏感性的。对于不同的皮肤类型，我们所选的东西也是不一样，油性皮肤就选一些水制剂的产品，干性或者中性皮肤可以选择一些霜制剂产品。台州位于海边，可以选用系数高一点的防晒产品。同时，大家在选择防晒时要记住一天只擦一次是不可以的，也是没有太多用处的。

人的追求是很奇怪的，有的人以白为美，有的人以黑为美，还有的人以“花”为美。有一位美国男子，他把自己全身都纹刺上了，堪称纹身狂人。他存在先天性的肌肉不对称的问题，为弥补这个缺失，他就通过纹刺来显得对称。还有位美国女孩，她是世界上纹身最多的女性，还被载入了世界吉尼斯纪录。更有甚者除了纹身，他还要改变自己眼球的颜色。这实际是对身体的一种损害，把染料纹刺在眼睛上的行为是很可怕的，如果弄不好会致盲。经常戴那种有色的隐形眼镜也会对我们的角膜造成破坏，可能致盲。在这方面，大家确实不要标新立异。我们看一下纹身的危害，人体的皮肤是人体的第一道防线，人类的每一个部位都被

“设计”得特别合理，这是人类不断进化的结果。我们的眼皮非常的薄，而我们的脚后跟的皮肤角质层非常厚，如果把这两个位置的皮肤对换一下，那就不舒服了。你看下东西，眼睛都抬不起来，你走下路，脚跟一磨就破了。所以说，对于皮肤，大家不要轻易去破坏它。如果破坏了皮肤，可能会造成感染。比如，我们到街头巷尾的一些小地方去纹刺，纹刺的针头消过毒吗？没有消毒的污染针头，是会传播疾病的，比如乙型肝炎、丙型肝炎、艾滋病等等。另外，不干净的针头，可以造成皮肤的感染。再有，染料中的那些化学物质很多都是致命的，尤其现在市面上有很多假冒伪劣的产品，可能会导致过敏皮炎。纹身还可能影响找工作，比如参军、考公务员，如果你有刺青那就很麻烦。我在医院工作的时候，有一位小伙子来找我去掉纹身，因为他第二天要当兵体检了。上中学的时候，他出于好奇，在前臂刺了一条小龙。一天去掉纹身是不可能的，也是绝对办不到的。刺青一定是刺到真皮层，因为表皮的脱落周期是21—28天。刺到真皮的东西不可能一下子就去掉，我如果一下去掉真皮层，患者肯定要留下一个令人终生难堪的疤痕。所以他只能是一层一层地去洗，要经历很大的痛苦，也要承担一定风险。

对于皮肤，我们要去关爱它，用科学的方法对待它。只要你自然健康，积极进取，就会产生美，并不一定非得把自己每天都打扮得花里胡哨。少男少女们常有一些烦恼，“哎呀，我起痘痘了”，“哎呀，我的皮肤怎么一夜之间就起了这么多东西”。这些都是我们俗称的“粉刺痤疮”，好像是青春期才起的，其实这种概念不对。粉刺痤疮，有的小婴儿也可能会起，有的老人也可能会起，这是为什么？青春痘在医学上叫痤疮，俗称粉刺，它是毛囊和皮脂腺堵塞发炎引起的一种皮肤疾病。为什么青春期容易起？主要是因为青春期的我们一天天长大了，内分泌发生了改变，激素水平也在迅速变化。在雄性激素作用下，油脂分泌增多，堵塞毛囊，毛囊周围就会寄居痤疮棒状杆菌，形成痤疮。

我们人体有200多万个毛孔，其中有20万毛孔分布在脸上，这些都是对外的开口，我们常说病从口入，总觉得是指管好嘴。实际上，人体的开口太多了，所以我们必须要做好这方面的防御。

毛孔堵塞，皮脂就会瘀积，造成皮肤发炎，也就是我们看到出现脸上或者是其他部位的红疙瘩。每个人的发病程度可能不一样，有的轻一点，就像粉刺一样，有的重一些，国际上分为Ⅰ度、Ⅱ度、Ⅲ度、Ⅳ度，最严重的就是Ⅳ级。很多人认为痘痘随着年龄增长就不会长了，其实有人可能都几十岁了还在起。保持皮肤清洁很重要，但使劲洗脸不一定就能把污垢洗干净。现在很多的产品都是很先进的，洗的时候你把它打在手上，先搓出沫来，然后沿着我们的肌肉走向，打着螺旋洗一下，之后拿清水把它洗干净就可以了，不用使劲地搓。还有就是有的人皮肤油多，一出油就洗，这种做法也是不对的。因为我们体内所有的控制都在大脑中枢，中枢就像指挥系统一样，会根据身体情况向具体的部位发出指令。如果你现在油很多，大脑中枢就会控制皮脂腺的分泌，但是一有油你就把它清洗掉，中枢就会指令皮脂腺开始分泌。真正的油性皮肤大概一天用温水洗 2—3 次足矣了。还有，我们的手和指甲是藏污纳垢的地方，我过去在临床做外科医生的时候要用酒精泡手才能去做手术，目的是灭菌。有科学家说一双没有洗的手可能藏有几十万乃至几百万的细菌。大家如果起痘痘一定不能用手去挤，尤其是危险的“三角区”，更不能挤，因为细菌可能会通过血液循环直接进入脑内。痤疮还和情绪压力、睡眠饮食相关，大家可以根据自己的情况进行调理。

随着社会的发展，生活方式的改变，疾病谱现在也发生了很大的变化。过去是以感染性疾病为主，现在如果以死亡率为指标的话，目前排在前三位的是心血管、脑血管和恶性肿瘤。如果以劳动力为指标，首位排名还是传染病，SARS（非典）、禽流感来了以后，工厂停工，学校停课。1988 年，上海出现毛蚶导致的甲型肝炎暴发，这已经成为一个国际案例。影响健康的四大因素有生物因素、环境因素、保健设施和生活方式，其中生活方式占到了 60%，所以说健康和我们每个人的生活习惯是有关系的。20 世纪前半叶，我们面临的疾病是感染性疾病、营养不良等。后半叶我国就开始出现营养过剩，面临的就是心血管疾病、脑血管疾病和肿瘤三大疾病。我不知道大家都是否听说过代谢综合征，比

如高血压、高体重、血脂异常、高血糖。如果这几种病一个人全具备了，那么医学称之为代谢综合征。它是“强强联手、联合作战”，共同侵害我们的身体。那么我们可以看一看自己有没有代谢综合征，你的血压是否超过了140/90mmHg，空腹血糖是否超过6.1，餐后血糖是否超过了7.8，空腹的甘油三酯是否超过了1.7，空腹的高密度脂蛋白，男性是否小于0.9，女性是否小于1.0，最后就看一下你的体重和身高的平方比是否超过了25。如果你具备了其中的三项，或者是全部，那你面临的就是代谢综合征了。现在又进来了一位新伙伴就是高尿酸，沿海地区可能更要注意高尿酸，它是代谢综合征的一位新成员。这些都是对人体危害很大的。代谢综合征和一个因素有关，就是肥胖。它会影响身体很多方面，所以我国提出女性腰围一定不要超过80厘米，男性腰围不要超过90厘米，如果你超过了，你很可能会面临着糖尿病、血脂异常和心血管疾病。饮食不均衡、缺乏运动，很胖体型的人在美国司空见惯，他们在公交车上可能要坐两个人的位置。现在美国对肥胖这件事也很重视。那么我们看一下中国，我们已经从最瘦的国家之一跻身到世界肥胖发病率第十名。中国的“腰围”为什么增长快，这确实是生活水平提高造成的。现在中国的肥胖人已经超过7000万，未来10年大概要超过2亿。北京、天津、上海、广州这些大城市里的少儿单纯型的肥胖发病率已经到了15%。老话说得好，一口吃不成胖子，很多胖子是一口一口吃出来的。当然，肥胖也可能是疾病引起的，也可能是遗传引起的，但大部分都是生活方式不正确引起的。世界卫生组织公布了十大垃圾食品，其中的羊肉串、冰激凌是学生最爱吃的。东西好吃，但是不能多吃，不能无节制地去吃，否则会对我们的身体造成损害。为什么这些是垃圾食品？这些食物有过多的热量和过多的脂肪，膳食纤维含量少，还有可能含有有毒有害的物质，所以对人体是不利的。为什么说肥胖影响健康？糖尿病、高血压、胆结石、痛风、心肌炎、关节炎、不孕症，肥胖者患这些疾病的概率比一个正常体态的人要高，所以一个肥胖的人可能要承担很多的风险。世界卫生组织在 1997 年就明确宣布肥胖症是一种疾病，它对人体的各个器官的影响实在太大了。现在社会上很常见"将军肚"，我们常常认为一个人胖好像就是皮下脂肪厚，其实不光是皮下脂肪，心脏也会被脂肪包裹。在有"将军肚"的人中，九成人有脂肪肝，六成人有高血压，五成人有心脏病，两成人有糖尿病，三成人有高脂血症。一个"将军肚"实际上隐藏了很多很多的危险。我们现在把肥胖分为梨形和苹果形，一般女性以梨形为主，男性以苹果形为主。有科学研究表明，苹果形的危害要大于梨形，但也有科学家认为这两者没有太多的显著性差异，所以我们还是要控制好自己的腰围，女性控制在 80 厘米以内，男性控制在 90 厘米以内。现在最可怕的是，肥胖让许多人的患病年龄提前了，比如 II 型糖尿病，这应该是中老年疾病，但现在已经年轻化，最小的 8 岁就开始得

这个病了。最小的高血压患者也只有9岁，最小的心梗患者是18岁，很多中老年性疾病已经向青少年倾斜了，所以我们要培养一种良好的生活方式，减轻体重、增加运动。精神因素对健康也很重要，这个就不用多讲了，因为大家对健康都很注意，归纳起来就是饮食加运动。

职场人或者是年轻人所面临的问题就是电脑综合征。这里就要讲到眼睛这一部分了。电脑综合征是美国眼科协会提出来的，它是指电脑令人感到眼部疲劳和身体不适，进而产生影响生产力的症状。电脑现在已经成为视力健康的第一杀手，玩电脑的人不知疲倦。因为电脑可以提供我们很多信息和有趣的东西。

我国的近视率是很高的，近视率和学历是呈正比关系。我们长期盯着电脑会患上角膜炎和结膜炎，也就是视屏终端性眼病的干眼症。很多人用电脑时间长了以后眼睛就是发干。我们眨眼是有用的，眨的时候向眼球输送了泪水。泪水里面有能量，有营养，可以营养我们眼球。但是我们长期盯着电脑屏幕舍不得眨眼，久而久之长期暴露在外面的眼睛得不到营养，可能就出现干眼症。眼干、眼痒、烧灼、异物感、视物模糊、视力下降、眼部胀痛、眼眶痛等等，这些都是用眼疲劳。今天，在座的人很多可能有孩子，小孩有时候会有假近视。小孩有一部分是真性近视，有一部分是长期用眼疲劳，就是睫状肌长期的痉挛所造成的一个假性近视，所以这时要带他到正规的医院经过散瞳配一副眼镜，千万不要盲目到街上随便给他配眼镜。另外，长期用电脑的人颈椎病的患病率也越来越高。还有一个最常见的就是鼠标手，这是一种新生疾病，叫腕管综合征。我们长时间一只手用鼠标，这只手老是压在台子上，手腕这个地方的血管神经受到压迫，久而久之就会发生一些不舒服。

我刚才讲了一个18岁青年患心肌梗死的案例，这是一个真实的事情。这个小孩到网吧连续玩了30多个小时，一口气攻下了30多个城池，他觉得成绩非常显赫，但是等他玩完的时候，忽然就觉得自己不行了，胸闷喘不上气来，心前区疼痛，然后就被网管送到了沈阳军区总医院。送到总医院以后，确诊为急性心肌梗死。他长时间坐在那儿，血管收缩太劳累了，导致血流通不过去，心肌发生坏死。医生在他年轻的心脏血管里放了一个支架，让血流通过心脏恢复工作。这个孩子是救活了，但是他才18岁，血管中已经有了一个支架。

如何预防电脑综合征？首先，我们要把电脑位置摆好，另外要经常休息，要注意运动。我们平时可能都会觉得肩背比较累，有时间大家可以自己揉一揉风池穴，你按一按就会舒服一些，还可以做一些环绕动作。

生活中还有一个很大危害，就是烟酒毒素。我国的烟民超过了3亿人，有7.4亿人被动吸烟。有的母亲怀着胎儿还在吸烟，这个小胎儿还没有出生就已经开始吸烟了，已经开始受到烟草的毒

素。2012 年 5 月 31 日是第 25 个世界无烟日，我国 15 岁以上人群中烟民近三成，每年有 120 万人死于与烟草有关的疾病，20%—30% 的肺癌是由二手烟引起的。

尽管奥巴马现在是美国总统，但他也说过戒烟比当总统还难，但是他为什么戒烟了，就是为了给他的两个女儿树立榜样。阿根廷总统克里斯蒂娜，是一位女总统，她的烟瘾非常大。她曾因吸烟而流产，但是她戒烟第二年就怀孕了。美国前总统第一夫人劳拉·布什，她的烟瘾也很大，经常是烟瘾难耐，但是她在公众面前从来都保持一个良好的健康形象，她不会在公众面前去吸烟。

戒烟的话题可能是老生常谈了，谁都知道有害但是还乐此不疲，尤其是青少年正在成为控烟者和烟草商争夺的一个胶着地带，为什么青少年吸烟的年龄越来越提前了？一个可能是他们好奇，另外是身边人做得不够好。现在提出来了，要对医生、老师、公务员加强教育，让他们树立榜样。环境对孩子的影响很大，孩子身边老师在吸烟，家长在吸烟，医生在吸烟，身边的同学也可能在吸烟，走到哪儿都可以看到吸烟者，这对孩子来说影响太大了，所以我们都是有责任的。中国现在二手烟危害最严重的区域已经从家庭改变到了公众场所和工作场所，可能你在家还会跑到阳台上去抽一根，但是在公共场所和工作场所就肆无忌惮了。

现在不光是二手烟，还提出了三手烟，三手烟主要危害的就是孩子，尤其是婴幼儿。从吸烟者口鼻中吐出来的烟雾被迫吸到别人的肺里，这就是二手烟。三手烟是沾染在衣服、头发、手、脸、家具、墙壁上的物质，它们含有重金属和致癌的成分，甚至是放射性物质。孩子在家里到处去摸，到处去爬，所以三手烟受害最重的就是孩子。香烟中的成分对人体的危害很多，其中有 69 种是致癌的。那为什么知道烟不好还要去抽？烟碱也就是尼古丁，它钟情于大脑。香烟中含有最讨厌的东西，除了尼古丁，还有烟焦油，烟焦油又黑、又黏、又辣、又臭、又毒，养花的人用来杀虫子。它有这么大的毒性，那么我们通过气道把它吸进来，可能会引发喉癌。烟通过我们的气道一层一层往下走，就会在我们的气道中一层一层往上挂。油烟机脏了，我们可以去刷洗它，清洗它。气道里一层层挂的油会使管壁包括支气管越变越细，越变越窄，所以抽烟的人吸气、出气都困难，慢慢造成慢性支气管炎、肺气肿、肺心病、肺癌，一级一级往下走。还有刚才我们说了皮肤的颜色和血液中的还原血红蛋白有关系，血红蛋白是带氧的，但是烟雾里的一氧化碳会把血红蛋白都抢走。吸烟的人有时候嘴唇是发紫的，因为他的气道是阻塞的，再加上带氧能力变差了，他就会有一个慢性阻滞、慢性缺氧的过程。吸烟是很有害的，我们应该告别这些不好的习惯。

吸烟会增加癌症的发病率，吸烟者患肺癌的概率比不吸烟者高 10.8 倍，患喉癌的概率比不吸烟者高 6—10 倍，患胃癌的概率比不吸烟者高出 1.6 倍。死亡率也是增加的，人每吸一支烟，寿

命会缩短6分钟。喝酒也是一样的，它可能会给我们造成很多的意外，所以现在酒驾抓得特别紧，过多的酒精对记忆力、注意力和判断力都是有影响的，所以要严禁酒驾。另外，一次醉酒九大人体器官都会受损害，分别是肾、胃、胰腺、肝脏、大脑、心脏、血管、骨骼、乳腺。其中，最大的受害部位就是肝脏。不管你在单位还是在社会上，无论你有没有社会角色，你就是你自己机体所有器官的统领者，那么该让它休息的时候一定要让它休息。现在人的社会应酬很多，每天醉醺醺的。肝脏是一个化学解毒大工厂，一日三餐肝脏已经在那里忙活了，晚上你还要加班去喝酒，喝完酒你酣然大睡，它还在为你工作。第二天早上你醒来，又开始正常进餐，它又接着给你工作，久而久之，脂肪肝、肝硬化、肝癌就来了。我们身体每一个器官都是我们自己管辖的，我们对它好，它就会对你好，所以我们要把过量的饮酒称为穿肠的毒药。酒要限量，少饮为贵。

最后我们再讲一下心理。这是一个耳熟能详的故事。有记者问“小羊倌，你放羊干什么”，他说“卖钱”。“卖了钱干什么”，“娶媳妇”。“娶了媳妇干什么”，“生娃”。“生了娃干什么”，“放羊”。小羊倌的生活周而复始，听起来没志向，实际上他用最质朴的语言，告诉我们，不管你在社会上担任什么角色，不管你这一生经历了什么，你都是从生到死的一个过程，在这个过程中我们所经历的人生的阶段都是一样的。我们从生到老，一共有六个时期：新生儿期、幼儿期、青春期、成年期、更年期和老年期。青春期，身体的所有指标都是萌动向上的，这一时期的孩子可能出现一些现象，比如他开始喜欢异性，大人就觉得不得了，天要塌下来了。实际上，每个人都经历过，每个人都有同样的感受，这个时期要正确引导。更年期是一个很躁动的时期，因为身体的激素水平都往下走。青春期和更年期是身体内分泌不平衡的时候，大家要特别体谅这两个时期的人。我们的血肉之躯都经历过兴旺与衰退。那么，什么是硬道理？健康才是硬道理。我们要保持心态平衡，这样身体就会分泌一种有益的荷尔蒙，否则身体就会产生一些影响健康的毒性荷尔蒙。比如说有人为了一件事争得脸红脖子粗，拍桌子瞪眼睛的，如果是老年人，他这边一拍，那边就倒下去了，为什么？他在特别激动特别生气的时候，体内会分泌一种肾上腺素和去甲肾上腺素，血管急剧收缩，容易导致心血管事件，所以大家要保持一个很平衡的心态。我们所有人都是要这么走，但不是说让大家平庸，而是让大家的心态平衡。心态左右行为，行为养成习惯，习惯决定性格，性格影响命运。所以，我们要培养一种健康的生活方式。

我们不要吸烟，杜绝依赖沙发，我们要经常运动，远离垃圾食品，控制好腰围。现在大家很多都依赖医疗，但事实是再好的技术也不能让身体恢复到原来的水平，就像刚才讲到的那个 18 岁的孩子，现代医学把他的命救回来了，但是他的生命的质量和其

他同龄人比，就有所下降了。

我今天的讲座就到这儿，祝大家身体健康，让美丽和健康同存。

（以上内容根据2012年10月20日的讲座录音整理，略有删改）

食品安全面面观

应铁进

主讲人简介：浙江大学食品科学与营养系教授、博士生导师，中国园艺学会采后科学与技术分会理事，浙江省食品学会常务理事，中国绿色食品专家咨询委员会成员专家，入选浙江省“151人才工程”（第二层次）。

各位早上好，很高兴能有机会到台州来跟大家讨论一下食品安全方面的问题。食品安全问题是大家都非常关心的，它跟我们的切身利益密切相关。今天讲座的题目叫“食品安全面面观”，就是从各个不同的角度来看一看食品安全到底是什么样的问题，我们应该怎么样来分析这个形势，怎么样来调控自己的选择，我就从这三个角度来讲。

随着社会的发展，科技的进步，食品的安全问题也越来越

凸显出来了，科技进步在给我们带来方便的同时，也带给我们很多的隐患。比如说我们现在科学发达、经济发达了，社会的分工就变得非常明确，绝大多数人都不生产自己吃的东西了，不种地不种菜也不养鸡鸭猪牛了，你吃的都是人家给你的东西。这个当然有好处，你可以一门心思去做别的事情，有人家给你服务啊，但反过来一想就可怕了，因为你的小命现在是捏在人家手上了，给你吃什么你就只能吃什么，你也没这个本事去查一查给你吃的东西是不是安全的，因为这里面太复杂。如果像过去的农耕社会，屋前一片菜园，屋后一片水塘，边上是毛竹山，再边上是水稻田，你吃的东西全是你自己控制的，全是你自己收的，那你的食物就非常安全，换句话说，你的小命是捏在你自己手里的。可是现在全捏在人家手里，任何一个环节出点乱子，那么遭殃的便是你。我们现在的食物链长到哪里呢？我们吃的牛肉是美国运过来的，吃的香蕉是巴拿马运过来的，吃的奶粉是新西兰运过来的，这么远的地方我们鞭长莫及，这个是最大的问题。所以说现在社会生态链变得非常脆弱，问题一出就会变得非常大。过去你吃自己种的东西，你的东西坏了只有你一家受影响，所以有一句话很有意思：一锅饭馊了，毒一家人；一口井水坏了，害一村人。但现在假如一种农药或者一种添加剂用坏了，全世界的人民都受影响。这就是科学发展、社会分工导致的局面，这是根本性的，是食品安全问题的根源所在。这是我的开场白。

接下来我从这几个方面来讲一讲食品安全问题。首先，我们来看看食品安全问题关注度有多大。央视 2005 年的时候做过一个调查，有 99% 的调查对象关注到食品安全问题，99.5% 的人对食品安全状况表示担忧，这里面有理性的成分，也有不理性的成分。怎么叫不理性呢？我给大家举一个例子：前一两年德国做过一个统计调查，他们对比了两组数据，其中有一组数据是交通事故死亡率，另一组数据是食品安全事故的死亡率，交通事故死亡率是百万人口 55 人，食品安全事故的死亡率不到百万分之一，一百万人里不到一个。你如果是一个理性的思考者，你肯定会认为交通事故对大家的危害更大，更加需要优先解决。但是接下来他们又做了一个问卷调查，找来几万个人，99.5% 的人认为食品安全事故比交通安全事故对我们的影响要大，而且是我们更迫切需要解决的问题。这个你说是理性还是非理性？你说非理性，它确实跟客观事实是相反的，但你说理性也是有道理的，交通安全事故多，我可以走路或者坐公共交通，我总有办法让它能够比较远地离开我们。食品安全事故死亡率非常低，但是一旦碰上了就很麻烦，而且每个人每日三餐都会碰上，所以概率低不等于总数低。这么说社会公众对这个事情的看法也不是完全非理性的。另外，还有一些调查指出，食品安全问题实际上是国民幸福指数里面非常重要的部分。有一个调查机

构曾做过一项调查，结果显示，88% 的中国人认为自己的生活远离美满幸福，为什么呢？三大原因，生活成本（房价太高）、社会保障（老无所依），最后一个就是食品安全。食品安全是三大因素之一，假如把食品安全问题治理好了，幸福指数会大大上升，也就是说实际上我们的食品安全形势还是非常严峻的。政府这么认为，老百姓也这么认为。当然这个严峻的程度，有多方面、多层次的原因。我们来看一个最典型的说法，一位人大代表说："吃动物怕激素，吃植物怕毒素，喝饮料怕色素，能吃什么心里没数。"这个顺口溜非常贴切，实实在在反映了我们老百姓对这个问题的关心。但我作为一名这方面的专业工作者，我不能在这里添油加醋，所以我想我们还是要比较冷静地来分析一下食品安全问题。

下面，我们来了解一下食品安全的科学含义。

第一，我们要对食品安全问题的严重性有基本的判断。我们知道，生活在三万年前的山顶洞人，他们的生活状态，跟现在当然不能比，但是我们总结一下就会发现，现在大家拼命追求的东西、能够达到理想化的东西在那时候都是最好的状态。他们呼吸的空气是最纯净的，到处都是清洁的水，森林满地球覆盖，那个时候也没有化学工业，所以世界上的物质都是天然的；他们没有接触任何人工化学品，瘦肉精，铅汞镉，特别是有机化学合成的农药，666、DDT 都没有，所以他们没有接触任何的人工化学品；他们吃的全部是有机食物，因为当时没有化肥农药，甚至连种都不播，全野生状态，全天然状态，所以他们吃的是现在最高级的有机食物；他们每天还要运动，他们不运动就没得吃，打猎时要追野兽，一天可能要走一百多里路才够找到所需要的食物，所以运动也是最多的。我们现代人所追求的所有的要素在那个时候都是最充分最好的状态，但是如果我们看看有关文献就会知道，直到二千年以前，我们祖先的平均寿命只有二十岁，这是为什么，说明什么问题呢？说明食品安全问题。现在我们虽然面临各种各样的威胁，但我们的食品安全问题也没有那么严重，我们现在人均寿命，浙江省女性可以达到 76 岁，男性可以达到 72 岁多，所以，现在我们虽然有各种各样的威胁，我们也不能抹杀现代科技医药、现代食品工业带给我们的好处。

再说说我们的食品合格率。虽然我们的标准定得比较低，但这个标准大多数情况下都会越定越严，比如公众比较诟病乳品的标准，说它定得比较宽松，全国老百姓就一起骂，官员们也吃不消，所以在标准越来越严格的情况下，我们的食品合格率应该是越来越高的。15 年以前，那个时候食品合格率是百分之五六十，现在平均来说有百分之八十几到九十，上海、北京这样的大城市管得更加严一点，可以达到 95%。全国来说，蔬菜、畜产品、水产品的合格率在 96% 以上，出口食品的合格率在 99% 以上，这是非常高的合格率。

然后，我们再来具体看看食品安全是哪个范畴的问题。你要说是一个技术问题也可以，是一个法律问题也可以，它是一个道德问题也可以，实质上它是各种各样问题的叠加，所以应该说有这三个层面的问题：第一是道德，第二是法律，第三才是技术。现在出的问题我认为绝大多数情况都出在前两个上，比如我们说的食品添加剂，有些根本就不是食品添加剂，法律规定是不允许添加的，比如三聚氰胺，三聚氰胺是食品添加剂吗？我们老百姓认为它是食品添加剂，其实它是非法添加物，非法添加物国家明令禁止的，你加了就不仅是你的道德问题了，更是法律问题了。

食品安全问题是一个世界性的问题，世界卫生组织在北京专门开了一个会，发布了一个《北京食品安全宣言》，号召全世界的政府部门都来关心解决这个问题。这说明食品安全问题在世界是比较大的问题，另一方面说明大家也都是重视这个问题的。

什么叫食品安全问题呢？就是对食品按照其原定用途，加工制作以及食用的时候，不会使消费者受害的一种担保。因为食品基本上只有两种属性，一种是要有营养，没有营养吃了白吃；一种是要安全，吃了营养但是里面有毒素，毒素多到足以造成危害的程度那就是不安全的。所以营养和安全两种属性里面安全占了其中的一半，有毒有害物质会对人造成损害，由此产生的公共安全问题叫作“食品安全问题”。造成食品安全问题基本上有这么两大类：一类是食品当中原有的有毒物质的存在，我们不能要求食品完全没有毒，完全没有毒是做不到的，所有的食品里面只要仔细分析都会有毒，问题是这个毒到什么程度；另一类是外来的污染，比如说砷污染、微生物、寄生虫、化学污染等等，内在的外在的加起来构成了我们整个的食品安全问题。我们国家的《食品安全法》，过去叫《食品卫生法》，因为三鹿奶粉事件以后升级成《食品安全法》。《食品安全法》规定，食品安全是食品无毒无害，这里面本身就有巨大的问题。食品无毒是不可能的，无害是可能的，怎么实现这个安全性呢？我们有一个名词叫安全性担保，是通过三方面来实现的：一是企业生产的产品要有担保，企业对产品的设计、生产的质量要进行控制。二是流通部门对消费环境的安全担保，要规范流通技术，保证流通环境。三是政府对公众的安全担保，也是最基础的，因为食品的安全性不是眼睛看出来的，也不是鼻子闻出来的，消费者完全是盲目的。这种情况下，由谁来担保呢？当然是政府。我们的政府在这一块虽然很重视，但如果把这个事情提升到政府最基本的职能，可能还有待时日。就目前来说，我们的政府在提供担保这项功能上还比较被动。政府担保怎么实现？立法、执法。我们立法很好，但是执法有点问题，后面我们还会谈到。

我们再来看看食品安全的核心概念，即绝对安全性与相对安全性。

绝对安全性是我们老百姓的要求，它是指确保不会因为食用某一种食物而造成健康危害的一种承诺，就是说老百姓的要求是食品要绝对没有风险。但是客观地说，人的任何一种饮食行为都是有风险。人生下来就有风险，绝对安全性实际上是做不到的，只是我们的一个追求目标，接近绝对安全性这才可以。现在，对于政府也好，企业也好，我们消费者也好，比较合理的还是相对安全性，就是说一种食物在我们现在的条件下，在合理食用、正常食量情况下对我们没有健康损害。绝对性、相对性的区分，很大程度上反映了两者的矛盾。消费者当然有权要求最好，但作为生产者来说，消费者要最好的，可以，一个面包一万块钱消费者买不买？一万块钱也做不到绝对，所以这其实是一个平衡的问题。企业在提供最好的营养的同时力求把风险降到最低，同时利润最高，这对企业来说也是它的根本利益。所以从这个角度来说，企业如果跟大家的道德认知水平是一样的话，企业和我们消费者的利益其实是一致的，我们消费者持续地接受它的产品，这个企业才能发展壮大，所以，很多情况下我们也不能把企业跟消费者完全对立起来。现在消费者对食品的安全性认识，是把情况看得太严峻，今天我想给大家泼点冷水，其实没必要看得太严峻。技术在进步，我们的消费要求也在进步，所以这是一个平衡的问题。

第二，含有添加剂的食品就是不安全的食品，这个观念是很错误的。我自己是搞食品开发的，经常有企业家让我帮他们开发产品，比如说把荞麦做成荞麦饼干或荞麦面包，他们的唯一的要求就是不添加任何添加剂。我只能跟他们说："对不起，我们技术水平还没到这个程度，因为你说任何添加剂，糖是不是添加剂？盐是不是添加剂？如果没有糖没有盐，把荞麦做成饼干，硬梆梆的，谁吃得下？没有人能吃得下，除非你愿意回去过原始生活，除非你的牙齿还像我们的祖先那么坚硬。"比较合理的就是，我们国家有比较科学的食品添加剂的卫生规范标准，合理使用就是安全的，如果不是食品添加剂目录里面的东西，那当然绝对不能加，政府的监管应该也能管到，加进去就要把它没收，把工厂关掉，把企业负责人送去坐牢，这个才是合理的做法。所以，我们不能说含有食品添加剂的食品就不安全。我给大家举个例子，我们家里日常用的酱油，在二十世纪六七十年代甚至更早时候，最常见的一个现象就是出白花，那个时候的酱油是比较天然的，没有添加剂，家里买回来都是散装的，打回一斤酱油用掉三分之一就出白花了。当时大家的钞票少，把白花捞掉或者加热一下再继续用，那样的酱油当然很天然很好，但是有一个致命的问题，出的白花是什么？真菌。真菌会产生什么问题？真菌毒素。换句话说，假如没有苯甲酸钠添加剂加到酱油里面去，那你每天用的酱油都面临着真菌毒素的危险。真菌毒素的毒害要比苯甲酸钠的毒害大一百万倍，这就是两害相权取其轻的问题。如果现在你想要没有

防腐剂的酱油，我们全体老百姓去要求，生产厂家当然也可以做，但你太不方便了。要把这个酱油放在冰箱里去才能维持较长一点的时间，烧菜的时候从冰箱里取出来，用一点再放回去，这样也维持不了很长时间，总之最后要出白花，一出白花你就面临真菌毒素的危险。所以这其实是一个很辩证的问题，我们不能说含有添加剂的食物就是不安全的，绝对是不能这么说的。

第三，大家都认为纯天然的食品就是安全的，那事实上成立不成立呢？我想请大家想一想，病原菌都是天然的，我们人类从来没有发明过一个病原菌，肺炎杆菌还好，最厉害的肉毒素菌，吃了以后中毒是没药医的，这些毒素都是天然的，给蛇咬一口毒死了，这也是天然的，更天然的还有完全没加工过的，比如砒霜。所以不能说纯天然的食品就是安全的。当然从某一种角度来说是可以的，比如说，我们种的蔬菜完全不用化肥农药，这样种出来的相对来说安全系数当然要高一些，因为化肥农药的残留没有了或者少了，所以这个是对的。但是不能推而广之，不能说纯天然就是安全的，不能追求这个目标，因为纯天然的食品是不是安全也是一个量的问题。

第四，使用了化肥农药就一定会对食物的安全性构成威胁吗？比如说氮肥用得太多，我们食物当中的亚硝酸盐会比较多，危险性有一点，但是比较轻的。比如农药，现在国家法规允许的农药应该都是高效低毒的，如果种植的人有道德有良心，比如说蔬菜收以前的八天十天之内不用，这以前按照规范用一点，应该也是安全的，因为这都做过严格的评估。每一种农药都做过安全性评价，安全系数是非常高的，所以如果按照规范来操作都没有问题。但是不按规范操作的情况在我们国家是多数，所以这个问题被认为是一个很大的问题，因为我们农民打农药，不是按照农药说明书上说的稀释五百倍八百倍，而是先去抓只虫丢到配得浓的农药里面去，看它是不是马上死掉，不死，马上再加一点农药，丢进三秒钟死掉，这个才是合适的喷药浓度。这个比安全的浓度超过多少倍都不知道了，农民也不计成本，因为这个东西很便宜，所以这个是很实际的问题，如果说这个方面的工作做好了，使用农药也是没有很大问题的。

第五，现在很多食品安全问题都是我们自己造成的。我们买馒头时，要选雪白的馒头，蔬菜越绿越好，蘑菇越白越好，颜色越鲜艳的我们认为品质越好，其实天然的东西哪有这么好。上海人特别喜欢吃玉米面馒头，吃起来很细腻，颜色金黄的，其实添加了玉米面口感必然是粗糙的，那怎么办？你又要细腻又要颜色好看，那只有添加点柠檬黄染一下，其实还是白面，说是玉米面，你就乐愿意吃了。所以这个问题很大一部分原因是因为我们的追求有问题，我们这些做科普的人就要求大家什么东西都不要走极端，什锦菜颜色灰灰的，没关系，蘑菇暗一点有点黑斑那也不要紧，把黑斑削掉就是了，如果通体洁白的蘑菇一定是用大量二氧

化硫处理过的，否则不可能是这样的。

再次，我们来看看食品安全最基本的一些原则。

第一条，食品安全不可能做到零风险。这其中必须要说两个概念，一个叫危害，一个叫风险，危害是客观存在的，风险是可以管控的，在风险管控的水平上去接受存在的危害物。第二条，受到致癌物污染的食品不等于致癌食品，因为致癌物有量效关系，在非常低的水平下完全没有致癌作用，高到一定水平才会致癌。第三条，不合格的食品跟有毒食品也不能画等号。是什么不合格？有毒物超标不合格，质量达不到标准不合格，当然也有很多的不合格是标签没有按照法定的规定来标，缺了一个电话号码，缺了一个生产地，缺了一个条码，那都是不合格，所以不合格有很多，不一定就是不能吃的产品。

下面给大家讲一下案例，有关激素的问题。有几年我们温岭的瓜农彻底遭殃，一个瓜都卖不出去，说因为瓜农用了膨大剂，用了激素。现在老百姓概念当中的，比如说反季节的蔬菜，冬天生产的番茄据说都是用了激素的，就不让小孩吃了。这个问题存在不存在呢？其实是不存在的，这是一个伪问题、假问题。什么叫假问题呢？我这里给大家实实在在做一点这方面的科普。激素分植物激素和动物激素，动物激素只对动物有用处，对植物来说就相当于是水，植物激素只对植物有用，对动物来说就跟喝水一样。所以农民让西瓜膨大一点、让番茄结牢一点，用一些植物激素，但这个激素跟造成性早熟的激素绝对是风马牛不相及的，吃动物性的产品、喝牛奶倒是有可能的。植物激素有植物激素的受体，这个受体只存在植物身体里面，动物激素有动物激素的受体，受体只存在动物里面，所以，说吃反季节蔬菜、番茄、甜瓜、西瓜之类会导致性早熟，这个观点是不对的。我们作为消费者，要有冷静的判断，不要以讹传讹，如果因为植物激素的关系不让小孩吃蔬菜水果，他的营养就不能得到满足，特别是维生素矿物质的营养就不能得到满足，他的抵抗力就会很差。相信大家今天听了我说的话，在这方面会有一个正确的认识。

还有一个例子是柑橘，2008 年的时候大家都不买柑橘了，说柑橘里面有大实蝇，柑橘大实蝇是什么东西呀？就跟我们平常吃的肉丝是一样的，完全没有毒的，如果柑橘里面有大实蝇我们万一不小心吃进去了，就等于吃了一些蛋白质。我们大家都有这个概念，杨梅我们都是不洗就吃的，如果你把任何一个地方产的杨梅放在淡盐水里泡一下，就会浮出很多小白虫，那个小白虫就是果蝇，水果的果蝇它就吃水果，所以吃的是天然食物，它也不脏，所以吃杨梅大家都是直接吃，一个杨梅里面五根虫你也不感觉有问题。所以我们吃柑橘其实也是一回事，但是如果消费者没有这个概念那就害死果农了，他们只好把这些东西倒掉。还有香蕉，说香蕉有什么癌病之类的传闻，这方面的例子也很多，我也不多举了。

我现在要给大家来普及最基本的一个概念，叫作“剂量决定毒性”，这是食品安全性问题判断的一个基本准则。食品里面总会有一些有害人体健康的成分，问题在于有毒成分的量到什么程度，还在于你到底吃了多少这个东西。正常情况下有毒的东西，就是我们说的有危害的东西，但是数量达不到一定水平，也不会对人体造成什么伤害。这就是我们所谓的“暴露水平”，什么叫暴露水平？比如说，水果含有农药残留，某一种农药的残留浓度高到什么程度，我们一天一共吃多少水果才会导致危害，这个才是要考虑的问题。当然这不是我们消费者需要考虑的问题，是政府科技部门、行政管理部门、执法部门需要考虑的问题，他们要做这个事情的评估，评估完以后推出一个标准，这个就叫作暴露水平，所有的有毒物在摄入量水平以下产生健康损害的可能性要小得多。

我举一个大家可能比较陌生的例子，但这个很说明问题，比如说砒霜，砒霜是最古老的毒物，砒霜有毒大家知道，但是这个有毒也是一个量的概念，吃砒霜要吃到多少克才能把人毒死，但是在有毒的剂量以下却是很好的一种药，这个药是拿来治白血病的，它刚好是白细胞中毒的剂量，对人体没有毒害，却把癌变的白细胞杀死了，所以这是一个剂量问题。再来说说肉毒素菌，在肉罐头中，肉毒素菌要是繁殖了，毒素积累到一定程度，你吃下一罐这样的罐头，到目前为止没有药医，所以大家提到肉毒素菌，都是把它作为第一号控制目标菌，为了把肉毒素菌杀死，我们牺牲了很多的口味，牺牲了很多的营养，就是为了确保没有肉毒素菌。肉毒素菌这么毒，但是美容医生却拿它给女士美容，肉毒素菌的剂量控制到万分之几微克的时候给你脸上打一针，皱纹马上平了，能够维持一年半载，过一年半载再去打一针。香港那么多明星五十岁了脸上一个皱纹都没有，靠什么？主要靠这个东西。

所以，食品安全领域里面最核心一个的概念，剂量决定毒性。跟这个有关系的我还想给大家介绍两个名词，一个叫危害，一个叫风险。什么叫危害呢？食品里面各种各样影响健康的，生物的、化学的或者物理性的，这些物质叫危害，这种危害直接对我们造成伤害的程度叫风险。所以我们现在的任务不是消除危害，而是要把危害的水平降到一个我们能够接受的范围之内，这是我们要做的一个目标。

我给大家举一个实际的例子来说明食品安全性是剂量决定毒性的概念。香蕉催熟都要用乙烯利，换句话说，现在大家吃到的香蕉都是用过乙烯利的，如果不用乙烯利，香蕉在广东采来以后运到我们这里皮都变黑了，因为必须等到成熟才能采摘下来，熟的香蕉装到一个筐子里从广东那么远运过来，这个皮不都变黑了吗。所以在五六十年代的时候，买香蕉要买芝麻香蕉。芝麻香蕉就是香蕉皮表面有一颗颗黑点的，说这个香蕉是最好的，因为它很成熟，所以凡是芝麻香蕉都是很甜的。但是从现在的科学知识来看的话，芝麻香蕉的黑点是因为保管不好熟得快要烂了才产生

的芝麻点。现在我们的香蕉都是通体橙黄，商品性非常好，这个就是乙烯利的好处。乙烯利是一种化学物质，释放植物激素的，因为有了乙烯利，香蕉青的时候就能采下来，青的香蕉很硬，咣当咣当从广州运到北京，从巴拿马坐船一个月运到我们这里都没有问题，卖之前的一个星期，给它喷一点乙烯利，放到仓库里，温度一高马上就转熟了，就变黄了，非常新鲜，所以这是科技的好处。

乙烯利有没有毒呢？实事求是地说是有毒的，但有没有害呢？没有害。为什么有毒又没有害呢？这是科学研究的结果。乙烯利有毒没有害，这个结论是怎么得出来的？我们有很多安全性评价上的指标，专业术语都是用英文来表示的，因为这一套都是从外国传过来的。美国人风险评估做得很好，从美国那传过来的，我们用很多的指标来评价它，最严重的指标叫作 LD50，因为我们要做动物实验，导致受试动物 50% 死亡的一次性剂量，这个叫 LD50，所以这个肯定不会在人身上用。这个剂量值是多少呢？每公斤含有 3400 毫克，也就是每公斤食品里面 3.4 克的乙烯利，这样的含量给动物吃，一半动物会马上死掉。这是最高的一个剂量。然后又有一个 LD1，是试验动物出现死亡的最低剂量，受试动物中 100 个小白鼠里面有一个死的，这个是最低死亡剂量，然后比死亡更少一点的剂量还有很多生理剂量，比如说不舒服头晕恶心昏迷等等，但是不死。我们又把这个剂量降下去，降到最低可察觉有害效应剂量，这个最低可察觉有害剂量我们也不能推出来交给公众，因为这是有害的，吃了以后又恶心又吐的也不行。我们还要再降低，降低到最低可察觉效应剂量，这个剂量不一定有害，但你感觉到吃了这个东西以后有一点异样，但这个给人吃也不行。还有一个指标叫作无可察觉效应的最高剂量，这个再低下去低到什么程度，我可以用到这个剂量让你吃了完全没有感觉，感觉上的也许是生理上的，总之生化指标测出来你的血液等各种指标常规生化都没有变化，但这样也不行，这个无可察觉效应，往长远来说又有点害怎么办？为了安全起见我们把它又打一个折扣，打到什么程度？打到食物当中的最高允许残留量——2 毫克。这个最高的允许剂量其实也不是让你天天吃的剂量，另外还有急性暴露、慢性暴露。慢性暴露是什么？就是这个食物当中含有这种毒素让你吃一辈子不影响你的健康。急性暴露允许是 0.05 毫克，慢性还要严格一点，0.018 毫克。

在香蕉上国家允许用乙烯利用的最高剂量就是所谓的急性暴露，最高剂量也就是说允许我们每天吃进去的量，换句话说，假如我们每天吃 0.05 毫克的乙烯利，哪怕我吃很多天也完全没有问题，在这样一个安全水平控制下我们才推出来这个农药使用标准。所以反过来说，我们国家在香蕉上制定的乙烯利农药（植物激素也叫农药）的允许摄入量是 0.05 毫克，那按照我们实际的香蕉使用的乙烯利浓度来算，我们必须每天吃香蕉 2.74 公斤才能够达到

这个摄入量。所以这个东西你说有毒没毒呢？有毒的。安全不安全呢？安全的。所以有毒与否跟安全与否完全是两回事。

现在，世界各国经过这么多年的食品安全性讨论，最后得出来一个解决问题的最科学有效的方法叫风险评估。风险评估包括三个内容，一是评估，科学家来做，就是各种各样的实验，就像刚才我说的这种实验，大白鼠、小白鼠，多少是毒死的，多少是没效果的，多少是没有察觉效应的等等，把整个科学工作做好，这个是风险评估。二是风险管理，科学家做好风险评估以后交给政府，政府采取必要的措施，这个就是科学家提建议，政府来做。三是风险信息交流，把评估结果、管理措施透明地告诉消费者，同时培养消费者的科学意识，冷静分析、客观判断所有利益相关的各方，生产者、流通商、消费者都知道这个事情，都知道这个东西是怎么得出来的，我们就有充分的信任，相互信任、透明的框架、透明的信息就能解决问题。此外，还有大众的风险感知，这个问题是真空，没有人来做，有人做也是在帮倒忙，我们得到的食品安全信息是从哪里来的？街头巷尾流言，社交谈话，亲朋好友聊天。媒体在这方面过去特别不负责任，这是媒体的本性使然，它要吸引公众关注，才能有钱挣，媒体也不见得就是客观的。那么在这两者之间就是一个真空，如果这一块也能做一点工作，把风险评估这三块做起来，我们的食品安全问题就有很大的希望。

人类社会的食品安全风险问题，很系统的总结有十一项，六个大类，其实食品安全最大的风险不在于农药残留、真菌毒素污染或者什么物理、化学危害等等，而在于大家管不住自己的嘴巴。食品安全问题主要有两类，一类叫急性安全问题，就是我们说的食物中毒。另外一类是慢性安全问题，它严重影响着我们中国老百姓的健康。老百姓们没有把控好自己的嘴巴，就是营养过剩，营养失衡，酗酒抽烟，这也是食品安全问题，某种角度来说是更加严重的食品安全问题。我们想想，现在的高血压、高血脂、高尿酸等等，我们都叫生活方式疾病，生活方式疾病是哪里来的？是我们自己造成的，我们没有管牢我们的嘴巴。人类历史上，很长一段时间都是饿肚子的，那个时候为什么人类寿命短呢？医疗条件没跟上。但那个时候高血压、高尿酸、痛风、心脏病这一些生活方式疾病基本上没有，只有在最近五十年里，全世界多数的人才能一辈子不愁吃。一辈子不愁吃的结果是什么呢？严重影响我们的寿命。因为每一天都吃得很饱，这对我们的免疫系统很有害，特别是心血管系统疾病，因为吃得多了消化不及，血液里面血脂高了，血糖高了，各种并发症都出来了。这个问题确实是我们食品安全的最大的问题，所以，我们一定要管住嘴巴，要有所控制，一定不能超过我们身体所需要的能量。

丹麦有个科学家做过一个很有名的实验，他把一大群小白鼠随机分成三堆，第一堆小白鼠任由它们吃饱；第二堆小白鼠单独

养，按照现在最先进的营养科学算好，能量需要多少、营养素需要多少，最完美的膳食100%给它们吃；第三堆小白鼠按照最科学的量，就是现在科学认识水平上的这个量扣掉40%，只给它吃科学量的60%，然后一直养下去，其他的条件都一样。最后的结果是：随便吃的那一群小白鼠到了十三四个月十五六个月的时候个个都是膘肥体壮，血管沉积、血管狭窄、动脉硬化，老年症状都出来了，平均到十五六个月都死光了；按照科学的量喂养的这批小白鼠一般活十八个月上下，十九个月的也有，十七个月的也有；60%的喂量的这群小白鼠活了二十三个月。

有句俗语叫："山大不如炉灶的柴孔大"，就是说添柴的那个孔可以把整个山烧光，"田大不如嘴巴大"，田里收了那么多东西都给嘴巴吃光了。不知道大家有没有想过这个问题，就是你一辈子能吃多少东西。我替大家算了一下，这个量是很有限的，一个人哪怕你能活100岁，36000天，36000天能吃多少东西呢？吃18吨大米，18吨蔬菜水果，再加上6—8吨的肉，再加上200公斤盐，一共44吨左右，这是你一生能吃的最大的量。我为什么要给大家讲这个呢？我的意思是，你把这一堆东西早吃完，你就早完蛋，你悠着点吃，你就能够在这个世界上享受更长的幸福生活。所以吃饭的时候，特别是晚饭不能吃太饱，晚上以后没什么活动了，吃个六分饱就行，中午吃饱一点不要紧。中国人其实很早就认识到这个问题了，叫"早饭好，中饭饱，晚饭少"，如果大家有心思能够在这三顿上多花一点心思，对你的健康，对全家人的健康都会有很大的好处。

我们再回到急性安全的问题。自然界产生的食品毒素叫自然毒素，另外一类叫环境污染物，还有一种因素是人为加入到食物链中的化学与生物物质，比如农用化学品残留、兽药。兽药这个问题更加严重，兽药不受管控，基本上你爱用什么东西用什么东西，虽然我们有农业部门管理，但是因为这不是直接给人吃的东西，政府也不太关心，所以凡是动物性的产品现在风险性都很大。包装材料的污染，食品添加剂滥用也是个问题。还有新开发的食品，比如，我们过去说植物脂肪很好，就用氢化植物油代替黄油，黄油是饱和脂肪，吃了对心血管不好，大家认识到了，所以就有了植物奶油，那个时候大家都认为这个是健康奶油，而且涂起面包来很滑溜。黄油冬天的时候涂不开，植物奶油一涂就涂开了，好吃而且还健康，这是60年代的事情。到了90年代末20世纪初，我们发现这个比黄油还要有害，植物油氢化以后反式脂肪酸大大增加，反式脂肪酸一增加心血管就会受到极大的损害。奶茶里面最主要的成分就是氢化植物油，就是反式脂肪酸，要是没有反式脂肪酸奶茶根本没有滑口的味道，我认为速溶奶茶基本上不能叫食品，因为它里面没有天然的东西，都是合成的东西，氢化植物油是最厉害的一种，所以奶茶产业应该关门。真正的奶茶在哪里？内蒙古。内蒙古的奶茶是牛奶加茶做出来的，那才叫奶茶，

但那个奶茶不符合我们绝大多数人的口味，因为它有奶腥味也不好喝。当地人喝奶茶是用来助消化的，因为有茶叶成分在里面，我们沿海地区的人基本上不太习惯那个味道。还有微生物致病问题，这是我们现在社会里比农药残留、比重金属都要严重得多的问题，在美国最大的问题就是微生物，因为美国人什么东西都喜欢生吃，店里卖的苹果他们习惯在衣服上擦两下就吃了，连皮吃了，蔬菜也是生吃，所以他们要出问题就是大问题。因为洗不干净，大肠杆菌 O157、沙门氏菌，各种各样细菌引起的疾病非常厉害。我们饮食习惯正慢慢朝西方靠近，什么东西都喜欢生吃，学日本人吃生鱼片，蔬菜沙拉的市场也慢慢大起来，所以微生物这个问题会越来越大。人为把化学物质加入到食物链绝对是个人的良心问题。三聚氰胺中国有，印度也有，用甲醇兑酒，甲醇只要吃 5 毫升眼睛就瞎掉了，吃 10 毫升人就毒死了。用 100% 纯的甲醇配酒，这样喝起来确实很爽口，喝一点点就会喝醉得很厉害，所以印度因为用甲醇代替酒精做酒，毒死成千上万的人，这个非常厉害。所以人类添加化学物质，政府应该从刑法的角度来解决问题。

现在我简单给大家盘点一下我们国家比较典型的违法案例，我分成这么几个大类。第一类是食源性的疾病，就是微生物的污染造成的疾病，我给大家举一些案例来分析一下。20 世纪 80 年代，我们还在读大学的时候盛行甲肝，甲肝怎么来的？吃毛蚶，海水里面养的毛蚶有甲肝病毒，所以 80 年代初期上海有 30 万人得了甲肝，导致我们国家干脆就把毛蚶禁掉了。毛蚶多好吃啊，开水里面烫一下，味道特别鲜，但是因为这个问题，毛蚶被禁掉了，到现在还没开放，卖毛蚶都是非法的，因为一个事件把一样食物从我们的菜单上给剔掉了。还有大肠杆菌 O157，日本人发现的，在我们国家也很厉害，2001 年的江苏、安徽两万人中毒，这是食源性疾病，非常厉害。另外，还有像北京的凉拌福寿螺，福寿螺其实是一种害虫，从国外引进来，本来是拿来观赏的，后来发现这个螺特别大，生的肉脆脆的很好吃，就拿来凉拌，没经过加热，导致福寿螺里面的寄生虫吃进去以后通过肠胃到血液里，最后进入大脑导致脑炎，这是非常严重的病例，这以后福寿螺就不允许生吃了，这是一大类。

第二类是违法生产销售有毒有害物质，最明显的三鹿奶粉三聚氰胺事件。三聚氰胺是很普通的化学试剂，一般认为它不至于有害到什么程度，结果一多吃，肾结石，最后小便都出不来，所以这是非常严重的问题。我们再来看看蜂蜜，据说洋槐蜜是很典型的，我们全中国每年的产量可能只有几千吨，但是超市、商店、药店卖的洋槐蜜却有几十万吨，造假的概率是多少！蜂蜜是一个问题，蜂胶是更大的问题，全中国的蜂胶产量是三百吨，实际销量一千吨，而且这个蜂胶化验都化验不出来。因为那个树胶，比如说杨树、桃树、梨树，把它枝条砍断，马上冒出来了水，风一

吹干了变胶，那个胶的成分主要就是黄酮，跟蜂胶里面的黄酮物质结构是一样的，化验都化验不出来，所以就有厂家把树胶加到蜂胶里面去。

最后给大家讲一件事情，是我亲身经历过的。有个菜很受欢迎，叫野菌煲，各种各样的天然菌，说是山上采下来的，食用菌高蛋白，味道也很鲜美，很多人都会点这道菜。那么野菌煲的野菌怎么来的，我来告诉大家。有一年杭州郊区有个企业，请我去出点主意，说这个东西检验没过关。结果我跑去看了，真正问题没解决，倒是给我看出门道来了。他那个野菌从外地运过来的时候是用盐腌起来的，百分之二十几的盐水浸着，不会坏。但是浸在盐水里的野菌直接卖给饭店，饭店是不要的，因为要花工夫把它漂淡，厨师都很忙，没时间做这个，所以就委托没有牌照的小作坊进行加工，把盐水都漂掉，然后做成小包装。但是盐一漂掉，微生物必然繁殖起来，必然腐烂，颜色必然变暗，然后他们就加二氧化硫漂白，加增色剂、增亮剂、防臭剂等等，一包包地加进去，野生菌就变得非常鲜嫩漂亮，也不会烂，不用放冰箱里保存。厨师们只要把塑料袋一袋一袋地剪开，水滤掉，放进去就是一个野菌煲。从那以后野菌煲我从来不碰，一筷子都不吃，大家听了我这个故事，我估计你们今后也不会去点那个野菌煲了。因为这东西没法杀菌，一杀菌就软掉了，如果能杀菌，成本又太高，所以他就不杀菌，都是靠化学物质维持在那里，这样的东西谁敢吃。

但现在只靠我一个人的力量也解决不了问题，我看它是越来越发展，越来越壮大，所有的饭店都有，而且一年四季长盛不衰，这个问题就非常大了。

我今天就讲到这里，谢谢大家！

（以上内容根据2012年9月15的讲座录音整理，略有删改）

外来物种与我们的生活

李钧敏

主讲人简介：博士、教授，台州学院生命科学学院院长。

今天我非常高兴有机会为大家做科普讲座。从2005年开始，我一直从事入侵生物的基础研究，也就是入侵机理的研究。我一直想找个机会给学生和其他感兴趣的人群做一个有关入侵生物的科普讲座。

我主要的研究方向是入侵植物，所以今天举的例子大多也是以植物为主，当然也有少部分是关于动物的，希望大家能够感兴趣。

在讲外来物种之前，我们首先来关注以下两则新闻：第一则新闻主要报道在2006年，北京大量暴发广州管圆线虫病。一位病人在吃过凉拌螺肉后，出现了两侧肋骨以及颈部皮肤异常，有刺痛感，同时进餐的另外两位同事也有相同症状。最后，经过调查发现，他们所食用的凉拌螺肉，不是大家平常所吃的田螺，而是福寿螺。在 12 只检测样本中有 2 只螺肉被检测出带有广州管圆线虫的幼虫。从外表上看，福寿螺跟田螺非常相似，只是颜色比田螺要淡一些，属于瓶螺科瓶螺属软体动物。大家平时可以注意观察一下，福寿螺的尾部也和田螺是不同的。福寿螺原产南美亚马逊河流域，因为它的肉质非常鲜美，所以在 1981 年作为食用螺引入广东。但是，我国并没有那么大的使用量，所以福寿螺作为一种入侵物种以野生生长状态，在农田大量繁殖。它的危害很多，会咬食农田里面的水稻，从而造成水稻的减产。它的螺壳也比较锋利，农民在田间操作时会被划伤。另外，它的排泄物会污染水体。福寿螺的产卵率非常高，生长周期短，繁殖速度快，会造成其他物种的灭绝，破坏当地的生态系统。

第二则新闻是柳州的食人鱼事件，2012 年的 7 月 7 日下午，柳州一位市民在柳江亲水平台给小狗洗澡的时候，被 3 条凶猛的鱼攻击，他把鱼甩掉后发现手掌的肉几乎被啃掉，也就是说那 3 条鱼有非常尖锐的牙齿。他在回家之后经网上查询发现攻击他的鱼与南美的食人鱼一模一样，这种鱼的学名是纳氏锯脂鲤，又称为水虎鲤。

食人鱼的眼睛很红，牙齿非常尖利。这件事发生以后，柳州市组织了大量的人员捕捞食人鱼。原先有关部门认为食人鱼已经入侵了柳州市的水域，但是通过大量的捕捞并没有发现这一物种的存在。专家指出食人鱼个体非常小，没有达到建成外来物种群体的要求，所以最终没有大量爆发。这则新闻给了大家一种信号，就是食人鱼可能作为热带鱼种被引入中国水域。以前相关媒体也有报道，食人鱼作为热带观赏鱼被引入中国市场。有些饲养人在养了一段时间后不想再养下去了，就把它倒掉。食人鱼可能就是通过这种方式进入柳州市水域的。食人鱼属于热带鱼类，它需要的水温是比较高的，如果水温低于16℃它就不容易存活。中国大部分水域的冬季水温在5—6℃之间，即使食人鱼能够存活下来，到冬天也会死亡，很难建群。

专家根据以上食人鱼的特性认为它在中国大量爆发的可能性还不太大，但是也不排除它作为外来物种入侵的可能。因为，食人鱼具有非常快的变异能力和适应能力，而且它还具备快速进化的能力，所以不排除它可能会发生突变从而产生适应低温水域的能力。如果食人鱼在中国建群，那么它就会产生这种新型的进化能力。

接下来，我简单给大家介绍以下六种外来物种，以及与入侵物种相关的一些概念。首先，我们来了解一下外来物种的定义，任何一个生物物种，总是在某一特定的地点形成，然后通过迁移或引入的方式逐渐适应迁移地或引入地的自然生存环境并逐渐扩大其生存范围。这一过程，就被称为“外来物种的引进”，简称“引种”。大家可能比较熟悉农业方面的引种，林业和渔业也是通过大量引种来丰富我们的生活。这些物种在入侵地就被称为“外来物种”，在它的原产地，就被称为是“本地物种”或者是“土著物种”。由此，大家可以看出这个概念具有地域的相对性，并且这种相对性不能简单地以国界来划分，大家可能原来以为不是中国的就是入侵的、外来的，这是错误的观念。比如，一种浙江原来没有的物种，是从重庆过来的，它虽然是在中国境内进行传播的，但是对于浙江来说它也属于外来物种。对于外来物种这一概念，我们在平时生活中有大量的接触。比如，很多重要的经济作物，像玉米、花生、番薯、马铃薯还有蚕豆，都是外来物种，都是通过引种进来的。水果里面也有很多外来物种，比如葡萄、石榴、桃、芒果、槟榔、无花果、番木瓜等等。在林木里面，大家可能比较熟悉的是樱花、广玉兰，还有路边种的夹竹桃、桉树等，这些都属于外来物种。在花卉里面，比如说紫茉莉、矮牵牛、天竺葵，还有一盆一盆放在桌上的仙人掌，这些都属于外来物种，都是从外面引种过来的。

下面我们简单地了解一下比较重要的几种。首先，我介绍的是甘薯，甘薯是旋花科甘薯属的一年生草本植物，是蔓生的草本，它的原产地是美洲，16 世纪的时候传入中国。现在，甘薯在全国普遍栽培，是市民餐桌上比较常见的食物。它富含淀粉纤维，还有很多种维生素和微量元素，因此被称为营养最均衡的保健食品，它的食用部位是它的块根。

第二种是玉米。玉米是禾本科玉米属一年生草本植物，它是重要的粮食作物和重要的饲料来源。玉米的原产地在墨西哥和南美洲一带，16 世纪的时候传入中国。

第三种是辣椒，辣椒是茄科辣椒属的植物，也是草本植物，它的维生素 C 含量非常高，是大家餐桌必不可少的食物。它的原产地是墨西哥，在明朝末年传入中国。

第四种是马铃薯，它是茄科茄属多年生的草本植物，是当今社会的四大粮食作物之一，仅次于水稻、玉米和小麦。中国人吃马铃薯可能不多，但是在美洲和欧洲，马铃薯就是主要的食物了。马铃薯又称土豆，原产地是南美洲的安第斯山一带，17 世纪传入中国。

接下来，我们了解一下水果中的外来物种，比如葡萄。它是葡萄科葡萄属的藤本植物，原产于欧洲、西亚和北非一带，由汉代张骞通过丝绸之路引入中国。葡萄含有大量的葡萄糖，易被人体吸收。另外，葡萄作为深加工食品非常受欢迎，最主要的一个原因就是它的提取物具有很强的抗氧化性、抗肿瘤活性，可以用于防治心血管疾病。

刚才我们所举的都是从国外传入中国，被我们引种的外来物种。下面我们看一个反过来的例子，就是大豆。大豆是豆科大豆属植物，它是富有营养又易于消化的植物。它的蛋白质含量最高，是人和动物的主要食物之一。大豆的原产地是中国，起源于云贵高原，在1804年的时候引种进入美国。在20世纪中叶的时候，美国大量地种植大豆，从原先的6000多亩增加到4亿多亩。目前，大豆已经成为美国最重要的一种作物，美国也成为最大的大豆生产国和出口国。

这些都是引种过来后对我们生活非常有利的物种，它们不会失去控制大量地繁殖。这些物种我们称之为归化种。归化种是指本地区内原来没有分布，从另外一个地区移入的物种，这类物种在移入后正常繁育后代并且大量繁衍成为野生状态。它们跟本地植物差异不大，也不会对本地的生态系统带来危害。比如番薯、玉米都是外来物种，但是它们是归化种，作为非本地物种生长繁殖良好，不具有危害性。因此，这部分的外来物种是有利的，是我们所需要的，也是需要大力推广和引种的。

那么是不是所有的外来物种对我们都是有利无害呢？有一些外来物种是有害的，我们称之为入侵物种。这些物种从它的自然分布区通过有意或无意的人类活动被引入，在当地的自然或人造生态系统中形成自我再生能力，给当地的生态和景观造成了明显的损害或影响，这种现象称之为生物入侵。从20世纪90年代末到21世纪初的20年间，生物入侵成为生物学研究的焦点，也是生态和环境领域非常重要的一个名词。这些非本地物种在被引入后迅速繁殖，给本地的生态系统造成了危害。入侵物种有三点特性：第一必须是非本地的外来物种，第二是它的生长繁殖必须非常迅速，第三点最重要，就是它要具有危害性，并且这种危害性要相对明显一些。比如，大家在路边较容易看到的喜旱莲子草，它在浙江大量繁衍，对生态系统造成了不小的危害，所以它在浙江被称为入侵物种。但是不同的区域情况不同，它在北京几乎找不到，偶尔会看到一两棵，不能形成一个完整的种群，它在北京对生态系统是没有任何的危害，所以它在北京不应被称为入侵物种。中国对这一概念的区分相对来说比较弱一些，大家笼统地把喜旱莲子草都归为入侵物种。美国对物种的分类是非常清晰的，一些物种在某一个州是入侵物种，但是在另外州就不是。判定原则就是它有没有给当地的生态系统和景观造成明显的损害或影响，也就是说它有没有对当地产生危害。

2003 年 3 月 6 日，国家环保总局公布了首批入侵中国的外来物种名单，目前整个中国的外来物种达到了 488 种。我主要对 2003 年公布的外来物种做一个简要的介绍。植物主要有薇甘菊、空心莲子草（水花生）、互花米草、飞机草、凤眼莲（水葫芦）、紫茎泽兰、豚草、毒麦和假高粱等。动物方面主要有福寿螺、牛蛙、蔗扁蛾、湿地松粉蚧、强大小蠹、美洲白蛾和非洲大蜗牛等。

我们先看一下薇甘菊，它的叶子是倒卵形的，中间有一个凹槽，会开大量的花，形成大量的种子。它是菊科假泽兰属的草本植物，原产于中南美洲，1919 年入侵香港，20 世纪 80 年代扩散到深圳，到深圳之后，它就在那边大量繁衍，它种子非常多并且萌发能力非常强，种下去就长了。其次，它的克隆能力也非常强，你就把它的一个茎段放在那边，马上就变成一棵植株了。它还是藤本植物，遇树攀援，遇草覆盖，爬到树木的顶部会蔓延开来，这样就会使它下面的树木见不到阳光窒息而死，因此它又被称为植物杀手。

2006 年至 2008 年，我一直在广州从事薇甘菊的研究。薇甘菊是我目前所见过的入侵最严重的物种。如果你到广州会看到那样的景象，简直可以用触目惊心四个字来形容。你进入自然保护区，就可以看到路边的森林全部被薇甘菊覆盖，整片看过去，森林的整体形状都看不出来了，只看到一片绿色的布覆盖在上面，顶部全是薇甘菊。并且，薇甘菊的清理工作是非常困难的。深圳南部有一个国家保护区——内伶仃岛，由于薇甘菊的入侵，野生动物的生存环境被严重破坏。

今天，我介绍的第二种外来入侵物种是空心莲子草，它又被称为喜旱莲子草。实验室发现它更喜水，在水里面长得更好，所以它又被称为水花生、空心苋。它是苋科的莲子草属，原产巴西，1892 年的时候作为饲料引入上海，之后溢生（在水体里大量繁殖）。大家在路边、绿化带、田边，经常会见到它。喜旱莲子草有一个重要的特征，就是在原产地可以有性繁殖，也可以克隆生长。如果它到了入侵地，它就会把有性繁殖的部分形状都替代掉，不再产生种子，没有性生殖的能力，进而它的克隆能力就会大大增强，成为非常严重的入侵植物。它侵入农田以后，会与农作物争夺光照和肥料，影响农作物生长，造成巨大的经济损失。目前在浙江地区，喜旱莲子草可能算是危害最为严重的一种植物了。

第三种是互花米草，它主要长在海边，是禾本科米草属的植物，原产地在北美的大西洋岸边。1979 年，南京大学生态研究的专家们把它作为保堤护滩的植物引入到海岸边，但没想到的是它大量繁衍成为海岸边的入侵物种。互花米草的根系非常发达，很难清除，克隆能力非常强，它还可以使贝类、蟹类、藻类、鱼类等生物窒息而亡，从而造成沿海滩涂养殖业的重大经济损失。它的根系非常强大，容易形成单一的优势群落，占据整个滩涂，使鱼虾蟹无法存活。

第四种是飞机草。它是菊科泽兰属植物，原产于中美洲，1934 年入侵中国云南南部。它的繁殖能力非常强，在形成单一优势群落后，危害当地的植物。除此之外，它的叶子有毒，人的皮肤接触一下就会红肿起泡，如果牛羊啃食了这种植物也会引起中毒，造成畜牧业的经济损失。

第五种是凤眼莲。杭州曾经报道，运河被大量的水葫芦侵占。水葫芦就是凤眼莲，它是雨久花科凤眼莲属，原产地也是南美洲。20 世纪 30 年代，它作为饲料被引入，但是之后发生溢生。现在，全国大部分省份的河流、湖泊里面都有凤眼莲，甚至一些生态环境比较良好的水库里面也会常常见到凤眼莲。随着水体的富营养化越来越严重，凤眼莲也越来越容易生长。它大量覆盖水体以后就会导致水缺氧，降低水中的溶氧量，造成水下生物死亡。

第六种是紫茎泽兰。这种植物在浙江可能不太常见，但在贵州、云南、四川很普遍。它的原产地是美洲的墨西哥至哥斯达黎加一带，1935 年从中缅和中越边境传入我国云南南部，目前广泛分布在云南、广西、贵州、四川的一些地方。它的分布虽然不是特别广，但是也有扩散的趋势。紫茎泽兰看起来有点像小灌木，它在温度零下的地方会形成单一群落，大量消耗土壤养分，使其他物种都无法生存。另外，它的叶片是有毒的，牛羊误食以后会出现肌肉紧张，阵发性痉挛，甚至死亡。1979 年，云南省有报道，52 个县 179 个乡的 5015 匹马误食了紫茎泽兰，其中 3486 匹马死亡。

第七种是豚草，又被称为三裂叶豚草，是菊科豚草属，原产地是北美，20 世纪 30 年代传入东南沿海。它的适应力非常强，目前广泛分布在华北、华中、华东、华南和东北地区。它的花粉会引起过敏，尤其是在北京和南京。春季是豚草开花的季节，它作为致病原引起人群过敏。

最后一种是毒麦，它本身是无毒的，但它花穗上的真菌会产生毒麦碱。如果人类误食，会造成心脏麻痹。它在检验检疫里面是非常受关注的。假高粱也是这样的，它是禾本科高粱属植物，原产地是地中海，20 世纪 90 年代传入中国，具有毒性，它的种子里面是含有少量的氰化物，误食以后容易造成中毒，所以也被检验检疫作为入侵物种。

刚才我所讲的都是植物，下面我们来看一看动物。先给大家介绍非常熟悉的牛蛙。

它是蛙科蛙属，原产于美国东部，可以食用，是 1959 年引入中国的。目前，牛蛙几乎遍布北京以南的所有地区，它的适应能力非常强，个体大，天敌比较少，寿命长，繁殖能力强，所以比较容易入侵和扩散。

目前检验检疫部门对一些物种的检查十分严格，包括跟我们日常生活不是特别密切的物种，比如说蔗扁蛾，也是属于我国禁止进境的检疫性害虫。它是辉蛾科扁蛾属，原产地是非洲热带、亚热带地区。1987 年它随它的寄主巴西木被引进广州。它主要是对巴西木、棕竹，还有香蕉、甘蔗、玉米等农作物的根茎部造成危害，同时它也会危害一些名贵花卉。

湿地松粉蚧（火炬松粉蚧），原产地是美国，1988 年随湿地松进入广东省。

强大小蠹是小蠹科大小蠹属，原产地是美国、加拿大、墨西哥。1998 年，它在我国的山西省阳城被首次发现，它主要是对已经成材但长势比较衰弱的大径立木造成严重危害。

美国白蛾，它是灯蛾科白蛾属，原产地是北美洲，1979 年进入中国辽宁丹东，1981 年进入山东。目前，它在中国北部分布比较广泛。它的食性很杂，幼虫非常多，集群在一起就蚕食树木的叶片，所以对树木的危害非常大。

蜗牛，原先是作为食用螺引入中国的香港和澳门，1933 年进入中国台湾，目前，它在亚洲太平洋地区南部广泛分布。非洲大蜗牛溢生以后，主要是以蔬菜和花卉等农作物为食。如果一块农田被非洲大蜗牛入侵，那么叶菜类的蔬菜叶子都会被吃光，因此带来的经济损失是非常大的。

以上这些都是 2003 年我们国家公布的首批入侵物种。目前有一些入侵物种的危害更大。接下来，我就主要给大家介绍这些入侵物种的入侵的途径，了解一下这些物种是通过什么途径被带到中国的。第一个途径就是自然入侵，即在自然途径状态下发生自然的侵袭从而造成入侵，比如薇甘菊，它原先在中国台湾，它的种子可能随着水流进入深圳。美洲斑潜蝇和紫茎泽兰也属于自然途径入侵。第二种就是无意引进，就是说主观上没有引进的意图，而是通过贸易、海轮或者入境旅游者带到国内。比如松材线虫，它是在进口设备的时候随着木制包装箱带进来的。还有一种就是有意引入，比如农业、渔业、林业上的引种。原先引入物种的时候缺乏全面综合的风险评估，形成了生物入侵。互花米草原先作为保堤护滩的植物被引入，现在变成了入侵物种；水葫芦原来作为饲料，现在也变成入侵物种。同样变成入侵物种的还有作为食用螺的福寿螺。生存环境改变太多，缺乏天敌，导致入侵物种泛滥成灾。入侵物种的入侵方式主要就是以上三种。

大多数的入侵种属于多地多次反复引进，最后爆发形成一个入侵种群，所以生物入侵也是有一定时间积累的。根据2010年的统计数据显示，我国的入侵物种已经达到了488种，目前产生明显危害的有100多种。除了青藏高原的保护区外，全国各地都能找到入侵物种的踪影。当然，各地对入侵物种的防治和治理强度是不一样的。国际自然保护联盟公布的全球100种最具威胁的外来生物里面，中国已经有50余种。中国幅员辽阔，入侵物种也多，我国已经成为遭受外来入侵生物危害最严重的国家之一。基于目前这种状况，我国面临的防治形势也越来越严峻，从20世纪末，国家就投入大量的经费用于生物入侵的基础研究。

下面我们了解一下生物入侵的危害以及防治。生态学界对于生物入侵关注最多的是它会破坏生物多样性并且会加速物种的灭绝。无论是水葫芦还是薇甘菊，都是先形成单一的优势群落，从而成功入侵。不管它是通过化感作用还是通过生长特性或者是它自身强大的克隆能力，最后它都会把其他物种赶走，剩下它自己。这就严重破坏了生物多样性。我们经过调研，有生物入侵区域的生物多样性绝对比没有生物入侵区域的生物多样性要少很多，甚至有些是单一群落，比如喜旱莲子草。在有喜旱莲子草的地方，即使是很小的一片区域，也只有它一种生物群落。入侵生物被引入异地以后，如果缺乏能制约其繁殖的天敌，那么它就会迅速蔓延并大量扩张，形成优势种群。一些入侵生物一旦在当地形成优势种群之后，就会直接取代当地物种，造成当地物种多样性丧失。还有一些入侵生物通过和当地物种竞争，霸占当地物种的食物资源和空间资源，导致当地物种慢慢地退化甚至灭绝。这些都是生物入侵破坏物种多样性的主要手段。

其次，生物入侵还会破坏生态平衡，当外来物种入侵之后，它会对整个生态系统带来很大的影响。比如土壤里的水分还有一些营养物质都会被破坏掉，从而影响整个群落的稳定。在场的小朋友们可能学过生态系统里面食物链的构成，如果食物链中间的一个环节被破坏掉，那么整个生态系统的平衡都会被破坏掉。薇甘菊会大量吸收土壤的水分并且大量地释放化感物质；紫茎泽兰会大量吸收土壤的养分，还会大量释放化感物质从而破坏整体生态系统的平衡。换一种说法，只要是这种植物生长过的土地，就无法栽培其他植物，因为这片土壤里面已经含有抑制其他物种生长的化感物质了。一旦有了这种化感物质，生态平衡就会被破坏掉。

再次，生物入侵还会危害人类健康和安全，比如花粉过敏。豚草会导致人体过敏，如果控制不当还会引发死亡。这种影响人类身体健康和安全的生物入侵的例子是很多的，在这里不一一举例了。

最后，生物入侵的危害会给农业、林业带来极大的经济损失。我国每年的经济损失高达2000亿元，全球的经济损失间接估计会超过4000亿美元。生物入侵给生态环境、人类健康和经济都带来很大的影响。这就是生物入侵成为生态和环境领域研究热点的原因，这也是国家投入大量的资金用于生物入侵基础研究以及防治应用研究的一个主要原因。

对于生物入侵，我们如果不加以防治，那么将会加速更多物种的灭绝。有预测，到2100年地球上1/3—2/3的植物和动物以及其他有机体都将会消失。现在很多人认为，生物入侵不必去控制，让它天然繁衍下去，就当作是天然的物种传播。但是生物入侵的速度大大超出了整个生态系统在自然状态下物种演替的速度，所以从生物学家认为要对生物入侵进行干预和防治。

接下来我们看一看台州市的入侵物种，刚才有很多我们都已经讲过了，比如喜旱莲子草就是一种入侵很严重的物种，还有一些入侵不太严重的或是更弱一些的，我把它们做了一个归类。豚草、钻形紫菀、一年蓬，这些物种在台州的数量都是很多的，但是它们的化感能力比较弱一些。如果我们往路桥那边走，就会发现很多的加拿大一枝黄花。它目前已经遍布我国多个地方，北面一直到大连，南面一直到广州，西面一直到重庆，都已经发现了加拿大一枝黄花，并且还发现它有较大的变异。目前，我们正在研究变异原因，可能是由于染色体加倍增强了它的入侵能力增强。

动物的入侵物种最常见一种就是松材线虫，在路边或者山坡上有松树的地方大家都会比较容易看到，整株松树变成黄色。大部分原因是松材线虫造成的，然后这些松树会慢慢枯死。

下面我们看一下生物入侵的防治，归结起来是三种：一种就是化学防治，主要就是洒农药和喷杀虫剂；第二种就是机械防治，也是在防治生物入侵时使用比较多的一种方法。入侵生物有很强的克隆能力，你喷洒农药使其死亡，但是它的地下根茎来年又会生长出来，所以最好办法就是把它整株拔除，再把地翻一翻，这样才可以达到防治的目的。

那些地下克隆能力比较弱生长能力也比较弱的物种，我们可以使用刈割的方法防治；还有目前比较关键的也是我们以后比较期望的一种防治方法就是生物防治。对于生物防治我们国家有很大一块经费投入。生物防治有两种形式：一种形式就是取它原产地的天敌来进行防治，这是以往研究比较多的。比如喜旱莲子草的防治可以引入喜旱莲子草的天敌——跳甲，它可以把植物吃掉以达到防治喜旱莲子草繁殖的目的。但是我们现在也不再推广利用原产地天敌来防治生物入侵的方法，主要原因是原产地天敌的引入相对于我们本地来说也是一种外来物种，它也有成为入侵种的可能性。我们研究的一个新方向就是用入侵地的新天敌进行防治。我们目前有一个比较，是利用入侵地新天敌防治生物入侵，还是利用寄生植物来防治。比如利用菟丝子去防治入侵植物，在江浙和广州地区的野外，这种防治方法还是很常见的。菟丝子在原先的生态系统里面是很少见的，但是入侵植物出现以后它们就慢慢多起来了，跟入侵植物相辅相成的生长，入侵植物生长，它也生长，入侵植物死亡，它也死亡。我从 2005 年开始一直在做利用菟丝子防治入侵植物的研究。一般情况下，入侵植物的生物防治会采用多种生物结合防治，因为单一的防治手段很难达到清除的目的。

下面举一个防治加拿大一枝黄花的例子。加拿大一枝黄花有比较强的入侵能力，台州这几年如果不加以控制，早就泛滥成灾了。以前在台州路桥，从机场路一直到郊区那边，整片都是加拿大一枝黄花，但是后来就没有了，它们都被主管部门全部清理掉了。加拿大一枝黄花的防治方法主要是这样的，首先要把它的花序去掉，使它的种子不再散播，然后在开花的时候就把它剪下来，接着连根拔除，最后烧掉。加拿大一枝黄花也可以克隆生长，根茎繁殖非常快，所以还有一种防治方法，就是在加拿大一枝黄花已经成片的地方，将整片地翻耕，然后将它的根状茎全部收集起来焚烧掉。春季的时候可能还会有一些幼苗长出来，那么到时候再通过化学防治，喷洒草甘膦。如果还有一些残余植株在来年萌芽，我们则需要将它再次拔除掉，最后焚烧干净，这样才会达到比较彻底的治理。

全国对加拿大一枝黄花的防治强度各有不同。安徽对加拿大一枝黄花的防治强度是不大的，但是像武汉、江西、重庆这些地方的防治力度都是非常大的，只要一出现这种小黄花，有关部门马上就去拔除它。入侵物种的防治在很多时候还是需要依靠市民的力量，运用生物防治和生物管理的手段进行防治。对于国家来说，最重要的还是要加强预防和管理。从 2003 年 3 月 1 日开始，从境外引进的所有生物资源都要依法进行登记或者审批，并采取相应的安全控制措施，到目前为止这块控制还是比较严的。前段时间，我要从国外引进种子，检验检疫局到我们那里去了三次，所有相关文件，他们全部都要看过。这么做的主要目的就是要加强对境外引进物种的控制。当然还要普及有关入侵物种的知识，强化市民防控入侵物种的意识。比如，大家在路上见到入侵物种时，要及时主动地清除，这对于维持防控入侵物种起着重要的作用。

生物入侵的研究领域里面，除了刚才我所说的防治，还有一个很重要的领域就是对入侵物种资源的开发。比如，有些人把水葫芦进一步开发成饮料等饮品，希望通过我们人类大量的食用来把入侵物种防控住，所以这一块也是一个很重要的研究领域。除此以外，入侵机制的研究，也很重要，入侵机制的研究归根到底就是回答物种成功入侵的原因。如果把这个问题研究清楚，那么入侵机制也就清楚了。目前，这一块研究有的还是处于起步阶段，有很多我们未知的假说。

关于入侵机制的假说，目前归结起来主要是三种：第一种是跟物种本身的特性有关的，我们称为物种的入侵性；第二种是跟当地的系统和当地的环境抵抗物种的入侵有关的，我们把它称为系统的可入侵性；第三种是环境对入侵的影响。环境对入侵物种的影响加上它自身的特性，那么它产生对逆境较强的忍耐力。比如，入侵物种可以抗贫瘠、抗干旱、耐涝、耐盐等，这些是普通植物在逆境中所不能承受的能力。有些入侵物种还具有耐寒冷、耐热的特性。因此它对本地物种具有竞争优势，一旦它占据生态系统中的主要位置，就会大量繁殖，再通过释放它的化感物质对土壤养分和整个群落里面的其他组成部分进行破坏，由此成为群落的优势种，这个就是它入侵的一个目的。还有入侵物种有强大的繁殖能力和传播能力，这也是它难以防治的主要原因之一。入侵生物强大的入侵能力的另一个表现就是它的遗传多样性。有一些比较低的遗传多样性是极少数的基因型组成的。也有一些物种具有高的遗传多样性，这会使它具有强大的变异能力、强大的适应能力和快速的进化能力，就是说它在进入入侵地以后会快速进化。

入侵物种失去天敌以后，它会减少在防御上的投资，增加在生长上的投资，快速生长。

2008 年，我的一项国家课题就是通过菟丝子去防御入侵物种。主要研究的是菟丝子跟入侵植物之间的相互作用，从机理上阐明菟丝子有没有达到生物防治的目的。目前有关这方面的研究不多。我在美国密歇根州立大学对 30 个物种进行野外模拟增温实验，发现模拟增温可以促进入侵植物的生长，还可以提升入侵植物对本地植物的竞争能力，从而达到抑制本地植物的能力。因此，我们预测全球变暖会促进入侵植物的生长。全球变暖还只是一个增温的途径，其他的全球变化，比如氮沉降、二氧化碳浓度增高等等，这些可能都会对入侵植物带来很多不同的影响。

（以上内容根据2012年12月1日的讲座录音整理，略有删改）

是谁保护着我们的地球

徐文耀

主讲人简介：中国科学院老科学家科普演讲团成员。原中国科学院地球物理研究所所长，中国科学院院士。

我是第一次来到台州，听说这个“台”不念 tái，叫 tāi，我以前还真不知道。今天，看见在座的读者，我很感动，小的不到十岁，老的可能已经超过七十岁了，要给年龄差距这么大的人讲，对我来说是一个挑战，我试着讲吧，在讲的过程中，如果大家有什么疑问，随时可以提问。

今天讲座的题目是“是谁在保护我们的地球”，归纳起来就是三句话：第一句话，地球是幸运儿，我们要珍惜生活。第二句话，地球不安全、不干净、不富有，我们要有忧患意识。第三句话，为了这个美好的家园，我们要为地球做贡献。

图 1　宇宙星系

现在讲第一句话。当我们向宇宙深处望去的时候，看到的是满天星斗。大家请看这张照片。我们肉眼是看不到这么多星星的，这是美国的一颗卫星带着哈勃望远镜上天之后拍到的宇宙星系。据天文学家估计，这样的星系在宇宙空间里大概超过 1000 亿个。所谓星系，就是由很多很多的恒星组成的。我们熟悉的星系不多，我想在座的大概能说出几个星系来。你们知道有什么星系？（听众答:“太阳系”，“银河系”）

我们来看看银河系。小时候老人就给我们讲过银河系的故事，当时那是赋予了神话色彩的，王母娘娘不让牛郎织女会面，拔出头上的簪子来一划，划出一个银河来。实际上银河是由几千亿个恒星组成的，其中有一颗恒星是我们的生命之源，就是太阳。太阳是一颗发光的恒星，它已经处于中年时代，它的寿命到现在为止大概是50亿年左右。太阳系有八大行星，环绕着太阳旋转。以前的说法是九大行星，最外面一个是冥王星，因为它的个头、轨道、特性都不符合行星的标准，所以就把它降格为矮行星。离太阳最近的一颗行星叫水星，在座的各位恐怕很难看到，因为水星离太阳太近，随着太阳的升起而升起，太阳的落下而落下，完全淹没在太阳的光芒之中，所以通常人们是看不到的。水星过来就是金星，金星是我们在天空中能看到的最明亮的一颗星星，早晨、晚上我们都可以看到它，过去人们以为是两颗行星，现在我们知道它就是金星。古代人很早就知道金星了，把它称为“太白金星”，把它和太上老君给连在一起了。我们看《西游记》的时候，可以看到一个老头太白金星经常和孙悟空打交道，是既窝囊又无奈的一个老头。而西方给这个星星取了一个很好的名字，叫维纳斯。维纳斯大家都认识，就是商店里卖的那个断臂的维纳斯。维纳斯过来，就是我们地球了，地球向外，是土星、木星、天王星、海王星，离太阳是越来越远了。

我们地球到太阳的距离是多少？是1.5亿公里。所以太阳上的光传到地球表面大概需要8分半钟，光的速度是每秒钟30万公里。这是地球，从宇宙空间看，我们地球是一个蔚蓝色的星球。这个地球生得很怪，也很特殊，它离太阳不远也不近，所以它不热也不冷。它自转得不快也不慢，所以地球上的昼夜的温差不是太大。可以设想如果地球不转，向着太阳的一面烤焦了，而背着太阳的一面很寒冷。地球不大也不小，刚好把适量的大气吸引在它的周围，给生物提供了氧气，它还有个伴——月球。所有的这些条件给地球提供了一种环境，使得生物能够存在和成长。生物经过近30亿年的演化，出现了有智慧的高等动物——人类，这在地球上是一件了不起的大事。所以有人总结了地球的特点：它离太阳不远也不近，不热也不冷，不大也不小，不慢也不快，不孤也不伙。当然，生命存在的条件，光有这几个不够，还有很多很多，比如说：要有水，我们细胞里面百分之七八十都是水；要有全球性的海洋；要有岩石的表面；而且还要有太阳，太阳的寿命要足够长，因为生命的演化是非常漫长的，如果太阳的寿命只有几十万年，生命还来不及演化呢。这些条件，地球都具备。所以，只有地球这个特殊的星球才能孕育出这么一群非常高等的动物。但是天上的星系都有一千多亿个，每个星系又有几千亿行星，有人打了个比方说，天上的星星和地上的沙子一样多，这个比方虽然有点过火，但是也还不失其真。这么多星星中，难道就地球有生命，就它有高等动物？科学家不相信，他们就在寻找证据，寻找外星人的确切证据。怎么找？每一个行星离我们都相当远，到现在为止人类能够上去的星球只有月球，其他星球还到不了，所以科学家想了一个绝妙的办法，发一份电报去，那跑得快，每秒钟跑30万公里，如果说外星有和地球人智慧类似的生命，它就会破解我们的密码，就会给我们回一份电报来，我们就知道外面有没有人了。这个电报一发就发了半个世纪，50多年过去了，地球人没有得到任何确切的回音，有时候得到一个信号，高兴得不得了，以为是外星人发来的，再仔细一研究，不是。50年过去了，寻找外星人的结果一点都没有。所以我要说，咱们有幸到地球上来一次的地球人，每一个都是幸运儿，你们得珍惜来到地球上的这几十年、百把年的时间，好好生活，好好享受你来到地球的这次绝好的机会，这是我要讲的第一句话。

第二句话，地球不安全、不安静、不富有，这大概是人所共知的。我们人类社会要面对的自然灾害实在是太多太多了，比如地震、洪水、火山、飓风、沙尘暴、环境污染、温室效应、全球变暖等等，这些自然灾害，有些和我们人的干预、人的破坏有关，有一些是没关系的，比如地震和人的破坏就关系不大，除了造水库引发地震以外，别的没什么大关系。但是有一些就和我们人的行为有关，比如说臭氧空洞、温室效应、环境污染，这就和我们人的行为有关系了。

地震造成的损害很大。2008年中国汶川地震造成了巨大的人员伤亡。2011年的3·11日本大地震，死人虽然不多，但是引起了海啸，非常吓人，摧枯拉朽，把海上的集装箱像卷垃圾一下给卷了，还引发了核泄漏，引起全世界人的不安。

洪水也是不得了的。1998年，中国发大水，北起松花江，南到珠江，中间的黄河、淮河、长江都发大水，造成的经济损失超过了 2000 多亿元。

虽然大家没有经历过火山，但肯定都听说过，火山一来，喷起来的灰尘遮天蔽日，更不要说火山岩浆掩埋下面的村庄、城镇了。我们来看看，2010 年冰岛火山爆发，使得整个欧洲的飞机停飞，造成的损失非常巨大。公元 79 年，古罗马第二大城市庞贝（现在叫庞贝古城）就被维苏威火山吞没了，后来挖掘出来了，才知道这个城市原来是那么繁华。

还有飓风。太平洋上的热带风暴叫台风，大西洋上的热带风暴不叫台风，就叫热带风暴，叫飓风。飓风的种类很多，其中有一种很局部的飓风，叫龙卷风，咱们中国叫龙吸水。这个东西不宽的，只有几百米，但它所经过的地方，所有的东西都被摧毁了，包括汽车、房子都可以被卷到天上去。所以咱们古书里记载，哪个地方下鱼了，其实就是海上卷起来的鱼最后掉到陆地上了。2005 年美国遭受了一次飓风袭击，这次飓风使得美国的一座大城市新奥尔良全被毁了，全部被淹掉了，美国这么一个超级大国，也不得不请求国际社会的援助。

沙尘暴。你们住在台州，住在浙江，从来没有受到过沙尘暴的威胁，可住在北京的人就糟糕了，每年春天总要有这么几次，沙尘暴来了，遮天蔽日，房子的密封性再好，里面都要落一层灰，大白天不得不亮起了路灯。

还有温室效应，因为人类大量地燃烧矿物质燃料，比如煤炭，还有植物性燃料——柴草，由于大量燃烧这种燃料，向空中排放了二氧化碳，二氧化碳聚集在地球的上空，就像一床棉被一样，覆盖在我们头顶上，我们人实际上就像生活在塑料大棚里面的大白菜，捂在那个地方，这种气体（二氧化碳）就叫作温室气体，它使得地面上的热散发不出去。也许大家会问，那不是太阳光也照不进来了吗？它倒不阻挡太阳光进来，太阳光照到地面，转换成地面的热，然后再辐射出去，这是我们低层空气加热的主要渠道，而不是太阳晒热的。太阳先晒到地上，地上再辐射长波，红外辐射使得大气加热，现在上面捂了一个二氧化碳层，热量散不出去，后果就是全球变暖。全球变暖的一个必然结果就是冰雪融化，海平面上升。现在已经观测到南极和北极的冰盖在缩小。有人计算过，如果南极冰盖完全消失，海平面将会上升 60 米。这个数字不大也不小，60 米，对于有些国家来说没关系，但是对于有些国家来说，将是灭顶之灾。我们可以看看我们熟悉的中国地图，如果海平面上升 60 米，海岸线就会退缩。我们浙江幸运，浙江的海拔比较高，但是江苏就不成了，江苏就会全被淹没。河北被淹没，山东剩下两个孤岛。那个时候我们去泰山就不能坐火车了，得坐轮船。海水会沿着长江一直上到江西的鄱阳湖，上到湖南的洞庭湖，那个时候的长沙和南昌要么到海里了，要么成为港口了。中国太大，西部很高，咱们可以撤退到西部去，但是太平洋上有一些岛国，就没有地方好撤退了。太平洋上有一个非常美丽的岛，叫作图瓦卢，是一个小国家，它的最高海拔 4.5 米，有人估计再过 50 年，它就会没了，全葬身海底了。美丽的马尔代夫也将消失。现在连美国也开始担忧了，美国拍了一部电影，叫《后天》，讲的就是温室效应，全球变暖海平面上升之后，自由女神像也进海里了。

除了这些，还有臭氧空洞，还有土地荒漠化，厄尔尼诺现象，小行星冲撞。臭氧空洞大家可能听说过，在南极上空，臭氧正在减薄，形成一个空洞。臭氧是由三个氧原子组成的一种氧分子，我们平常呼吸的氧气是两个氧原子。这个臭氧集中分布在地表上空 30 公里左右的地方，薄薄的一层，但是它可以阻挡太阳的紫外线，大部分紫外线被臭氧吸收了，只有一点点到达了地表，到达地表的紫外线对人体的健康非常有好处，但是就是这一点点紫外线，有人就不喜欢，特别女孩子不喜欢，它会把脸晒黑，长雀斑，所以咱们出门往往就抹点防晒霜，打个遮阳伞，实际上你是拒绝了大自然给你的恩惠，晒晒太阳有好处。但是过量地晒太阳不行，那要得皮肤癌的。现在臭氧空洞形成之后，大量的紫外线就会倾泻而下，这个时候再好的防晒霜也没用了，很多人要得皮肤癌，皮肤癌会引发别的疾病。臭氧空洞又是怎么形成的呢？它和人类的破坏有关。由于人类向空中排放大量的氟利昂，这个氟利昂里面的氯会破坏臭氧，然后随着大气的对流，这种破坏作用集中体现在南极。这个氟利昂大家都熟悉，咱们空调里的制冷剂，汽车里面的，甚至很多发泡剂里面都包含很多氟利昂，它是向空中排放的。土地荒漠化就不说了，咱们这没有体会，从北京向北走，几十公里就是沙漠了，而且沙漠正在逼近我们的首都。厄尔尼诺现象，它是在太平洋的东海岸和西海岸，轮番出现高温、低温、雨涝、干旱等大规模的灾害现象。中国的全国性的自然灾害就是被厄尔尼诺现象控制的。

关于小行星冲撞，我们来看一下 1994 年，一颗彗星经过木星身边的时候，被木星巨大的万有引力吸引，把它给捕获了，绕着木星转上了，这一转不要紧，木星太大，把它拉成了二十几个碎片，这些碎片连续不断地撞击到木星的大气层，引起了木星的一场自然灾害。根据当时卫星拍回的照片可以看到，这比日本投下的那两颗原子弹厉害得多，整个木星像着了大火一样。小行星能撞木星，难道对地球就会客气吗。当然不会，地球也是行星之一，个头也不小，所以小行星也可能撞地球。事实上地球在它成长的 46 亿年当中，挨过很多次撞击，有的大，有的小，小的就不在乎了，但是大的给地球带来了巨大的灾难。在 6500 万年以前，一颗小行星撞击了地球，这次撞击引起了恐龙的灭绝。我们知道恐龙在侏罗纪的时候是统治全球的一类大动物，大家看过《侏罗纪公园》就知道了。但是后来很快就灭绝了，地质学家不知道是什么原因。后来卫星观测到一个大的陨石坑，经过化验知道那个陨石坑形成于 6500 万年以前，就把它和恐龙灭绝的事联系起来了。有人说恐龙是被行星直接撞死的，但是不是直接撞死的，由于行星撞击地面，激起了大量的灰尘和水气，遮盖在地球的上空，使得太阳光进不来了，地球会变冷，变成冬天，变成冰雪世界，很多生物都要灭亡。小生物一灭亡，生物链一断，大恐龙也得死。陨石落在了什么地方呢？落在了墨西哥的一个半岛上，玛雅文化就发源在这个地方。陨石撞击在地面上留下了痕迹，留下了重力场，留下了地磁场。地磁场本来是非常均匀和平滑的，但是这里的地磁场很奇怪，后来研究人员又把中间的岩石挖出来做化验，发现这种岩石是在高压下形成的，地表哪来的高压，所以设想它是由冲击引起的高压形成的。各方面的证据收集到一起之后，证明 6500 万年以前，这个小行星的撞击是恐龙灭绝的原因。6500 万年以前能撞，现在就不能撞吗？当然可以撞。所以大家很担心，有朝一日被撞上。美国拍了一个科幻片叫《天地大冲撞》，说的就是一颗小行星撞向地球，被天文爱好者观测到了，地球一片慌乱。地球到月球 38 万公里，天文学家说，它就从地球和月球这个窄窄的缝隙里穿过。天文学家的长度单位动辄就是光年，地质学家的直接长度单位动辄就是百万年，所以你们看这些书的时候，千万不要跟咱们日常生活中的一些时间、空间概念混淆起来。比如，地质学家说地磁场的瞬间倒转，这个“瞬间”通常是指几千年到一万年。既然小行星能够从我们身边经过，那它会不会和我们碰上？大家都知道，两个东西要相撞，一个是它的轨道要相交，第二得同时到达十字路口的交点，这才能相撞上。如果轨道不相交，一个在上面，一个在下面，那是立交桥，你过你的，我走我的，撞不上。如果说你先过，我后过，就是轨道相交，也没事，红绿灯管着，也撞不上。有人以为太空非常空，怎么会偏偏两个还凑热闹，刚好同一个时间到十字路口呢？这有个例子，2009 年俄罗斯和美国的两颗卫星在天上的轨道交叉的地方相撞了，这是事实，报道过了。科学家们着急了，着急了就算，咱们周围有多少个小行星，每个小行星的轨道是什么样子，算出来的就是这个结果，那就是小行星和地球有多次相撞的可能性。所以地球和小行星撞击的概率是不为零的，大家得有这个忧患意识。更何况天空布满了垃圾，这些垃圾大多数都是人造的。看看，离我们 2000 公里的高空有一个垃圾碎片带，还有在 6.6 个地球半径，就是三四万公里的高空，是第二个垃圾带。这都是人造的，放上去的卫星，服役过期了，报废了，它不下来，就在那上面转着。发射卫星的时候，前两截火箭掉到大气层烧毁了，最后一截火箭也在那转着，还有的卫星炸了，它会生成更多的碎片，这些碎片充满了我们的空间。这些碎片有的会落下来，在大气层里烧毁，如果大一点，就掉到地上了，就形成所谓的陨石了。这些碎片阻碍了我们卫星发射，我们现在发射卫星很难，要从这些碎片的空隙里钻过去，你可不能撞上，撞上就机毁人亡。所以人们在担忧地球的可居住性，地球还能住吗，不能住，到哪去呢？现在找不到第二个地方。

是不是还有一些灾害是我们人类目前还没有太注意，将来会严重影响人类社会发展的呢？科学家的回答是肯定的，有，这就是空间灾害，它威胁着现代人类社会，更威胁未来社会。也许大家说，空间，我不到空中去，我不做杨利伟不就完了。你可不要忘记所谓的空间灾害它是影响着地球的空间，包括地球本身的一些灾害。我给大家念一段报纸上登的消息，这是登在北美各大新闻媒体上的一则消息。1989 年 3 月 12 日夜，加拿大魁北克电力公司的技术人员像往常一样监视着控制室的显示板，电网为魁北克省 600 万居民供电。突然，显示板的一个指示灯开始闪烁，指示电网北端发生故障，紧接着一条输电干线跳闸，各地区断电的消息接踵而来，在 90 秒钟内整个电网完全瘫痪，所有发电机全部停转。控制室显示板像圣诞树一样，闪烁不停，整个魁北克省陷于一片黑暗之中，而这种黑暗一直持续了 9 个多小时。事后人们都在找原因，最后原因找到了，原因不在别处，原因是太阳，造成这次灾害的原因在于太阳。人们就很恐慌了，谁能奈何得了太阳，今天让你黑 9 个小时，明天也许就让你黑 90 个小时，或者是永远黑下去。那么，太阳究竟怎么了？平常我们看见的慈祥的太阳老爷爷今天发怒了，太阳上发生了一次巨大的磁暴事件，我们现在把它叫作日冕物质抛射。我们眼睛看到的太阳是光球表面，在光球上面就是太阳的大气，肉眼看不到。太阳大气，最上层叫日冕，温度很高，很稀薄，它突然抛射出一大团物质来，这就叫作日冕物质抛射。这个日冕温度高，太阳的重力吸引不住它，它不断地在往外跑，就像吹风一样，所以把它叫作太阳风。但是有时候就突然爆发出来一堆，爆发出来的这一堆就是造成地球空间灾害的一个主要原因。爆发出来的东西多达 10 亿吨，它的速度高达 500—2000 公里 / 秒，这个东西跑得多快，我们已经没概念了，我们只知道平常咱们自由散步的时候，每秒 1 米；刘翔跑得快，每秒 10 米；高铁火车跑得快，每秒 100 米；子弹快，每秒 1 公里。它的温度高达 100 万度，我们只有体会 100 度的水就把人烫伤了。能量就更了不起了。这次太阳爆发的巨大能量就悄悄地朝地球跑过来了，悄悄不等于慢，以 500—2000 公里 / 秒的速度，就奔着地球过来了。你可以设想，如果这些东西都到了我们地球上，地球现在是什么样子，我不知道了。但是说也奇怪，大家都没啥感觉，都好好地坐在这个地方。1989 年虽然说在座的小孩子们没出生，但你们的父母都在了，更何况这还有六七十岁的老人，怎么你们没听说过，没感觉到“原子弹”来了？因此，人们很自然地想到一个问题：它没到地球上。那么，是谁保护了地球，是谁把这些“原子弹”挡住了？

实际上，地球有两位保护神，一个是大气层，一个是地磁场。大气层仅仅贴着地面，从地面开始向上十公里，是大气的稠密层，叫“对流层”。对流层里面的大气上下翻滚，所以风雨雷电都发生在这一层。十公里以上叫作“平流层”，大气基本是水平流动，不上下翻滚了，所以我们现在的飞机都飞到 1 万米以上，就是为了到平流层里面不要碰到电波。如果有 50 颗“原子弹”到 10 公里的上空，那恐怕危险了，敌人都打到紫禁城下了，靠你的禁卫军，那要守住太难了。一个国家要安全，那得有强大的边防军，把它挡在边境以外，国家就安全了。保护地球的禁卫军是大气层，而保护地球的边防军就是看不见、摸不着的地磁场。地磁场谁都看不、摸不着，于是科学想了一个办法，画出磁场线来：磁场线越密，磁场越强；磁场线越稀，磁场越弱。磁场线还有方向，就是我们把磁针摆到那个地方，磁针的指向。有人画得更好，地磁场就像一层一层的保护层，把我们地球圈到中间。

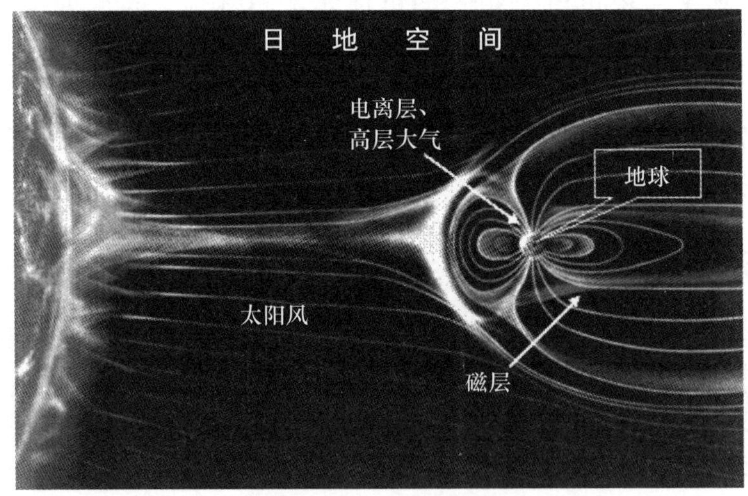

图 2　日地空间示意图

回头再说那次日冕抛射的情况和地磁场起的作用。太阳抛出来一波日冕，多达 10 亿吨，奔着地球而来。地磁场阻挡了日冕膨胀的物质，但是毕竟有一点点进来了，进来的这个能量就引起了地球上的一系列变化，包括刚才所说的，加拿大魁北克省断电 9 小时，全球无线电波通讯中断，美国的几颗卫星掉下来了，还有更严重的后果，就是北美空军司令部 1300 多个空间监测目标丢了，这一丢，如果正好在打仗，这仗怎么打？所以空间灾害给人类带来的损害非常大。我们不要以为不用卫星就行了，现在谁都离不了卫星，看 NBA 的比赛，打越洋电话，和南极考察队的人通话，都离不了通讯。汽车要用 GPS 导航，离不开卫星；探测矿产资源，离不开卫星；做地图离不开卫星；打仗更离不开卫星，全靠卫星在上面，控制空间环境。那么，地磁场是怎么挡住太阳风粒子的呢？我们来看下这张图片。如果没有地磁场，太阳上的日冕物质爆发，太阳风的粒子长驱直入到达地球，有了地磁场，这些带电粒子一遇到地磁场，它就绕着地磁场打转转，不往前走了。地磁场给它的运动提供了一种向心力，让它做圆周运动，这就是能挡住的原因。当然，磁场挡完了也不能白挡，就像两军作战一样，你把人家打败了，你也得有点牺牲，杀敌一万自损三千。这就是地磁场付出的代价，原来的地磁场是非常漂亮、均匀、对称，现在被太阳风这么一压，压成了羽毛球的形状，尾巴变得很长，头上变得很短。中间这个是地球，离这个边上大概是 10 个地球半径，1 个地球半径是 6400 公里，10 个就是 60000 多公里，我们的边防线就在这，我们就把 50 颗“原子弹”挡在了 60000 多公里之外了。这一挡不要紧，使得羽毛球形状的空间，就是我们的地球空间变得非常复杂。

下面我再来说地磁场的保护作用。地磁场能保护地球，取决于两个因素。一个是取决于太阳活动，这是外因；一个取决于地磁场本身的强度，这是内因。先看看太阳，太阳提供了空间灾害的能量，所以它是空间灾害的根源。通过用紫外线相机拍到的太阳图像，我们可以看到，太阳到处在燃烧着、爆发着。太阳上有复杂的磁场，强大的磁场。太阳不断向外喷射着物质，就是日冕物质抛射，所有的这些东西都会引起地磁场的扰动，而地磁场扰动就会破坏我们的生存环境。但是这种变化也不是一直不变地进行下去，它是周期性的，有时候太阳活动很强烈，有时候很平缓，所以太阳活动有 11 年变化的周期，11 年为一个周期，现在我们正好赶上第 24 个活动高潮。你看太阳活动是有高潮有低潮的，同样的，地磁活动也有高有低。天文学家预报下一个活动高潮将会在 2012 年，做这个预报的时候，正好赶上美国有一个大片，《世界末日》，有人还以为这有科学根据的，事实上那个影片属于纯粹的娱乐片，无稽之谈。但是科学家的预报是有根据的，就在今年或者是明年，太阳活动将要到达高峰，但是也不用担心，这个高峰不太强的，和 11 年以前的高峰差不多。11 年以前，就是 2001 年，2002 年，那会儿就没出什么事，现在估计也不会出什么事。所以今年大家也用不着恐慌，到了 12 月份你更不要恐慌，好好过你的年吧！

说起地磁场，中国人就会由衷地骄傲，因为第一次观测到地磁场的就是中国人，中国人发明了第一个观测地磁场的仪器——指南针。我们来看看中国最早的指南针，它做成这个样子，叫作“司南”。

图3　司南

有没有人知道，它为什么要做成这个样子，做成个勺？如果你热爱科学，你就应该放开你的思想去想象，指南针是指方向的，天上有个北斗七星，又叫勺星，你看它像个勺，勺的最末两端，五倍距离是北极星，它是指方向的，所以中国人就把天象用到了仪器上，后来演化成各种各样的罗盘和指南针。旅行的时候我们用指南针。地质学家用罗盘。风水先生也用罗盘，他要定阳宅，定阴宅，定老板桌子怎么放，他就用这个玩意儿来定的。所以风水先生虽然是迷信，讲迷信，但是用的仪器却是科学仪器。可不要小看了这个指南针，它可是在人类的发展史上起了重大作用的。

不仅仅是对科技发展，就是整个人类社会的发展、人类历史的演化，都起了巨大的作用。有了指南针，才有了远洋航海，没有指南针，就没有郑和、达伽马、哥伦布、麦哲伦。郑和是明朝时候的一位太监，他领着庞大的船队，七次到印度洋，这就是历史上有名的郑和下西洋。达伽马是葡萄牙人，葡萄牙国王派出去的航海能手。麦哲伦完成了环球航行，证明了地球是圆的。所有这些人的航行离了指南针都没法实现，也许有人会说，那就看北极星吧，海上大多数天气是阴的，看不见北极星，所以航海唯一能用的仪器就是罗盘，就是指南针，没有指南针就没有远洋航海。那为什么说它对人类社会的发展、历史的发展起到了巨大作用呢？因为远洋航海敲响了愚昧、落后、反动的中世纪的丧钟，在远洋航海以前，欧洲持续了一千年，都是在反动的宗教统治下过活的，当时宗教统治一切，不允许科学发展。哥白尼说太阳是中心，不行，著作发表不了；布鲁诺要宣传科学，就被烧死在鲜花广场上；还有伽利略，说地球在转，不行，被终身囚禁了。即便你是国王，如果你对我的宗教有不敬的地方，我让你当不成，德国的国王不就下跪在教皇面前吗？所以说中世纪的反动落后的宗教统治，阻碍了人类历史的发展，阻碍了科学的发展，而航海就敲响了它的丧钟。指南针这么好，是不是就没有缺点了，没有错误了呢？不是的，指南针有时候会骗我们。哥伦布在航行的时候，有一天发现它的指南针坏了，指的不是北，在茫茫大海上，指南针坏了，还怎么走。但是他又不敢把这个消息告诉他的船员们，他知道他的这些船员的素质实在不敢恭维，那是当年西班牙女王临时从监狱里面放出来的一批犯人。当时船上出现了危机，粮食吃光了，连耗子都被逮光了。硬着头皮往前闯，好不容易闯到陆地上，一看，指南针好了，又指北了。过了两百年以后，人们发现指南针指的不是北，而是偏的，偏的角度随着地理位置而变化。但是当时哥伦布没太在意这个事情，把这么好一个科学发现让给了两百年以后的后人。所以听了这个报告以后，万一有什么科学发现碰到你鼻子尖上，你可别错过了，那你就成伟大的科学家了。

如果说我们现在从台州往中国的北面走，比如要往黑龙江边上的漠河走，你拿个指南针，顺着指南针的指向一路朝北走，一看没到漠河，到了俄罗斯了，原来是指南针指的方向偏了。在台州这个地方指南针西偏 4 度左右。所以你们一定得把这个角度校正过来，包括你们盖房子的时候，也得把它校正过来。最好出去的时候，带一点地磁土，地磁土会告诉你，中国哪个地方偏角有多大，磁场有多强。再说到磁场，地磁场保护着地球，它得强大，是吧？可惜地磁场不太强，地磁场的强度只有 0.3—0.6 个高斯，高斯是磁场强度的单位。打个比方说，你们家冰箱，冰箱开门关门有一块磁铁，那块磁铁跟前的磁场就比地磁场强。所以地磁场是非常弱的，它不仅弱，它还老在变。一会儿大了，一会儿小了，大的时候保护地球的作用强点儿，弱的时候保护地球的作用就弱。

地磁场的强度 80 万年以来上上下下变了好多次。地磁场最大的变化就是，当它的磁场强度变得很弱的时候，它的整个磁场的极性会突然倒过来，南极变成北极，北极变成南极。说突然倒过来，是用地质学家们的话说的。这个倒转过来大概需要 8000—10000 年，在地质史上，那是一瞬间。深海里面就有一种细菌，它是厌氧的，所以它生活在深海，深海氧气少。它有个本事，就是它能够认得哪深哪浅。原来它身体里面有 12 颗磁性的颗粒，就靠这个磁性颗粒导航，它还记着老祖宗告诉它的经验。在北半球，它就顺着磁场往下钻，越钻越深，越钻生活得越好。如果这个时候磁场突然倒过来了，它一时反应不过来，它就顺着磁场跑，一跑跑到海面上，这种生物就要灭绝了。所以在磁场倒转的时候，往往有些生物种类要灭绝的。有人设想过，如果地磁场完全没有了，地球会是什么样子。地球周围有大气，太阳上的辐射把大气电离了，形成电离层，太阳风和日冕物质抛射吹过来把这电离了的大气一层一层地剥掉，50 颗“原子弹”就到了我们头顶上。这就是地球没有磁场的前景，所以现在生物学家也认识到，生物要存在，人类要生长，除了前面认识到的氧气、水、食物之外，还得一个必要条件就是有磁场。

下面我就来讲最后一个问题，为了一个安全、干净、富有的地球，我们能做些什么。我想，大概有这么三件事。第一你得观测，观测我们的环境。第二，你得认识它变化的规律。第三，你应该能预报环境的变化，特别是灾害性的变化。

第一件事不稀奇，我们每个人每天都在观测。一出门，抬头一看，下雨，回家拿把伞，从观测到实际措施都有了。古人也在观测，诸葛亮夜观天象，三天以后有东风。还有姜子牙夜观天象，一颗星星落下来了，对方的大将要死了。当然这里面有很多迷信色彩，但是说明他们都在观测。所以观测是人类认识自然的第一步，古代就有。我们来看看生活在北极圈附近的因纽特人，他们观测什么。因纽特人的皮肤是黄的，黄种人，他们是从亚洲，经白令海峡，迁徙到北美洲的人，一部分人继续南下就是印第安人，一部分人留在了北极圈附近，就是因纽特人。因纽特人观测到了一个非常壮观的天象，就是极光。极光非常美，凡是看到它的人没有不感动的，所以文学家、诗人看到它，就诗兴大发了。我看了很多描写极光的诗，没有太满意的。但是有一首描写雨后的彩虹的诗，放在这非常合适。

菩萨蛮·大柏地

毛泽东

赤橙黄绿青蓝紫，

谁持彩练当空舞？

雨后复斜阳，

关山阵阵苍。

当年鏖战急，

弹洞前村壁。

装点此关山，

今朝更好看。

你看毛主席的诗词很通俗，但是写的那个意境非常高，里面体现了他那种革命英雄主义的气概。你们一定熟悉一个歌手，张韶涵，她唱的“红橙黄绿蓝，美丽的欧若拉”。这个“欧若拉”的英文单词叫“aurora”，就是极光的意思，原意是女神。

图 4　极光

大家来看这张照片，这是一个极光。这也算我们唯一能用肉眼看到的空间现象，别的像电流、电场、磁场都看不见。这是在北欧、挪威拍到的，极光的亮度相当于月光的亮度。我在阿拉斯加待过两个月，就看了很多次的极光，非常壮观，极光还能在那里飘动的，正像“谁持彩练当空舞”所形容的一样。如果你是杨利伟，你坐到卫星上，就可以看到极光就像一堵墙一样。再高一点，极光像一个火环。再远一点你会发现，北极有极光，南极也有极光。再远一点，你就会发现木星上、土星上也有极光，极光就是个很普通的自然现象了。那极光究竟怎么形成的呢？形成的道理非常简单，跟家里电视机图像出来的过程是一样的。这是你家的老电视机，老电视机后面有一个很大的屁股，它里面产生电子，电子被加速以后，打到屏幕上就出来图像了。同样的，我们刚才看到的那个羽毛球状的磁层，地球空间，在它的尾巴上也有好多电子，能量很大，这些电子沿着磁力线打到大气就发光了，大气的分子、原子就被它激发得发光了。

刚才我们说到空间现象多种多样，空间灾害多种多样，影响非常广泛。我举一个例子，就是无线电波，我们通讯要用到无线电波，无线电波是走直线的，如果我要把这个无线电波传播得很远很远，前边一堵墙挡住了，过不去了，怎么办？上面安个反射镜，反射镜就可以反射过去了。正好我们地球有一面大的反射镜，就在我们头顶上100—300公里的高度上，它叫电离层。电离层能反射电波的，所以，从我们台州发出的电波，可以到北京，直线过不去，地球是个圆的，挡住了，我们通过这个反射镜就可以做远距离的通讯。要想通讯的质量高，反射镜得好，反射镜得平整、均匀。可以设想一下，照镜子的时候，如果用的是一个好的镜子，照出来就很漂亮，如果照一个哈哈镜呢，你照出来的样子就变了。所以这个电离层得好，不能是哈哈镜。但是当太阳有爆发、地磁场变化剧烈的时候，它确实变成了一面哈哈镜。这个时候我们接到的电波变形了，甚至于完全接不到电波了，这就叫作电波通讯中断。所以在发生磁暴的时候，就经常会发生全球性的无线电波通讯中断。还有我们要靠 GPS 导航，GPS 靠的是地球周围飞的 24 个卫星，它给你提供位置的坐标，如果通讯的电波变形了，那它给你的信息就变化了，你定出来的位就不准了。比如说你的车上安了一个 GPS，GPS 告诉你，向前走两百米，向右拐就到图书馆。结果地磁暴来了，来的信号错了，向前走两百米，一拐，拐沟里了，那不是 GPS 不好，来的电波变形了，所以导航会出问题的。有人以为，空间灾害影响空间，我把电缆埋到地下不就完了，它不就干涉不上了。不行，埋到地下的电缆也会感应出电流来，所以海底电缆照样通讯质量会在磁暴期间下降。还有我们的输油管道，那是铁家伙，铁的就能导电，导电就可以发生电磁感应的。外面电磁场一变化，里面感应出巨大的电流和电场，大大地缩短输油管道的寿命。还有磁暴期间，我们跟踪监测的卫星，目标要丢失。刚才我说过 1989 年 3 月 13 日大磁暴的时候，北美空军司令部跟踪的 1300 个目标丢了，如果要打仗，你把跟踪的目标都丢了，还怎么打。甚至有人说，人类进化和地磁场的倒转也有关系。人类进化经过直立人、猿人等一系列过程，在每一个阶段，都有地磁场倒转发生，也许地磁场倒转对我们人类的进化起到了一种好的作用。刚才说地磁场的这些变化，太阳的这些变化，说到的灾害多一些，好处说得少一点，但是马列主义哲学告诉我们，任何事情都要一分为二，有好处也有坏处。只要我们趋利避害，这些原本是灾害的东西，照样能为我们服务。比如，当电磁场变化剧烈的时候，我们可以把它当作大的探测器。它发射的电磁波，发射到地球内部，可以探测地球内部的结构，探测矿产资源，就像医生拿仪器测我们体内的疾病一样。做过B超的人都知道，医生拿那么个小玩意儿，肚皮上这么一划拉，胆结石两厘米，前列腺增生，都知道了。为什么？就是因为它能够发射一种B型超声波，超声波进入人体内部之后，从病变部位反射出来一种特殊的信号，就识别出来。我们还可以利用磁场异常来探测地下面的矿产资源，有的大铁矿的上面，磁场变化就很乱。

动物也需要利用磁场，利用磁场来导航，比如说信鸽，信鸽是利用磁场导航的。海龟一生下，它就知道从大西洋的这边游到大西洋的那边，再游回来，靠的也是磁场。所以现在人们在研究用地磁导航，这是谁也破坏不了的。我们也可以建设很多的地面台站，监测空间的环境变化。我们中国的地磁台站，北起漠河，经过北京、广州，一直到南极的中山站，过南极再到中国的长城站。我们也可以放卫星上天，朝上看，空间发生了什么事，朝下看地面发生了什么事。发射卫星的火箭是我们自己研制的长征系列火箭，非常强大，接收数据的设备也是我们自己研制的雷达。我们已经执行了嫦娥计划，嫦娥一号绕月飞行，嫦娥二号绕月飞行，嫦娥三号就要登月了，天宫一号与神舟能够对接了，将来我们的空间站也有了。我们可以把人放在那上边去，连续不断地监测太空中发生了什么。

最后，我想大家可能想知道，科学家们是怎么工作的。科学家把收集来的资料，经过去粗取精、去伪存真、由此及彼、由表及里的加工，最后得到科学真理。毛主席在他的《实践论》里面，提到人类认识自然现象和社会现象，概括为这 16 个字：去粗取精、去伪存真、由此及彼、由表及里。这 16 个字非常精辟。也许有人会说，科学家没有这么辛苦，科学家不就是坐到树底下，一个苹果砸下来，就砸出来个科学定律，牛顿就是这么发现万有引力定律的，从而知道地球为什么会绕着太阳转了。但是你试一试，你试试坐到苹果树底下，一筐苹果砸下来，恐怕什么都砸不出来。所以，还得记住有另外一句话"灵感只光顾有准备的头脑"，你得时刻准备着，时刻在思考问题。阿基米德洗澡发现了浮力定律，我们每天都在洗澡、泡澡，什么都没泡出来。为什么？没思考问题。阿基米德就在思考，皇帝给他一个皇冠让他测一下真金子、假金子，最后用这个东西测出来了。

最后我送听众们几句话："人道地球，善待地球，把地球伺候

好了，别只顾开发，别只顾糟蹋它。”送在座的同学们几句话：“努力学习，为地球做贡献，为人类做贡献！”谢谢大家。

（以上内容根据2012年5月26日的讲座录音整理，略有删改）

PM2.5与台州环境大气质量现状

万林

主讲人简介：台州市环境科学设计研究院院长，高级工程师。

今天我所有的言论，只代表环保专业技术工作者的一种个人看法，不代表我工作的单位，也不代表台州市环保局，更不代表市政府。今天，我希望和大家在台州的环境保护的问题上进行交流。我们每个人都希望自己生活的环境空气清新、水源清澈。但是从现阶段来讲，我想台州的环境还是有一些问题的。今天，我们交流的问题主要涉及六方面：PM2.5的定义、PM2.5的来源、它的危害、它的现状、它的标准以及PM2.5防治的一些知识。

首先来讲，P和M是什么东西？P是英文单词particulate(颗粒)的第一个字母，M是单词matter（物质）的第一个字母。大气中的颗粒物就叫PM2.5或者是PM10，这是根据颗粒物的粒径，或者说，是根据空气中微粒的直径来命名的。如果它粒径小于或者等于 10 个微米，就叫 PM10；如果漂浮在空气里面的颗粒直径小于或等于 2.5 微米，就叫 PM2.5。台州的颗粒物监测大概是从 20 年前开始的。那时，台州市环境监测中心监测 TSP 总悬浮颗粒，监测对象是粒径小于 100 微米的颗粒。然后，随着社会的进步，专家慢慢地发现粒径越小的颗粒危害性越大，也更能够说明问题。所以，后来的标准慢慢演化成了 PM10。PM2.5 是直径小于或者等于 2.5 微米的固体颗粒或者液滴的总称。空气里面的漂浮物，除固体外，还有一些液体，当然水蒸气和水粒是除外的。一般认为正常人的一根头发直径是 50—70 微米，2.5 微米也就相当于一个正常人头发直径的 1/20 或者 1/30，也就是说，20 个或者 30 个 PM2.5 加在一起刚好和正常人的头发是一样的直径。所以说 PM2.5 是非常细的，肉眼是无法看到的。这些颗粒物里面还有什么东西？有人在 2004 年对珠三角 PM2.5 做过一个成分分析，发现里面含有以下几种成分：34.8% 的有机物，27.1% 的硫酸盐，11.8% 的铵，4.2% 的硝酸盐、2.6% 的钾、6.9% 的黑炭，还有 9.5% 不知道是什么东西。一般来说，PM 成分比较复杂，除有机物、硫酸盐、硝酸盐、铵之外，还包括一些地球上的常见金属元素，如钾、钠、钙、铝、铁等等。我认为这些常见的元素很有可能包括地表的一些扬尘，它们随风吹、汽车的碾压漂到空气里面的。当然，根据检测，铅、锌、砷、镉、铜，这些元素在土壤里也有，但是含量比较低。如果检出来的达到一定的浓度，就说明 PM2.5 受到人为，特别是工业影响的可能性更大。人类活动造成的污染有工业污染、汽车尾气，还有生物质燃烧。

《台州日报》曾刊登温岭城南某地方在大片焚烧农作物的秸秆。如果没有完全燃烧烟雾的粒径小于 2.5 微米，它就是 PM2.5。除此之外，建筑施工的场地，道路扬尘，工业粉尘，厨房烟气，也有可能造成 PM2.5。其实除了人为原因以外，即使人类不活动，空气里面也是会含有 PM2.5。风沙、扬尘、火山爆发、森林火灾、海盐、花粉、病毒和细菌都有可能变成 PM2.5。严格来讲，我们可以从不同的层面来认识 PM2.5 的源头。第一层次，我们要分析 PM2.5 是本地源，还是外地源。PM2.5 是如此之小，它在空气中，会漂浮很长一段时间和很远的距离。研究表明，它能够漂浮到两千公里以外的地方。第二层次，又分成一次源和二次源。一次源是指在工业污染，汽车尾气，生物质的燃烧中，那种直排到空气里面去的固体或者是液体的粒径是 2.5 微米以下的东西。二次源是指那种排到空气里面去的气体，比如一氧化碳、二氧化氮、二氧化硫，还有一些挥发性有机污染物。这些物质进入空气后，会随着温度升高，从气体慢慢地会变成液体。这里还有一个更复杂的问题，不同的化学物质在空气之后，会相互作用，发生化学反应，有可能产生固体，也有可能产生液体。所以，只要是粒径小于 PM2.5，又是通过化学反应的，我们就称它为二次源。根据目前的一些检测结果，北京 PM2.5 的主要来源是燃煤。在冬天，北京各家医院、学校和各个社区，都是用烧煤来供热，所以北京在冬天会燃烧大量的煤炭。其次是机动车尾气。北京道路在早晚交通高峰期时堵得是一塌糊涂。北京 PM2.5 的主要源是燃煤、机动车尾气，除此之外，还有是建筑扬尘、道路扬尘和生物质燃烧。南京也做过研究，认为道路扬尘、建筑扬尘、锅炉的燃烧、冶炼行业，还有一些二次的硫酸盐、汽车尾气排放等是南京 PM2.5 的来源。不同的城市 PM2.5 的来源，还是有所不同的。台州市 PM2.5 的来源，可能更倾向于南京。根据监测数据，台州市 PM2.5 来源主要是道路扬尘、建筑扬尘、汽车尾气和锅炉燃烧。在 2011 年，台州市以 PM10 为监测标准，环境大气质量算是非常好的，优良程度达到是 97.5%。如果以 PM2.5 为标准来评价，台州环境大气的优良率就会大幅下降。以前用 PM10 评价，全国大概 80% 的城市都能够达标，现在用 PM2.5 来评价，这个数值刚好倒过来，全国大概 80% 的城市都不会达标。我们只有发现问题源头和根基，才能对症下药，采取相应的对策和措施。

下面，我们讲讲 PM2.5 的危害。PM2.5 的浓度高，灰霾天气就会增多。原来的天是蓝的，现在是灰蒙蒙的，看不清楚了。能见度超过十公里，就不算是灰霾天气；能见度不到十公里，就认为有霾。雾霾和灰霾是不同的，一个有界面，一个没有界面。雾是一团或者一层，在空气里面是不均匀的，而灰霾是均匀的。灰霾天气，可以使人的情绪发生变化。我们每个人都希望生活在天很蓝的环境里。PM2.5 的上升使天变得灰蒙蒙的，影响人们的生活。对农业来讲，太阳照不到，农作物的光合作用会受到影响；对人体的而言，PM2.5 会导致心肺系统出现疾病。一些较大的颗粒被人体吸入后，要经过纤毛和黏液的过滤，否则是无法通过鼻子和咽喉的。如果稍微细一点的 PM10，就可以穿透黏液和鼻毛，从人体的支气管进到肺泡。那么，更细的颗粒物，或者叫细颗粒物，也就是 PM2.5，对人的毒害更大，它具有更强的穿透性，可以达到支气管壁，并且干扰肺内的气体交换，这也就是为什么 PM2.5 会作为大气评价的主要标准。PM2.5 容易在人体肺泡内沉着，溶于血液的成分会作用于全身，不溶性的部分沉积在人的肺部，诱发或者加重相关炎症。对心血管系统来讲，PM2.5 可以造成自主神经系统紊乱，进而毒害和伤害心脏，PM2.5 会造成血液系统中毒，是心血管系统的一个潜在隐患，它可能造成人体凝血异常、血黏度增高，从而导致心血管事件的发生。在生殖系统方面，PM2.5 造成伤害更大。PM2.5 如果是同样重量，越细的颗粒物越容易沾上重金属，或者是有毒的有机物，比如多环芳烃。这种有机物质会造成胎儿发育迟缓。还有一些毒物可以通过胎盘伤害胎儿，特别是在妊娠的早期，造成伤害更大。现在的研究表明 PM2.5 的上升，对人的寿命会有影响。欧盟认为 PM2.5 上升，会导致人群平均寿命减少 8.6 个月。魏复盛院士做过一个研究，PM2.5、PM10

的浓度越高，成人和儿童的呼吸系统疾病的发生病率就越高。有一位北大教授发现北大校园里面的 PM2.5 在到一定程度以后，和北大校园相距四公里的北大第三附属医院的高血压急症病人的数量会增加 8%。世界卫生组织、联合国环境规划署指出 PM2.5 的上升，对人体的健康是会有影响的。

下面，我们讲讲 PM2.5 的现状。专家发现 PM2.5 的危害后，世界卫生组织和一些国家开始发布标准，世界卫生组织公布的准则值是年平均 10 微克 / 立方米，24 小时平均值为 25 微克 / 立方米。世界卫生组织又设定了三个过渡期，第一个过渡期目标值是年平均 35 微克 / 立方米，24 小时的平均值是 75 微克 / 立方米，这个和我国新颁布的《环境大气质量标准》是一样的，也是我国要在 2016 年争取达到的目标。到 2010 年，除了美国和欧盟的一些国家外，世界上大部分国家，还没有开始对 PM2.5 进行监测，所以说台州是走在世界前列的。现在已经监测统计出我国北方所有的城市都没有达到世界卫生组织公布的第一过渡期的目标值，也就是说没有达到我国新颁布的《环境空气质量标准》。其实，我国南方的一些城市，还是勉强能够达到这个标准的。我个人认为主要原因是南方城市雨水比较多，植被覆盖率高，容易抑制 PM2.5 的产生。台州一年的降雨量大概是 1600—1700 毫米，北京也就是 400—600 毫米，台州年降雨量比北京多了 1000 毫米，抑制了 PM2.5 的产生。

我国各大城市 PM2.5 和 PM10 的监测显示，北方高于南方，西部高于东部，远离人类活动的森林和沿海地区的 PM2.5 值较低。中华人民共和国新的《环境空气质量标准》（GB3095-2012）是我国在 2012 年 2 月 29 日发布的。这一标准的实施时间是 2016 年 1 月 1 日。根据我国的国情，这个标准如果马上实施，80% 的城市将不能达标。PM2.5 的监测很费钱，一台设备就要几百万，除此之外，还需要有分析方法、分析技术和专业技术人员。我们慢慢来，先把标准、技术、设备完善起来。全国谁有能力，有水平，谁可以走在前面，给大家做一个示范，比如说浙江地区就可以先试一试。全国的《大气环境质量标准》有三个阶段，早执行的是 GB3095-1982，是 1982 年发布的标准。在 1996 年，国家对空气质量又发布了一个标准。2000 年对 1996 年的标准做了一个补充和修订。2012 年又出现了新标准，这个标准把空气质量分成三类，一类区、二类区、三类区。不同区域的标准是不一样的，一类区指自然保护区、风景名胜区，还有是需要特殊保护的区域，这类区域的标准要高一点。二类区就是我们大部分人生活的地区，包括居住区、商业区、文化区、混合区和农村地区。三类区是指工业企业所在区域。1996 年所制定的标准里面只有 PM10，没有 PM2.5，2012 年就增加 PM2.5 的标准。一级标准规定 PM2.5 年平均是 15 微克 / 立方米，24 小时平均是 35 微克 / 立方米；二级标准也就是我们呼吸的空气的标准，年平均是 35 微克 / 立方米，24 小时平均是 75 微克 / 立方米。

下面我想讲讲 PM2.5 的防治。浙江省人口多，车辆多，燃煤锅炉多，经济总量大（石油化工、医药化工、印染、火电、水泥等行业比较发达），也就是说，氮氧化物和挥发性有机废气的排量比较大。现在全国每年二氧化硫排放量是两千万吨左右，氮氧化物的排放量也在两千万吨左右，还有人预测挥发性有机废气的排放量也有两三千万吨。除此之外，浙江省的金属制品、制鞋、制革、房地产等行业比较发达。房地产企业到处开发，房子造好了就要开始装修，要做家具，比如沙发，这些物品在生产过程中都会排放出废气，尤其会产生有机废气。台州市还面临着“先天的不足”的问题，台州有很多的丘陵地区，扩散效果比较差。废气或者 PM2.5 在产生后，沉又沉不下来，吹又吹不走，老是笼罩在生活环境里面。

下面，我讲几个防治策略，比如说统筹资源，优化产业结构，加强清洁能源的利用，控制地区煤炭的消耗总量，实施多污染物的协同控制，强化对机动车尾气排放的监管，建立区域联防联控。研究表明，PM2.5 是一团一团地来，比如说长三角、珠三角、京津冀等工业经济发达地区，人口多，车辆多。即使一个城市自己不排放，PM2.5 仍会从其他城市吹过来，这就需要各个地区，各个部门，包括个人的共同努力。这里面牵扯到群体执行度和群体利益，怎么去落实这些事是非常难的，需要政府、企业和个人的共同参与。这就需要控制高能耗、高污染行业。我们一直在讲转型升级，提高资源使用效率，减少污染物排放，加大对落后产能和低端产能的淘汰力度。大家也都知道，一个以金融、教育、医疗、传媒为中心行业的主体城市，无论是它的水环境质量还是大气环境质量，都应该是比较好的。众所周知，一座城市是“世界的办公室”肯定比变成“世界工厂”要来得好，但是这需要长期的努力。现在我国人均发电的装机容量，已经和世界发达国家比较接近，但是我们生活水平和人均收入和世界发达国家比还是有差距的。这是因为我国往往处于产业链的低端，是在做“世界工厂”。加强清洁能源的利用，控制煤炭的消耗，也是防治 PM2.5 的措施之一。但是，讲得容易，做得难。现在我国煤的消耗量是三四十亿吨，这是一种巨大的能源消耗。这么多煤燃烧后，肯定会排出相应的废气。除了烟尘以外，废气里面肯定还有二氧化硫、氮氧化物、一氧化碳，这是不可避免的。当然还有一个防治方法，就是去控制排放的标准。1996 年，我国允许火力发电废气里面的烟尘浓度是 200 毫克 / 立方米。然后，这个标准慢慢收紧，2012 年每立方米只允许 30 毫克的粉尘。最早的燃煤锅炉除尘是文丘里除尘方案，后来用电除尘，现阶段用袋除尘。除尘技术在不断提高，煤烧以后的废气通过布袋把它过滤掉，在达到一定程度后，反吹布袋，把过滤下来的粉尘抖下来。PM2.5 的防治还需要多行业的协同控制。因为，PM2.5 污染源头比较多，既有工业源（如电力、水泥、钢铁），又有机动源（如汽车），还有自然源，甚至家家户户烧饭的油烟里面也有 PM2.5。还有一种防治方法叫多污染协同控制，即深化二氧化硫控制、氮氧化物控制、一次性颗粒物的控制。从表象来看，空气质量的提高就是空气透明度的改变，但从本质上来看，污染源头比较多，情况比较复杂，需要解决的问题还相当多。在控制制动机动车尾气排放方面，我个人一直建议大力发展公共交通，绿色出行。我认为台州公共交通如果再不发展，城市会难以为继。公共交通越差，大家买私家车的动力会越大；私家车越多，公共交通效益越差，越差越不愿意投入。这是一个恶性循环。如果我们每个人都是私家车出行，小区里、道路上会拥堵得难以想象。城市建设要有一定规划，工业区和生活区要分开来，至少应该保持一定的距离，这样才能保证空气质量和人们的健康。实际上，控制机动车尾气的排放应该从车、油、路三方面考虑。首先是车，如果汽车的质量不好，它会排放出更多的尾气。第二是油，油品很重要，同样一辆车子，如果使用品质不好的柴油，排放出来的废气污染更严重。第三是路，如果道路崎岖不平或者路面都是建筑水泥车遗留下来的土块，再经过汽车不断碾压，风一吹，PM2.5 就起来了。PM2.5 需要联防联治。京津冀、长三角、珠三角三个地区的人口不多，占全国的 13%，国民产值却占了全国的 31%，用电量也占了 38%，而且汽车保有量更占了全国的 43%。所以说，这三个地区人口密集，工业发达，用电量多，汽车也又多，正面临着更为严峻的环境问题。而且，PM2.5 会在不同城市之间漂移，所以，城市群之间应该统一规划、统一监测、统一监管、统一评估、统一协调，建立统一的区域环境空气质量的监测网络，加强对重点污染源的监测。目前，台州市的环境质量基本上处于一个稳定的状态，但在 PM 控制方面，还是任重而道远的，需要各个地区和部门共同来把事情做起来。控制 PM，既要控制一次性的污染物，又要控制会发生化学反应的二次性污染物，这就需要政府、企业和公众的共同参与。只有这样，才有可能把防治工作做好。

以上是我向大家介绍的一些资料，谢谢。

（以上内容根据2012年11月24日的讲座录音整理，略有删改）

关注气候变化，加强台灾防御

陈宏义

主讲人简介：台州市气象局副局长，高级工程师，台州市气象学会和天文学会理事长。

今天讲座的内容，第一是从科普方面让大家了解全球气候系统及变化，第二是了解中国的气候变化及其带来的影响，第三是讲解我国近几年发生的气象灾害，以及台州的气象灾害和防御要点，还有关于基层社区气象防灾减灾工作的一些探讨。

第一个方面，我们来讲讲全球气候系统以及气候变化。我们知道，地球是由很多圈子组成的。它们分别是水圈（地球71%是海洋）、岩石圈、生物圈、冰雪圈、大气圈。整个气候系统是由这五大圈层综合相互影响而组成的。

气候变化是当今全球关注的三大问题之一，其他两大问题是金融危机和恐怖主义。这几年不管是国内还是国际的经济形势都非常吃紧，主要是由金融大崩盘引发的全球性经济危机。恐怖主义也已经成为全球性的威胁。第三大问题就是气候变化。各国领导人只要是举行国际会议，对气候变化基本上是逢会必谈、每访必谈，比如八国集团会议、APEC 会议、G20 峰会和第三次世界气候大会等等，气候变化已经变成全球关注的重大议题。

2007 年，一个国际的、政府间的气候变化委员会 IPCC 曾做过一个评估报告，报告指出，过去 100 年以来，全球地面平均温度升高了 0.74℃，海平面升高了 0.17 米。不要小看这个数字，对整个地球的历史来说，变化是非常巨大的。地球的历史动不动是以千年、万年去计算的，从北京猿人到现在已经有 50 万年，从最早的非洲猿人开始计算将近400万年。如果100年温度升高0.74℃，那么 1000 年就是 7.4℃，这是非常大的变化。2005 年全球大气二氧化碳浓度是 379ppm，是 65 万年以来最高的，说明二氧化碳的浓度增长非常快。据过去 50 年观测，导致全球平均温度升高的因素中有 90% 以上是由人类活动引起的。跟 1980—1999 年相比，21 世纪末全球平均地表温度可能会升高 1.1—6.4℃，海平面可能会升高 0.18—0.59 米。21 世纪高温、热浪以及强降水的频率可能增加，热带气旋（主要是台风）的强度也可能加强。从整体来说，到目前为止气候变暖是毋庸置疑的。

我在这里简单讲解一下大家平时比较容易混淆的几个概念。

大家有时候问我，“明天气候怎么样”，这句话本身就是有问题的。如果问今天或者明天，你只能问天气，不能问气候。所谓天气就是短时间内，比如未来几分钟或者几天里面发生的天气现象。气候是指一段时间，一般是一个月、三个月，或者是一年、几十年的天气平均情况。比如，你问椒江的气候怎么样，我会告诉你，椒江这个地方夏天有台风，冬天有冷空气，但不是很冷，结冰的日子不是很多。气候就是一个地方基本的情况。如果问明天，可能有大雨，也可能是晴天，这叫天气。也就是说，天气是短暂的、即时发生的，所以天气是短期现象，气候指的是长时间的情况。通俗地说，天气指刮风下雨等，气候指年平均气温、年平均降水量等。我们现在关注的气候变化一般是指人类活动直接或间接引起的，因改变大气组成所导致的气候改变。人类的活动破坏了气候变化的正常规律，如温室气体排放引起超过自然的一些变化。气候变化 10 年，或者更长的时间，有些指标值则出现明显的变化，现在它只是人类活动引起的。

全球气候变化的原因分为两大类，一个是自然的原因，包括海洋、陆地、火山爆发、太阳活动、自然变率的影响。太阳活动每 11 年为 1 个周期，黑子爆发、耀斑等活动都会引起气候变化。自然变率指地球上本身就会有的变化，如冰期、间冰期、暖期。全球气候变化的第二大原因是人为原因主要是温室气体的排放、气溶胶、土地利用、城市化的过程。其中，温室气体是影响气候变化最大的因素，温室气体里面对气候影响最严重的是二氧化碳，它的增温效应占所有温室气体的77%，而且生命期又特别长，要使它恢复原状需要50—200年的时间，甲烷、氧化亚氮也属于温室气体，但是它们的量少，生命周期也容易改变，这些影响相对小一点。如果大气中没有温室气体，地球是不能住人的，像月球、火星白天温度会很高，夜里会很低。温室气体起到保温作用，使地球白天温度不至于太高，夜里也比较保暖，但是温室气体过多，温度就会太高，所以没有温室气体或者太多都不适合生物生存。排放温室气体的人类活动，一个是化石能源的燃烧，比如烧煤、烧油，还有开采的过程、工业生产过程、农业畜牧业的过程，以及废弃物利用、土地变化。

全球大气温室气体的浓度从最近50—100年突然大幅度增加。科学家在南极把深层冰芯一段段地钻出来，然后切开，推算出冰冻一年大概结多少冰层，再去分析它里面所含气体的浓度。因为南极冰冻千百万年，通过对冰芯取样、调查可以发现一千年、一万年前浓度是多少，就可以发现浓度增加了。最近一千年以来，这个过程本来都是很平缓的，到了1900年以后突然猛增。

全球气候变化，到底对社会经济会带来什么影响？第一，极端气候事件、气象灾害趋多趋强，包括高温、热浪、强降水、台风飓风、百年千年一遇的洪水等等。最近几十年的气象资料表明，很多地方确实比较容易出现超纪录的天气现象。首先从大的方面来说，气候变化会影响整个经济发展。第二，气候变化会影响人类的健康，比如热浪袭击引起的传染病，热浪袭击导致死亡等。第三，气候变化影响淡水资源，水资源在地球是比较宝贵的，尤其是我们国家的水资源偏少。就全国而言，台州也是水资源相对缺乏的一个地方。第四，气候变化影响整个生态系统，气候变暖导致沙漠增多，湿地退化，海平面上升，生物多样性减少，濒危物种增加。从 2009 年开始，中国云南的西南地区连续三年的大旱都和这个有关。现在，很多国家非常关注气候变化。马尔代夫是地球上海拔最低的一个国家，所有的陆地都是由珊瑚礁组成，海拔只有几米高，水平面升高之后这个国家可能在 20 年以后被淹没。2004 年印度洋海啸的时候，水都淹到总统府里面了，所以最关心这类问题的就是他们。2009 年 10 月 17 日，他们专门在水底下召开了内阁会议，警示别的国家减少温室气体排放。尼泊尔拥有世界上大部分 8000 米以上的雪峰，如果温室气体排放过多，就会导致雪山大面积溶化，这会对他们国家造成致命的打击，所以他们在珠峰 6000 多米的地方召开会议，就是为了引起世界的注意。气候变化更会严重影响国家安全，美国国防部一个秘密报告里说，未来 20 年气候变化将可能摧毁人类。大家可能看过《后天》，电影传达的思想与此类似，由于气候产生剧烈的变化，整个国土都覆盖在十几米的冰层底下，连美国都无能为力，最后大家一无所有。

第二个问题，我讲一下中国的气候变化以及带来的影响。刚才讲的是国际上，现在我们把眼光放到国内。近年来，中国气候也发生了明显变化，一个是比 20 世纪平均气温升高了 0.5—0.8℃，而且 21 世纪前 10 年升温速度继续加快，年平均降水量的区域变化幅度波动较大。近 50 年来，极端气候的平均强度也发生了明显变化，预测中国气温将继续上升，降水也会呈增加的趋势。

对台州来说，我们发现几十年来，夏季越来越长，冬季越来越短。今天在座的很多小朋友已经感受不到以前的那种冬天。你们想要体验那种感觉，就要到东北去，至少也要到华北。40 岁以上的同志可能知道，以前冬天结冰是常事，河里可以走人，池塘可以滑冰，现在我估计只有高山区老百姓才能体会这种感觉。实际数据也可以证明，比如入春日期，近 20 年是 3 月 20 日，近 10 年的是 3 月 15 日，提前了 5 天。近 10 年的夏天平均气温高于 22℃，时间平均是 121 天，但是原来平均是 107 天，相比延长了 14 天。以冬天（平均温度小于 10℃）来说，以前 60 年平均是 114 天，现在只有 95 天，少了 19 天，这是非常大的变化，说明温度在升高，夏天越来越长，冬天越来越短。

从大家比较关注的台风来说，一是登陆浙江的台风频度这些明显增加。1951—1980 年登陆浙江的台风是 14 个，年平均不到半个，1980 年以后的 30 年登陆的数量却有 25 个，年平均是 0.8 几个，增加幅度将近 80%。二是登陆台风的强度增强，新中国成立后前30年登陆的热带气旋达到台风强度的有8次，在这之后30年有16次，登陆气压在960hPa及以下的高强度台风，总共出现11次，其中8次出现在90年代以后，这些都是事实。

第三个问题，我讲一讲近年来发生的一些气象灾害，气象灾害是指大气运动及演变对人类生命财产和国民经济及国防建设造成的直接或间接的损害，如台风、暴雨、冰雹、大风、雷电、高温等等。当然气候灾害和天气灾害不一样。天气灾害是一次过程影响，比如一次台风，一次冰雹，一次大风，一次雷电等。气候灾害是长时间的，比如长时间的低温、阴雨、干旱。气象灾害有很多种类，有洪涝、暴雨、雷电、龙卷风、大雾、冰雹、台风、干旱、泥石流、沙尘暴、高温。气象灾害有多严重？世界气象组织的前秘书长奥巴西统计过，1967—1991年全球因自然灾害致残和死亡的人数呈不断增加趋势。自然灾害包括火山、地震等，大家都觉得地震很可怕，但实际上由气象灾害引起的死亡人数占自然灾害死亡人数的61%。

从我们国家来说，由于地处东亚季风区，幅员辽阔，气候条件、地理状况比较复杂，是世界上自然灾害最严重的国家之一，其中气象灾害占各类自然灾害的70%以上，比全球61%的比例还要高。每年干旱、台风、暴雨、雷电、冰雹、寒潮、大风、暴雪、沙尘暴、大雾、高温等气象灾害，以及由气象衍生的森林草原火灾、山体滑坡、泥石流、山洪、病虫害等灾害，造成的直接经济损失达到1800多亿元，相当于国内生产总值的1%—3%。台州也是受台风、暴雨、洪涝、沿海大风以及强对流天气影响最严重的地区，每年造成直接经济损失达数十亿元，甚至数百亿元，间接损失更大，还包括一些人员的伤亡。

气象灾害有种类多、范围广、频率高、持续时间长、群发性突出，连锁反应显著等特点。最近些年，历史上极少发生了洪水的一些地方出现了洪水。2010年全国发生了特别严重的洪涝灾害，闽西、陕南、吉林的许多地区发生洪水。与之相关的是泥石流，甘肃舟曲特大泥石流造成1400多人死亡，基本上毁掉了一个县城。汶川地震以后产生的泥石流把映秀的房子都被淹没在泥浆里，云南贡山、保山的泥石流，椒江、温岭的洪涝，都说明近几年气象灾害是比较频繁的。

第四个问题，我讲讲台州的气象灾害以及防御的要点。先讲讲台州的气候概况，台州属于中亚热带季风区，四季分明，受海洋水体调节以及西北高山对寒流的阻滞，境内夏天总体上少酷热，冬无严寒。但是最近这些年有些异常，2003年以前，台州就在1952年的时候出现过一次38℃以上高温，2003年以后这样的高温经常出现，甚至椒江都出现过40℃高温，说明这些年气候变化很显著。从亚热带季风气候区来说，海洋气候夏天应该没那么热。这些年的高温是气候变化造成的，台州冬天确实无严寒，热量丰富，雨水充沛，总体上是温和湿润，水热同季，平均气温在17℃

左右，历年降水量平均是在1500ml左右。北方冷空气、南方季风和副热带高压刚好在台州形成交汇，因为青藏高原的高原强迫作用，导致气流分成南北两支，台州正好处于南北两支交汇区，所以初夏时会出现梅雨，有时梅雨会长达三四十天，冬季有连阴雨。这种情况下，我们的气象灾害种类非常多，有台风、干旱、暴雨、雷电、寒潮、暴雪、大雾、霜冻、低温、冰冻、高温、大风和灰霾。灰霾跟工业污染关系比较大。除了沙尘暴跟雪暴以外，大部分的气象灾害台州基本上都有，其中最主要的是台风灾害，我现在重点跟大家讲一下台风灾害。

我们讲的台风是对热带气旋的泛称，实际上准确地说，台风只是热带气旋里的一个等级而已。台风是最具破坏力的大型天气系统，也是地球上最可怕的自然灾害之一。根据记载，自1281年以来，近700年的时间里北半球发生由台风引起的死亡人数超过10万人的巨型灾害，总计7次。其中，死亡超过30万人的有4次，灾害力度无与伦比。大家知道,2008年5月12日发生汶川大地震，死亡和失踪8万人，当时在全国甚至世界上引起极大震动，之后的海地地震灾害造成至少20万人死亡。1976年7月28日唐山大地震，按照官方记载死亡人数是24.3万人，这些都给大家留下了非常悲痛的记忆。到目前为止，官方记载的因地震灾害造成的死亡人数还没有超过30万。但是1970年11月12日，有一个相当于超强台风的强风暴袭击了孟加拉湾，引起了30万以上的人丧生，它在中国南海生成后直接向西移，在孟加拉湾突然向北转，登陆了当时的东巴基斯坦，也就是现在的孟加拉国，登陆后造成强大的风暴增水，形成了海啸。因为孟加拉湾的几个岛本身海拔不高，台风登陆后，整个孟加拉湾跟海连成了一体，之后统计出来的死亡人数超过 30 万人，酿成有纪录以来人类所遭受的最重的自然灾害。台风灾害发生之后，孟加拉国认为巴基斯坦当局救灾不利，宣布独立。1975 年 8 月 4 日，7503 号台风经过中国台湾，在福建晋江登陆，台风登陆后先朝西北方向移动，移至湖北境内，减弱为低气压后再北上至河南与北方冷空气交汇，造成空前特大暴雨，过程雨量超过 1000mm 的区域达到 1500 平方公里，相当于我们一个县，其中雨量最大的是驻马店，过程雨量达到 2050mm，河南泌阳 3 天雨量达到 1600mm，创下的雨量记录至今未被打破。受其影响，河南中南部以及湖北西北山区约 60 座大小水库垮坝崩塌，其中板桥水库库容达 6 亿立方，灾害造成近 10 万人失踪和死亡，这是中国由台风引发的最大的灾害。

台风是热带气旋的一种，热带气旋家族包括热带低压、热带风暴、强热带风暴和台风，当然比台风等级更高的还有强台风和超强台风。所谓台风，狭义的就是指近中心风 12 级以上。其他就叫热带低压、热带风暴或者强热带风暴。台风 12 级即一秒钟走 32.7 米，相当于车速 120 迈左右。大家经常听说飓风比台风厉害，其实飓风就是台风，只不过是在大西洋发生，在西太平洋发生的叫台风，在印度洋发生的就叫强风暴，只是称呼的问题。

首先，我们了解一下台风的相貌。台风眼位于台风中间，是最风平浪静的地方，台风涡旋区是风雨最强烈的地方，边缘就是我们俗称的大浪天，外围和内圈有狂风骤雨。台风从天上看是蓝天白云，从地面往上看，就是一个中心，台风眼有大有小。把台风从中间切开的话，云的高度大概有5—6公里。上面扩展比较宽的是高云，下面是云墙，站在中间往空中看，两边是高耸的云墙，中间是一条空洞，要么有点淡云，周围的云比较厚，当然这是在台风眼小的情况下，比如说10—20公里，如果台风眼超过100公里，看到的只是晴天。台风有各种形态，一般来说是近似圆形，有的也呈椭圆形或不规则形状，尤其是不强的台风。台风经常会讲到“毫巴”，就是现在的“百帕”，比如990、970这些数字，数字越小代表台风就越厉害。地球上观测到最强的台风是870百帕，发生在大海、大洋中间，到目前为止登陆地球陆地的台风，好像还没有低于900百帕。假若登陆，强大的风力能把一般建筑夷为平地。对于陆地来说，900百帕就已经是巨大灾难性、毁灭性的，至于900以下，那更不可思议。登陆到中国气压最低的是2006年苍南的一次台风，中心气压有920，那已经相当厉害了。

台风形成需要以下条件，一是暖洋面，就是温暖的海面，所以不可能在北方形成，还有一个比较专业的方面就是对流层风的垂直切变，切变大导致热量散发，不容易形成台风。二是要形成一定的地转参数，一般都是在纬度 10 度以北，至少也是 5 度以北，台风在低纬度地区极其罕见，到目前为止，只发生过一次在赤道地区形成的台风。影响中国的台风发源地大致有四个，一是菲律宾以东洋面，二是关岛附近洋面，就是马绍尔群岛，三是南海海面，四是中国台湾以东及琉球群岛一带。

大家知道，台风都有一个好听的名字，西方国家一直都有这个传统，但是中国原先是按照数字来编号，比如 1997 年 11 号，1994 年 17 号。在 2000 年以后统一起来，台风不仅有名字，同时也有编号，具体是由受台风影响的中国，中国香港、澳门和台湾，泰国，美国关岛等 14 个西北太平洋的国家和地区，各出 10 个名字，形成 140 个名字的名字表，然后按顺序分配名字。如果某个台风导致特别重大的灾害或者人员伤亡，这个台风的名字就作为一个专有名称固定下来，不再重复使用。例如 2004 年登陆台州的“云娜”造成了巨大灾害，台州遇难有 110 人，造成了巨大的财产损失。2005 年登陆福建晋江的龙王台风，在福州的时候造成很大的破坏力，洪水卷走了武警学校的 80 多名武警。2006 年登陆苍南的“桑美”台风，造成沙埕港惨案，死者上千。因此中国气象局提出申请，这些名字不再列入台风命名表。今后说起“桑美”、“云娜”，就特指这个台风，以后不再出现。

关于台风的等级划分，每个国家都有自己的划分标准。中国分成三级：台风，强台风，超强台风。美国按强度将飓风分成五个等级：一级飓风，二级飓风，三级飓风，四级飓风，五级飓风。飓风相当于我们台风等级，三级飓风相当于我们的超强台风。我们没再细分超强台风，因为它很少出现，像那年登陆苍南的台风就差不多是四级飓风的强度。超强台风近中心风力达到 16 级以上，强台风近中心风力达到 14—15 级，台风是 12—13 级，这三种都叫台风。风力达到 10—12 级叫强热带风暴，8—9 级叫热带风暴，6—7 级叫热带低压。

影响台州的台风，如果简单以一次过程雨量超过 50mm（陆地）或者超过 100mm（海域），极大风力达到 8 级（陆地）或达到 10 级（海域）作为影响标准，新中国成立以来，平均每年有 4 次，但是很多人感觉不到，因为有的台风影响小，降雨量未到 100mm，风力未到 8 级。其中有 59 次曾给台州造成中等以上灾害，有 13 次造成重大灾害。在造成重大灾害的台风中，直接登陆台州的有 9 次。

为什么台州台风比较多？一是地理特征的影响，我们本身地处中国东南沿海，位于台风活动最频繁的西北太平洋西岸，是台风路径的集中地区。台州西北环山，东南濒海，地势由西向东倾斜，有利于加强暴雨的辐合抬升作用，境内括苍山、天台山、大雷山的东南坡历来是浙江省台风的主要降水中心。我们靠近沿海且地势低平，没有山的阻挡作用，所以是台风肆虐之地。台州湾河口属于喇叭形超浅海河口，很适合风暴潮的加强。台州的西北地区基本上是山区，沿海是平地，在喇叭形的台州湾，潮水进来以后缩窄了河道，抬高水面，所以风起潮涌。括苍山、天台山，大雷山的东南坡，因为地势原因，水汽容易被抬升而产生强降水。死亡人数众多，台州历史上类似的记载还是挺多的。现在死亡人数大幅下降，归功于气象预报和政府防震减灾、抗灾、防灾能力的提高。台州气象灾害严重的原因，一个是人口密度高，一个是居民比较富裕，经济总量大，财产损伤就大。

总的来说，台州沿海是浙江省内台风登陆最多的地方。新中国成立以来大概经历过 18 次的台风登陆，其中 60% 以上都达到台风强度，而且六成以上都曾带来严重灾害。历史上有 8 次很厉害的台风，分别是在三门登陆的 6126 号，在福建连江登陆的 6214 号，在温岭登陆的 7504 号，在玉环登陆的 8506 号，在松门登陆的 8923 号，在温州登陆的 9417 号，在温岭石塘登陆的 9711 号和“云娜”，这些台风都对台州影响极其严重，为了警示后人，我们专门在沿海修建了台风登陆点标志物。椒江口有一个 9015 号台风的标志，金清黄琅有一个“卡努”台风的登陆点标志物。台州在 5—12 月份都可能会受到台风影响，其中 8 成集中在 7—9 月份。台风预警信号分为四级，蓝色表示影响程度一般，黄色表示影响较重，橙色表示影响严重，红色表示影响特别严重。

我再给大家介绍一下新中国成立以来登陆中国的几次超强台风，加强大家对超强台风的了解，万一今后我们不幸碰到这种台风，大家心里也有底。第一个是台风史上非常有名的 1956 年的 12 号台风，它是 8 月 1 日的半夜在象山石浦登陆，登陆时中心气压 923 百帕，近中心最大风力超过 60m/s，是超强台风的等级。由于台风登陆的时候摧毁了气象观测站的测风仪，因此没有在登陆点附近留下任何风速数据，据推算，最大风速有可能达到 75m/s。尽管登陆的时候刚好是天文小潮水，但是台风强大的威力和迅速降低的气压依然将浙北沿海的潮位迅速拉高，出现了 5 米以上的风暴增水，打个比方，原来海平面的正常潮水是 3 米，在此基础上增加了 5 米达到 8 米，这是非常罕见的，这个全国纪录之后被 8007 号台风打破。当时象山登陆地增水达到 4.75 米，潮位达到 7.83 米，因为当时没有像样的海塘，沿海平原地区被 20 公里潮水所淹没，整个浙江省有 400 多条海塘被毁，海水势不可挡地涌入，平均水深普遍在 1 米以上，深的地方达到 5 米，整个平原看不到任何陆地，77395 幢房屋被冲毁，很多人在睡梦中就被潮水冲走，有的人在撤离的道路上被暴涨的潮水淹死，南庄平原的惨状，也许只有亲历者才有体会，一个村子死了 1800 多人，基本上整个被毁灭。按照现在记载的数字，当时全省死亡人数大概是 4926 人。

第二个是 1969 年 3 号维奥娜台风。它于 1969 年 7 月 28 日 11 时在广东惠来沿海登陆，登陆时中心气压 936 百帕，最大风速是 53m/s，刚刚达到超强，台风登陆恰逢天文大潮汛，所以潮水暴涨，整个汕头市海陆不分，市区平均进水 2—3 米，有的地方达到

4 米以上，死亡人数 1554 人。因为中央气象台在台风来临之前预报过，周恩来总理专门打电话给汕头的革委会主任命令他们撤离，所以有些居民人幸免于难，但是当时沿海地区有很多部队在修海塘，一些战士还有一些大学生、红卫兵就此牺牲了。由于地形因素，在中国台湾登陆的超强台风影响相对小一点，台湾地区东部大多是悬崖峭壁，人烟稀少，西部人多一点，但是台风都从东面登陆，所以台湾地区因超强台风登陆死亡的人数不太多，1973 年 9 月 14 日凌晨，7314 号超强台风玛格登陆海南琼海，当时判断气压为 925 百帕，属于 17 级超强台风，旋转非常厉害。因为当时没有卫星云图，无法判断台风的强度，只觉得是一个小台风，大家都缺少抗灾意识，结果玛格加强到令人难以置信的强度，登陆以后，嘉积镇断壁残垣，771 人死于非命，房屋倒塌 10 万间，只剩下法国教堂。由于特定的历史环境，也无法确定具体死亡人数。

2006 年 8 月 10 日 17 点 25 分，0608 号台风桑美在苍南霞关登陆，登陆气压 920 百帕，这是登陆我国最强的一个台风，最大风力达到 17 级。据统计，死亡人数超过 600 人，浙江将近 200 人。当时从预报和防御来说是做得比较到位，但是桑美体积小，能量高度集中在一个地方，在鹤顶山测到 81m/s 的空前风速记录。素以“避风良港”闻名的沙埕港在桑美的袭击下不堪一击，渔船好像纸片一样被撕碎，几百吨位的船全都倾覆。台风给浙闽两省交界的地方尤其是福鼎造成了巨大的灾害，所以事后这个台风的名字就被开除了。

事实告诉我们，超强台风对侵袭地区的主要致灾因子是风，其次是风暴增水，第三才是强降水，所以防风是第一位。随着以人为本、科学防御理念的逐步落实，近几十年由风暴增水引起的潮灾已经明显减少。登陆温岭石塘 9711 号台风使椒江市区进水 2 米左右，船、油罐都浮在街上，死伤不少。经过对上述超强台风侵袭灾例的逐一分析，我们可以肯定，无论是防风还是防潮、防洪，有效撤离始终是躲避超强台风锋芒的最佳做法，所以如果以后真的有超强台风登陆，政府动员居民撤离的时候，大家要听从指挥。9417 号台风于 7 月 15 日登陆温州瑞安，当天是天文大潮汛。9417 号台风在登陆之前，当地政府没有组织有效撤离，户籍居民死亡 1216 人，外来的流动人口无法统计。9711 号台风是我国第一次真正实行台风到来前大规模有效撤离，浙江省组织了百万人口的撤离，台州就组织了几十万人的撤离。这次台风共造成 184 人死亡。

讲到灾害，我简单地介绍一下强对流和雷电。强对流天气指的是发生在春季和夏季的强烈对流性灾害天气，常伴有冰雹、飑线、雷电、短时暴雨、龙卷风等。飑线是一连串的积云、大风冰雹侧向排列而形成的，是在大气处于不稳定条件下出现的剧烈天气。它的生命史短，局地性强，预报困难，预警时效短，防范难度大，它所经过的地方，经常伴有大风大雨，天气异常激烈，会给人民的生命财产造成严重损害。有一个异常的强对流体叫巨型龙卷风。美国是一个龙卷风非常多的国家，最多的时候，一天有一百多个龙卷风，为什么？墨西哥湾是温暖的海域，庞大的落基山脉阻断了来自墨西哥湾暖湿的风，累积到一定强度后，大量的龙卷风就生成了。浙江省也属于强对流天气频发区域，相对来说龙卷风要少一些，但局地大风暴雨还是很多。2005 年 9 月 12 日，临安昌化出现万年一遇的局地特大暴雨，过程雨量 445mm，暴雨造成泥石流塌方，共计 11 人遇难。3 小时雨量达到 400 多毫米就属于超特大暴雨，这种雨不管下到哪里都会造成没顶之灾，哪怕下到平原地区也会水漫金山。

如果夏季的白天如同黑夜，这种情况可能会出现强对流天气，防御措施有以下四点：一是从防雷的角度看，在家的时候，大家务必要远离门窗和外围的墙壁，最好到地下混凝土掩蔽所，或者房子的最低一层，并保护好自己的头部；二是如果在野外，大家就近寻找低洼的地区，伏在地面上，远离大树、围墙，以免被砸、被压；三是如果在汽车里，大家应该把汽车停在低洼的地方，最好不要开车躲避；四是远离桥、高坎、沿海海岸、危险房、活动房等等。房屋或电线杆被吹倒，要立刻切断电源，防止触电，这些年因为台风强对流天气触电死的人也不少，大家切记不要出去围观。

这几年，雷电灾害越来越严重，雷电是发生在大气层中的声、光、电的物理现象，通常在强对流天气下发生，可分为云内闪电、云际闪电、云地闪电，对人类生命安全有很大威胁的是云地闪电。为何雷电会有声音？雷电释放热量后，温度可以达到几百万度，空气突然膨胀，膨胀的速度很快造成一种声波，造成隆隆雷声。大家看到闪电以后马上听到雷声，说明雷电就在附近，如果听到闪电以后，老半天才听到雷声，说明雷电离你很遥远。声音一秒钟传播 340 米，如果超过 10 秒钟就是 3400 米，如果一闪电马上就听到雷声，就需要特别注意家里的电器是否被损坏。在电闪雷鸣的时候，由于雷电释放的能量巨大，再加上剧烈的冲击波、剧变的静电场和强烈的电磁波，通常会造成人畜伤亡，建筑物损毁，引发火灾。温岭塑料厂曾发生大火，我们分析是由雷电引起的，强雷电击中厂房屋顶，引起熊熊大火，损失了几百万元。联合国相关部门把雷电列为最严重的十种自然灾害之一，中国电工委又称之为电子时代的一大公害，它对家用电器、电脑网络的影响很大。雷电包括直接雷击和间接雷击，直接雷击对人造成影响，间接雷击一般会对电子产品、网络造成影响。

浙江是多雷的地区，雷电本身叫雷暴，雷暴包括闪电、雷声。2007 年 1—9 月份浙江省发生雷灾 1993 起，引起火灾或者爆炸 22 起，死亡 42 人，伤 35 人，所以雷电影响是比较大的。2004 年 6 月 26 日，临海杜桥杜前村因雷击导致 17 人死亡，13 人受伤。雷雨之前大家都挤在大树下，雷电就从树上劈下来，一下就死了 17 个人，酿成了很大的灾害，这是近年来雷电造成人员伤亡最严重的一次。雷电对飞机航班影响也很大，所以飞机碰到雷雨都会延误，如果不躲开就可能有危险，2000 年 6 月 20 日武汉的一家民航班机被雷击中，机上 42 人无一生还。

雷电防御措施有以下几点：建筑物建设时要考虑做好雷电防范措施，所以需要专业人员设计防雷设施和定期检测。假如防雷设施不好，反而引雷，弄巧成拙。避雷设施铺设要遵守一定的技术要求。

个人雷电防御也要注意，在室内要关紧门窗，防止侧打击雷和球状雷侵入，尽量不要外出，也不要因为看热闹站在窗户边，这是很危险的事情。有时候球状闪电像一个火球飘进房间，在飘出去之前会发生爆炸，有时候会炸死人，所以窗户还是关着好。室内人员要切断电源，如果雷电很大，大家不要上网、看电视，不要抱着侥幸的心理。雷电发生时大家所以最好切断电源，拔掉天线插头，不要使用带外接天线的电视、收音机等设备，远离带电设备、金属管道、金属门窗，不要使用带喷头的淋浴器，不要用铁叉勾取晒在外面的衣服，不要赤脚站在泥地或水泥地上。

人员在室外时要寻找庇护所，汽车里面是安全的，大家不要站在空旷高地和大树底下，不要进入孤立的棚屋、岗亭，不要在水边、海塘停留，也不要游泳、钓鱼。高压线遭雷击落地时，大家要马上绕开，逃离时要双脚并拢跳出去，以防跨步电压。关于防雷的一些知识，专门有这方面的宣传材料。

最后，我讲一下基层社区及乡镇气象防灾工作。前面已经说了，浙江省台州市属于全球气象灾害高风险区域，防灾减灾是应对气候变化最现实、最紧迫的一项任务。科学发展要加强，任何时候都不能高枕无忧。我举一个警示案例，美国2005年的卡特里娜飓风。2005年8月28日，卡特里娜飓风袭击美国，南部六个州因灾造成接近1000亿元的经济损失，1300多人死亡，百万人流离失所。美国是个经济、文明高度发达的国家，理论上说美国的防灾水平是要比我们高得多，但是卡特里娜飓风造成了1300多人死亡，“云娜”强度与它差不多，死亡人数是164人。卡特里娜飓风从佛罗里达半岛、加勒比海穿过，然后经墨西哥湾侵袭登陆，登陆时台风威力很强，台风过后的新奥尔良犹如魔鬼城，整个城都被淹了，居民区仅剩房顶露出水面。新奥尔良坐落在密西西比河三角洲上，城市三面环水，市内低于海平面，它的安全依赖于环绕城市约560公里的一个防浪堤，相当于我们说的标准海塘。当时有一位科学家说，防浪堤难以抵挡三级以上飓风引起的海浪，但是过去200年这座城市都没有被洪水淹没，大家存在着侥幸心理，觉得这事情不可能发生，所以官方也没有听取这个意见，而且因为经费紧张，反而削减了当时防浪堤的预算，市民也将信将疑，只有近1/3的人愿意在三级飓风来时撤离。所以当8月29日卡特里娜登陆时，大部分市民依旧抱着侥幸的心理躲在家里，没有及时疏散。官方尽管发出警报，却没有做好海塘被洪水击破的准备，在洪水进入城市后反应也比较迟缓。原因之一是城市规划忽视了防灾。这座城市两百年没有灾害，人们的心理松懈了，但是沿海城市难以避免发生台风。还有，人们对预测预警重视不够，相应的预警机制出现了问题。政府也未能有效实现分散和各部门的信息共享，导致台风来的时候乱作一团。这是一个发生在发达国家的案例，控制不好，照样可以死 1000 多人，造成巨大损失。再举一个在落后地区的例子，缅甸是全球最贫穷的国家之一，2008 年强风暴纳尔吉斯袭击了缅甸 5 个省邦，登陆时最大风速超过每小时 190 千米，是 2 级强台风，造成了极其重大的人员伤亡。由于缅甸在灾后无法统计，所以我们很多文献上记载死亡人数 15 万左右。实际上，伊洛瓦底江一带都是很穷很穷的地方，又是一个稻米生产区，很多地方事后过了一个月政府都进不去，具体死亡人数也无法统计，所以有一种说法是 20—30 万人。这个风暴开始形成以后，折过来往东走，历史上从来没有这种风暴路径，以往都是往西北，顶多到北面去。大家不要以为灾害离自己很遥远，有时候忽然袭击都是有可能的，尤其是农村。云娜台风的时候，温黄平原上独栋的农民房大量地被刮倒，这跟房屋建筑结构有关系，所以现在造房子都要打桩、现浇，原来都是砖混结构，而且经常鹤立鸡群，一幢一幢孤立的，台风一来就能摧毁整个房子，造成死亡。这些年各地初步开展了面向农村防灾减灾的网络气象预警服务，在政府完善预警信息的同时，城市市民也要提高自防能力。中国台湾的防灾减灾做得很好，其中很大的原因是科普做得好。它的每一个县级气象机构实际上都是一个科普馆，很多市民、学校经常会去参观，所以在碰到灾害时，人们就知道该怎么办，不需要政府去组织。有时候光靠政府也无法及时解决问题，最重要的还是提高自救能力。我们也可以借鉴一下美国的经验，他们为了防御自然灾害，专门制作了一些证书下发给社区。每个社区都有一个气象预报的服务站，有人提供信息服务。一些洪水易发区的建筑物下面都是空的，但是很牢靠，起到防洪作用，这个地方就是发了大水，也能保证居民安然无恙。当然，我国政府也已经开始着手做认证工作了。

今天的讲座就到这里，如果大家有什么需要提问的话，我也愿意现在给大家作答，谢谢大家。

（以上内容根据 2012 年 7 月 21 日的讲座录音整理，略有删改）

地震与地球内部结构

王健

主讲人简介：中国地震局地球物理研究所第二研究室副主任、博士生导师，中国地震学会历史地震专业委员会副主任。1985 年毕业于中国科学技术大学地球物理专业，分配到国家地震局地球物理研究所工作。1990 年在该所获地震学硕士学位，1999 年获地震学博士学位，2000 年至 2002 年先后赴葡萄牙里斯本大学和英国爱丁堡大学做博士后和访问学者。

一系列的大地震让我们印象深刻，比方说唐山地震、汶川地震，几秒时间几十万人就没啦，这是怎么回事呢？一般的科普知识主要讲地震的灾害，展示一些很震撼的图片，这些大家从各种新闻中也都见过。这些内容，我今天就不着重讲了，我想把它讲得再稍微深一点。

围绕着地震有很多的谜团，不管是普通的公众还是科学家，都面临很多困惑。为什么地震有这么大的力量，它到底会在什么地方、什么时间发生，我们有没有可能遇到？这些都是隐藏在我们心中的疑问。既是痛，又是很大的困惑。为什么会有这么多的困难，地震为什么到目前还不能预报，要想对这些问题有了解，那我们就得了解得深一点。

地震是一种自然的现象，对人类造成这么大的破坏，给我们带来这么大的伤痛。所以，我们能够感知，有记录，也有研究，它跟我们的生命息息相关。但是人类认识这样一个自然现象，有一个过程。从被动到主动、从定性到定量、从感知到科学。像地震学、地球物理学，都是和地震相关的学科。这些学科是怎么发展来的，今天我想把它慢慢地理一理。

到目前为止，我们人类对地震和地球内部认识到了什么程度，我们还面临哪些困难，将来还有哪些工作可以做？不论现在还是将来，我们都一直面临这些问题。近些年来，大家从新闻报道里边了解到地震、火山、极端天气，除此之外，人类可能还会面临新的考验。将来科学会往哪个方向走？我今天就沿着这样一个思路来讲。

地震作为一种自然现象，比人类历史久远得多。按照现在科学家们的一般估算，地球的年龄大概是40多亿年，而人类从古人类算起也就是几百万年。那么，在没有人类之前，到底有没有发生过地震，我们无法知道，只是根据它的整个成因推测应该有。

那么，什么时候人类开始有地震记载了，现在在世界范围内，最早记载地震的是咱们中国。我们现在能够知道关于最早地震的描写是传说中的舜帝的时候。为什么知道那个时候发生了地震呢，是口口相传。春秋战国时期的史料就提到这次地震。那个时候的人们根据历史传说，把这样一些事情记录下来了，所以我们知道那个时候发生过地震。当时的记载也非常简单，说发生地震了，地下冒水了。这是我们知道的在整个人类历史上比较早的一个记载。

我们都知道，中国的历史中三皇五帝为传说时代。而信史是从西周的时候开始，西周大概在公元前的 841 年，也就有 2000 多年的历史。信是可信的“信”。后面的历史就可信了，为什么可信了呢？因为从那以后，就有一些文字的记载了，是直接的记载，而不是根据传说然后才记载的。那么早期的地震记载，我们举几个例子来看一看。非常有意思的，第一个是周幽王二年（公元前 780 年）的一个事件。当时的都城是在今天的西安附近，记载内容是“三川竭，岐山崩”，三川包括泾、渭、洛，都是中国很有名的一些河流。这段记载就很厉害了，地震把河水都震没了，山也震崩塌了，而且伴有电光。现在有些地震发生时，也伴随着光电的效应。河水都晃动、沸腾，很高的河岸给震塌了成了深谷，深谷又变成山丘。根据这样的记载我们知道，当时人们对地震已经是感到非常震撼，非常惶恐了。

我们读这段文字，感觉更像是《诗经》一样，不大像史实的记录。对于现在的科学家来说，更希望看到的是对震害的具体描述。根据记载，我们知道有这回事，这件事还挺大。但是具体是在什么地方发生，那个地方又怎么样了，却不清楚。这么大的破坏有没有人受伤，有没有人死亡？不知道。所以早期的记载，给我们提供的信息还不够具体，那么我们再往后看。到了汉代，现在四川的宜宾这一带，有个地方叫“犍为郡”。它的记载是这样的，“柏江山崩，捐江山崩”，意思是这两条河的范围内都发生了大规模的山崩。“皆壅江水”，是指地震造成的山崩把下游的河堵上了，造成水逆流。然后“坏城，杀十三人”。这个记载就跟刚才那一段不一样了。那个像诗歌，而这个就给你讲述了一个事实，更具体了。但是，内容仍然感到不满足，为什么？大家看这段文字，“坏城”是指城被震坏了，还是水逆流冲坏了？或者是两者都有？死了 13 个人，是震死了几个，淹死了几个？也还是不清楚。

随着历史的发展，到了元代、明代，文化进一步发展，各个地方的记载，特别是我国中部地区所修的县志，更加普及，更加规范。在这之后再发生的地震的描述就非常清楚了。下段资料是非常珍贵的历史文献，康熙十八年也就是 1679 年，整个华北发生了一次大的地震，这个震中就在北京、天津之间，影响范围非常大，北边到辽宁的沈阳，西边到甘肃，南边到安徽。这个地震就叫三河平谷地震，文献记载当地所有的房屋都震平了，官民死伤不计其数。有五十多个县都记载了破坏情况，其中有一些震害的描述，我们今天看来都觉得非常的惊奇。

这次地震的震害不比唐山地震、汶川地震小，甚至还要大。《三河县志》记载，县城里最后只有几十间房子还没倒，其他都晃倒了。一般县里边的官署，是当地最好的建筑了，都让地震震没了。大的石碑都能给震得转了方向，地上出现很多个裂口子，里边往外冒沙。有的裂口子有多大？“骑驴行道中者随裂而坠，了无形影”，就是说人骑着毛驴走在路上，突然地下就开裂，连人带驴就下去了，就找不着人和驴了。曾经有很多年，在读这段史料的时候，我都不相信。有这么大吗？后来我相信了，宁夏的一位研究地震的同志给我讲了一件事。宁夏曾经发生过一个地震，地震造成了一个地裂缝，把一座房子，还有这座房子里面的一家三口都陷进去了。之后，这个裂缝又合上了，所以连房子带人整个都找不着了，这就是成了一桩悬案。这也是清朝的事，研究地震的同志读了这段史料也是半信半疑。后来他们听说裂缝的地方正在施工，就赶紧去看。结果那里还真挖出三具骨头。

人类的历史不算长，地震学实际上也只有100年的历史。以前发生的一些地震灾害可能比现在还要大，只是我们都不知道。所以，历史地震的研究可以更加清楚地梳理地震灾害。这也是历史地震研究的一个主要目的。平谷县有一口奇特的井，整个井都歪了，这个事实告诉我们什么？就是地震来了以后造成的破坏，不仅地面之上的建筑被破坏，地下也会有破坏。古代的地下建筑很少，基本上只有井，今天的地下建筑可就多了，地铁、地下室。所以，我们将来遇到的震害会更加严重。这也是我们研究的一个重点。北京的北边有一口井是清朝时地震震歪的，可惜的是20世纪七八十年代给平整了，因为震完以后井也就没水了，整个都变形了，就把它平掉了。

那么，我们说不管是古代还是近代，国内还是国外，积累了大量的震害资料。地震造成了非常多的破坏，一些破坏是各种各样的，很复杂的。我们怎么描述它，怎么做比较？有人就会问地震和地震之间为什么要比较，从研究的角度肯定要比较，不比较的话你就不知道哪儿更厉害。研究还有一些其他现实的意义，就是赈灾。比如同时两个地方都发生地震了，比如，山东发生了地震，不久河北又发生了地震，前面那个地震还相对的轻一点，但救济给了很多的钱，后面一个地震更重，反倒给的钱少，这就不公平了。所以震害调查还有这样一个功用。任何一个国家、一个朝代的政府都要去救灾，救灾又要有一个相对科学准确的依据。所以我们要进行比较。那么怎么比呢？我这个地方毁了三间房，死了十个人，他那儿毁了二十间房，死了一个人。你说哪个更重？有没有一个定量化的东西来比较？为此，人们想出了地震烈度这么一个概念。

地震烈度最早是由意大利人提出的一个概念，意大利的地震也很多。实际上就是想用一个指标把地震造成的破坏给它定量化描述。目前世界上的烈度种类很多，但是以欧洲的标准为主。他们基本上都是根据地震造成的破坏，用十二度划分，最轻的一度，最重的十二度。这里边我要给大家举个例子，就是中国 1999 年颁布的这个烈度表。烈度为一度基本上人没有感觉，更没有破坏。烈度到了二度，个别人就有感觉了。烈度到了三度，门窗都会作响。一般一度到四度的地震基本上没有什么破坏，人的感觉会有区别。然后到五度就开始有一些破坏，会有一些墙皮掉下来，一些老旧房屋屋檐上的瓦就会滑落。六度的破坏就比较重了，七度八度九度就都属于严重破坏了。到了十度以上是什么概念？就是刚才我说的历史上发生的那些地震，人类的建筑基本上都震平了，会出现一些自然破坏，比如说山崩地裂。大家看，一到四度是凭着人的感觉，五度到十度是根据人类建筑物破坏的程度，十一度十二度是根据地震对地形地貌的破坏来界定。

大家也都知道，烈度和震级还不是一个概念。我在这儿只是举一个例子，有了这样一个标度我们就可以对地震灾害做一些定量的评判，有了定量的评判我们就可以做一些纵向和横向的比较。大家看看这里边有没有问题？有，问题还不少！因为一度到四度是凭人的感觉，人的感觉就有差异，有的人很敏感就感觉到了，有的人就说我正困着，就没感觉到。这就类似于一个社会调查，一个调查说多数人怎么样，少数人怎么样，这个多数少数怎么判别？个别就是 10%，少数为 10%—50%，这一种社会调查是人的一个主观判断。到了七度八度，也是靠专家来判断，专家会比我们普通公众更有知识更有经验，但是他依然是靠着他的主观，所以有时专家和专家意见还不同。像汶川地震我们派了很多专家去，调查的过程难免就有争论，有的人说是八度，有的人说是九度。所以我们希望有一个定量的标准，光靠这样一个烈度来描述地震灾害是不够的。我们希望用更精确的仪器来做。

说到用仪器来记录地震，最早的要提到东汉时期的张衡，他就发明过一个能够感知地震方向的地动仪，但是它不是一个现代意义上的地震仪。为什么？它不能记录完整的地震波动。后来意大利人在 1855 年也做过一个地震仪，可能又有一些进步。但是仍然不能够称作现代地震学的地震仪。我们需要一个把地震的整个波形给它记录下来的仪器。这个仪器是谁做到了呢？是一个英国人，当时被日本聘为专家。他当时做了一套仪器，以摆作为一个主要的部件，能够对地面的运动进行感知，并且可以把这个运动的整个过程，就是所说的波形给它记录下来。从那个时候开始，就是现在地震学的一个起点，或者说现代地震仪器真正出现了。以后又经过很多次的改进，世界各国的地震学家都做出了很大的努力，这是一个大的学科，它对地震信号的放大随着我们技术的不断进步不断地在改进。有的人毕生都在做这个事情，它就像钟摆上面的一个小弹簧，有的人一辈子就做那个小弹簧，研究怎么才能做得更精确。

这个地震仪做到最大的时候，多大呢？它的一个摆锤就有 20 来吨。为什么要做这么大？因为可以把地震的信号放得更大。

地震的记录和研究，是一个大的学科，这里边有许多的科技内容，我们今天也不可能用短短的一两个小时把这些科技内容给大家讲好，但是要把它的基本方法和原理给大家做一个交代。地下发生地震的地方，我们把它叫作震源。地下可以分成很多层，地壳的分界面叫作莫霍界面，底下是玄武岩，上面是花岗岩叫作康拉德界面，地震发生以后的震荡会形成波，这个波在地下会传播。它遇到界面就像一束光线在空气中传播遇到水面一样，在不同的界面有不同的反射和折射，从而形成各种各样的形状。然后这样反射、折射，有一些直接传过来的波就到了台站上，被我们记录下来了，从而形成了一些很复杂的图形。地震学家通过图形把不同的波形辨认出来，然后再来计算哪个是这个地方反射过来的，哪个是从那个地方折射过来的。专业术语把这样的波形叫作震相。根据它的特征、传播的距离、传播经过的一些介质的性质来判断、计算，就有了很多种震相。

再回过头简单地说一下，从这个现代地震仪发明以后，真正意义上现代地震学就开始了。它的基础是什么？那就是能够记录完整波形的仪器，同时还有一些理论基础，比如力学、波动学。通过这些记录和理论，我们研究地震传播过程的性质和震源的性质。这样一个过程可以说是我们目前了解地球内部的唯一手段。苏联有一个很著名的地震学家叫伽利津，也做过仪器，叫伽利津式地震仪。他把地震比作一盏明灯，就是在我们大部分人把地震看成一个灾害、一个坏家伙时，科学家们却看到了它的另外一面。到目前为止，我们关于地球内部的知识可以说基本上都是源于地震学。我们通过研究这些波，然后才知道它里边还有很多分层，有地壳、地幔、地核。

我们有了这些仪器，这些研究，还需要一个定量的指标。我们刚才说那个烈度只是对地表破坏的一种指标，那么发生在地下的地震大小的本身用什么东西来表示？这就要说到震级了。实际上震级一直到了 1935 年才被提出来。经过了大量的记录，相互的比对，最后是一位美国的科学家在研究南加州地震的时候发现了地震的振幅。振幅通过计算，放到图上以后大致平行，科学家在发现这么一个特征以后才定义了震级。再次说明我们对一个事物的认识是一个很艰难的过程。就是震级这么一个简单的概念，科学家花了几十年才发现一些规律定义它。今天我们离不了它，发生哪个地震，都说多少级。

我们常常发现一个现象，例如最近发生的中国台湾地震，中国的地震台网说是 6.5 级，美国可是 6.1 级，所以不同的测量还是有一些误差。这个误差是水平造成的吗？不是，是由地下介质的复杂性造成的。打一个比方。这里有一个灯泡是100瓦的，所以知道这上面写着100瓦了，我们这么定义。假如这个灯泡我们谁也看不见，用纸把它包一层，看不清它上面写着是50瓦还是100瓦。那么根据经验我知道它包了一层纸，判断它可能是80瓦，你判断可能是110瓦。为什么我们俩判断不一样？因为我戴着眼镜，你如果戴着墨镜看它到不了80瓦，只有50瓦。就是这个光在传播的过程中还会经过很多东西。你的眼睛像一个地震仪，你接受这个东西以后，实际上从它的传播到你这个地方已经经过了很多东西了。从另外一个方向传过去又经过另外一方东西，这两边的东西可能一样也可能不一样，就产生误差，然后在算的过程中，会有误差。这个就是大家经常看到新闻报道中为什么中国和美国报的地震震级不一样。是不是他们水平高我们水平低，或者我们离得近他们离得远，这当然都有可能。同时我们也借用灯泡的概念解释为什么烈度和震级不同。震级就是一个灯泡只有一个瓦数，但是它的照度可以不同。我离它远，它对我的照度就很弱，但你在它的跟前它就很亮，这就和烈度的概念一样了。你离着地震越近，烈度越大，破坏越大。

过去没有震级的概念，没有仪器的概念，所以对于我们无法感知的地方，我们就不知道。现在我们有了烈度，有了震级，有了仪器，就知道海里面发生的地震。而且我们可以根据它的大小判断一个 8 级地震一共有多少次，7 级地震一共有多少次。对地震带也可以靠数据统计进行研究。

地震实际上就是一个脆性物质破裂发出了声音，然后被地震学家认识到只有地壳这一部分才可能发生地震。这个道理也很简单，就像我们去掰一个糖块，干了硬了脆了的糖块我们一掰，啪一声，能把它掰断，发出声音。糖稀要让你掰碎掰出声音来那肯定不行。地震的发生实际上是有条件的，一个要有力的作用，一个要作用于脆性的物质。但是在实际的观察中，我们刚才说地壳，就是几十公里的范围内这个地壳才可以发生地震。但实际上我们观测到有很多地震发生的很深，可以深到六七百公里。这就是俯冲带的原因。俯冲带也是一个很重大的发现。它是一个叫和达清夫的日本人发现的，他是一个很著名的地震学家。

下边我再系统地把大陆漂移和板块运动介绍一下。刚才说俯冲带的运动都是板块运动的一部分，我们再回过头大家梳理一下板块运动。大陆漂移最早是由德国的科学家魏格纳提出来的。1915 年他写了一本书，很系统地来阐述这个。魏格纳本身是搞气象学的，但是他知识很渊博，对古代生物、古代地理都有涉猎。他从古生物、古地理方面来找一些证据，像非洲和南美洲有某一类古生物，只有在这两个地方有，其他地方没有。他就从这点证据说这两个洲是不是以前在一块。关于这方面可能网上一些科普知识也比较多。我今天也不花太多的时间讲，只是给大家过一遍。

他当时提出了一些证据，如果把非洲和南美洲给它拼合起来的话，很像。后来人们有了现代探测手段以后，如果把地表之下，比如说一百米或者几百米那个深度的那个地形拼合起来，就更像。他当时提出地表其他的设想，遭到了大家的反对。所有科学发展史上的一些重大的发现发明都不是简单地得到一个什么公式。它最根本的是一个思想观念认识上的转变。它带给人的冲击是思想上的，所以往往在当时不能得到接受。

实际上真正的一些科学发明，是改变我们的思维方式的过程，肯定也是很复杂很艰难的过程。我们千万年来都住在大陆上，这个大陆怎么漂移，它怎么可能漂移？就超出了人类当时的想象，所以不能接受。当然了，当时魏格纳的证据也不足，最后到格陵兰冰原上找证据，但冻死了在那儿，是为科学理念献身的一个科学家。这些事情给我们一个很大的启示，往往一些大的科学研究不是在人堆里闹哄哄弄出来的，都是很孤寂的。在他死了以后，大概二十世纪三四十年代，欧洲和美国的科学家就开始进行海底测量，首先发现在大西洋中间这个海底不平，它高出来一块像山岭一样的东西，后来又进一步发现这个高出来的山顶中间有一个裂缝。到了70年代，人们坐深潜器下去以后，发现裂的地方还往外冒东西，是岩浆，很壮观的。岩浆本身是一两千度的东西，冒出来以后对海水的加热作用，蒸腾了海水往上喷涌，蒸汽的喷发很壮观的。但是这个现象一直到70年代才发现，所以“洋中脊”

首先是从大西洋发现的。后来美国又做进一步勘测，包括地质的勘测，发现这两边地磁的磁化方向是不一样的，是来回可以转的。举个例子，我们知道这个铁，在打铁的时候，烧红了它是没有磁性的，冷却了以后它会有磁场。岩石也是一样，几十万年、上百万年期间，这个磁场是来回倒转的。地磁倒转的现象，以前很多同志也都知道，今天我们也不去说它的细节，它说明一个什么问题，这个岩石是不断地往两边长的，中间是新的。因为新的岩浆喷出来以后把两边往外推了。这是刚才我们看的洋中脊，这是南太平洋，但是发现这个洋中脊到了太平洋就不叫洋中脊了，为什么？它并不是在大洋的中间，它是紧靠着美国的西部，所以有时候也把它称为太平洋东海岭。一开始把它叫成洋中脊，因为是在大西洋发现的，且确实在大洋的中间。之后，科学家又发现有一些不对，但是也就不改了。所以科学发现不是说一下就认识到真理了，也是一步一步来的。

海里边还有很多的疙疙瘩瘩的东西，就是海里的火山。过去我们对海底有些地方了解的是不深的，包括科学家们，为什么有些地方是错开的？到目前为止，我们也没有真正地搞清楚。初步的猜想就是它海底的那个洋中脊有岩浆往上喷，不是均匀的统一喷的。有的时候喷得厉害，那么就两面推得厉害。有时候另外一个地方又喷得厉害了又推了。它不一致就错开了，叫作转换断层。从大陆漂移到海底扩张，到了六七十年代，就有科学家把这样一些事情统一的考虑起来。地球上首先从洋中脊开始有岩浆上涌，把岩石往两边推，然后往外走。海底还有很多火山喷发，有的火山喷发得厉害都会形成新的岛屿。到了陆地，要不就往下插要不就碰撞。喜马拉雅山就是碰撞产生的。有些板块插下来以后被加热了，又化了，回到地幔，加入循环。这个板块从生到死，是这样的一个循环过程。在循环的过程中，特别是在边界的地方，因为它下插，运动很剧烈，会造成一些火山的喷发。所以大部分的火山，都是在这些板块下插的地方。比如冰岛，2001 年冰岛火山喷发大家应该有印象。冰岛就是在这个火山口上，整个冰岛就是由火山喷出来的岩浆形成的，它就在洋中脊上。

我们再看板块飘移，这也是科学家推测的。一千多万年以来这个板块大概怎么漂的，怎么一点点分离，到现在这个状态。科学家把全球划了这么多的板块，我们在的是欧亚板块。印度板块和欧亚板块碰撞，喜马拉雅山珠穆朗玛峰都在这一带。这边是菲律宾板块顶过来，边缘对着哪儿？就是中国东南沿海，台州大概就在这个位置。菲律宾板块的后缘就是西北太平洋俯冲带，所以这些地方都会对咱们国家有影响。两个板块的俯冲也是有区别的，有的俯冲中间还夹了一块岩浆，有的就没有夹，当然还有更复杂的，就是中间有夹，夹的又不多，这样形式的碰撞也有。这就相当于喜马拉雅山的这种。

到目前为止，我们对板块有这么多的认识，大家想想看这么大的陆地或者海洋的板块能运动，那得多大的推力呀。谁在推它呀？要想弄清楚它的力量还得往深处找，到地幔。有一部分科学家认为地幔是对流的，地幔本身就是在那儿循环运动的。另外一部分科学家说可能还不光是对流，如果只是对流的话，可能还造不成这样一些现象。

这就要提到地幔热柱。地幔热柱是什么意思？就是认为地核有着巨大的能量，不但对整个地幔有影响，它还在某些环节冲出来了，就像一个喷泉一样喷出来了，就像我们烧锅一样，火烧大了，那个锅里的粥直往外冒泡往外冲。冲也不可能所有的地方都冲，它会有几个点。像南太平洋地下就有一个，现在叫作南太平洋超级地幔柱，这个地方岩浆就直接往外喷的。大西洋中间造成洋中脊的那个位置上岩浆也是喷的，但是要细得多。非洲那一块，东非大裂谷底下也有一个大的东西冲出来。到目前为止有一派观点是这样认为的，也能够解释很多现象。

现在关键的问题是我们对地核的认识非常少，刚有的人提问了那个地磁场是可以来回转的，为什么会转呢？科学家实际上也弄不清楚，所以就提了一个假说，说地核就是一个发电机。这个发电机它工作不正常，它有时候工作，有时候就停了，再重新启动以后磁场就倒过来了。为什么重新启动又倒过来，到目前为止科学家也解释不清楚。实际上地核应该是一个大的能量场，从地球的诞生起就是这样，它相当于一个烧了四十亿年的大火炉子。

你想什么样的火能烧这么长时间，那只有核能。所以有的人又认为地核本身就是一个巨大的核电站，地球上的能量都是靠它提供的。所以说不能因为我们对地核知之甚少，就藐视它的能量。

地球整个是一个大的系统，它的地核有一个巨大的能量，会加热地幔加热软流层，推动板块的运动，从洋中脊出来，也对海水加热造成很多水蒸气，对海洋、气候都会有影响，自然也会造成地震。我们地震根本的动力源，就是板块运动。从地震发生的规律来看，这种活动是有波动的。有仪器的地震记录也就一百多年的时间，拿中国东部说，从 1966 年到 1979 年，华北地区就发生了一系列的 6 级地震，这其中就包括大家都知道的唐山地震、海城地震，还有大家可能知道的不多的五原地震、河间地震，一到 80 年代基本上就没什么地震了。

从地震的发生情况来看，它不是平稳发生的，而是有波动的。这个波动的周期从几十年到几百年不等。为什么说这个？因为大家特别关心地震到底为什么目前不能预报。从根本上讲，我们说人类对地球的了解还是很不够的。地球内部是很复杂的，我们现在也都是通过一些间接的手段来了解。我们把它比喻成一个鸡蛋，太简单了。地震本身不是一个孤立的现象，是地球内部运动的产物。地球内部运动对火山、极端天气都会有影响，所以我们现在有一些不切实际的想法，甚至是一些错误的想法，希望地震是一个简单的事物，认为我们把那个前兆找出来就能预报。这个想法实际上太过简单了。

通过这样一个讲座，我们知道地球内部的问题我们都没搞清楚，人类在地球面前是渺小的，对地球内部了解是很肤浅的，这种阶段不可能预报地震。到目前为止，板块理论已经取得了很大的成就，大家都认可了，但是它仍然有很多局限地方。比如说洋中脊，是板块增生的地方，我们就没有监测。全球的洋中脊有六万多公里，那个地方发生了什么我们不知道。我们从地震知道板块的运动是有波动的，但到底怎么波动我们不知道。因为板块理论提出来大概也就是半个世纪。再比如说板块下插，下插就溶化了，溶化的过程中间发生了什么我们也不知道。这些问题对我们都非常重要。

我们有很多的事情要做，有的同学说那赶紧去监测去。怎么监测，长达几万公里的洋中脊，在海下一般是几公里，需要什么样的仪器，需要多大的人力，谁出钱，哪个政府来管？所以有很多的问题等待着我们去解决。这是人类进步的一个历程，不仅仅是地球科学的一个机遇和挑战，也是整个人类的机遇。你想想看，我们人类一步一步发展起来，是怎么发展的呢？就是一点点认识自然，获取地球资源。首先是地表，然后是地下。我们对能源的依赖还是需要对更深层的物质有认识，才可能做到真正的发展。

我用短短的一个小时把地球科学发展的历程简单地梳理了一下。就想给大家理清楚，看看目前人类在哪个位置，找到我们的坐标点。尽管我们的科技很发达了，有很多遥控器了，但面对地球，人类确实太渺小了，我们有很多事情要继续地探索。我也希望在座的同学们中对这个事情感兴趣，更希望你们将来会踏入这样的一个研究领域。感谢大家花时间来听我的报告。

（以上内容根据2013年4月13日的讲座录音整理，略有删改）

颤动的地球

林云芳

主讲人简介：中国地震局地球物理研究所研究员。曾为中国地震局地球物理研究所研究室主任，国家地震局地磁学学科带头人，全国地磁核旋技术管理负责人。主要从事地震预报、震磁背景场和地磁学研究。

大家都知道引起地球颤动的因素很多，比如山洪暴发、泥石流、大的飓风、构造运动、地球转动速度的变化等等，那么这里边最厉害的就是地震。地震不仅使大地颤动，而且破坏性非常强。

今天我们主要讲讲地震。这里面有十个小题目：什么是地震；地震灾害；人类对地震的认识；地震的基本知识；哪些地方地震多；为什么会发生地震；地震前有没有异常现象；地震来了以后的自救措施。我对 2010—2011 年全球发生的大地震做了一些比较分析，我们从这些大地震当中是否可以得到一些启示？地震能不能预报？

第一点，什么是地震？总的来说地震是大地的震动。现在要跟大家谈的是地震发生的时候会发生哪些事情。这里我用简单的几个字概括一下地震发生时，在地震中心附近的人的感觉。为什么要说这个问题呢？因为这关系到地震发生的时候人们应该采取的自救的方法。我们最先感受到的是地面上下跳动，然后是强烈的左右摇晃，那么真正引起房子破坏的就是这个时候。上下跳动的时候，房子可能会有点儿疏松。左右摇动的时候正是地震能量最大的时候，房子就会倒塌。

这里想让大家注意一下，就是说地震发生的时候怎么办？刚才谈到的地震，为什么首先是上下跳动？这是因为地震发生的时候有两种波动。一种波动叫纵波，它的震动方向和传播方向是一致的，传播速度比较快。它的震动中波是上下折腾的，所以我们会有上下跳动的感觉。第二种波叫作横波，它的振动方向和传播方向是垂直的，传播的速度比较慢，真正的破坏就是横波来的时候。当然这里还要谈到面波，它沿地球表面传播，能量也很大。

假如地震在地壳的某个部位发生了，纵波会比横波晚到一点传到有地震记录的地方，紧接着的是面波。地球的结构就好比是我们平时吃的鸡蛋，蛋壳相当于地壳，它很薄，地幔是我们吃的蛋白，蛋黄就是地核。地核分为内核和外核。

第二点介绍的是地震灾害。大家都知道地震可以在几分钟甚至几秒钟内改变地貌，使城市变成废墟，造成巨大的灾难。地震灾害排在所有灾害的首位，下面看几个地震灾害的例子。1976 年 7 月 28 日，唐山发生 7.8 级地震，根据官方的报道，死亡人数是 24 万，房屋倒塌率达到 70%—80%。唐山地震发生在夜里 3 点多钟，很多人还在睡觉，当房子摇起来的时候，有的床铺都从窗户掉到了屋外，整个唐山被夷为平地。2008 年 5 月 12 日汶川发生 8 级地震，比唐山地震还要大两三倍，山崩地裂。2008 年大家从电视上都看到了，汶川地震的破坏力是非常大的。

第三点说一下人类对地震的认识。在世界上，中国人对地震的记载是非常早的，所载内容包含了地震的前兆，地震的成因以及如何减少地震灾害等等。世界上第一台地震仪叫“汉风地动仪”，这个地动仪是东汉科学家、天文学家张衡发明的。他学识很渊博，在公元 132 年发明了候风地动仪，用于记录地震。公元 138 年，甘肃的陇西发生了一次很大的地震，尽管洛阳感觉不到，但是候风地动仪记录到了这次地震。候风地动仪上有 8 个方位，8 条龙，每条龙的嘴里含着一颗龙珠，每颗龙珠底下都有一只张着大嘴的癞蛤蟆。当某个地方发生地震了，对着地震方向的龙珠就会掉下来了，并且正好落在张大嘴的蛤蟆嘴里去。世界上地震仪的原理都差不多，这个地震仪为什么伟大呢？因为，这是人类第一次用仪器检测到远方发生的地震。

第四点介绍地震的基本知识。发生地震的地方叫震源。地下震源垂直向上的那个点叫震中点。地面上与地下震源正对着的地方叫作震中。地面上其他地点到震中的距离叫震中距，震中到震源的垂直距离叫震源深度。地面上破坏程度很相似的各个点连起来的曲线，叫作等震线。下面再讲两个，什么叫烈度？什么是震级？震级就是地震本身能量的大小，主要用于判断一个地震释放出来的能量。震级标准最先是由美国地震学家里克特在 1935 年提出来的，所以我们称为里氏震级。最高震级是 10 级，每相差两级能量相差 1000 倍，是什么意思呢？ 8 级地震相当于 1000 个 6 级地震，7 级地震相当于 1000 个 5 级地震，差两级差 1000 倍。因此，发生 5 级地震跟发生 7 级地震差 1000 倍，它们的破坏程度是完全不一样的。唐山地震是 7.8 级，汶川地震是 8 级，它相当于唐山地震的 3 倍，为什么汶川那么厉害？差一级大概差 30 倍，仔细算一下的话应该是 31.6666，差两级是 1000 倍，1000 倍开平方是 31.6666。什么意思呢？就是说一个 8 级地震相当于 31 个 7 级地震。

那么地震威力有多大？一个 6 级地震的威力相当于 1 个广岛原子弹，一个 7 级地震是 30 个广岛原子弹，一个 8 级地震是 1000 个广岛原子弹。5・12 汶川地震是 8 级地震，大家想一想，1000 个广岛原子弹扔到那去，那会是什么结果？全球每年发生多少地震呢？我大概做了一些统计，大于等于 8 级的地震，每年发生 1 次，7 级到 7.9 级地震每年发生 17 次，6 级到 6.9 级地震每年发生 135 次。

6 级以下地震发生的次数更多。从全球的地震情况看来，1997 年以来的地震强度和频度都在增加，地震带来的灾害就更大了。

地震的种类有多少呢？概括来说，地震可以分成两种，一种是天然地震，一种是人工地震。天然地震里边有构造地震、火山地震、冲击地震等等；人工地震是指诱发地震，就是诱发出来的。比如三峡水库这几年来逐步在贮水，我们就明显发现小地震的次数随着贮水量的增加而增加。据研究显示，世界上的水库都存在着这个规律。水库贮水，地震也在增加，往往贮水 3—5 年就会有一个 6—6.5 级的地震发生。构造地震是什么意思呢？这主要是指岩层破裂错动引起的大地震动。构造地震大部分发生在地下 5—30 公里的地方，就是地壳的部分。这样的地震类型很多，占地震总数的 90% 以上，中国的地震大部分都是构造地震。火山地震是指火山喷发引起局部地区的震动，火山喷发地震约占全球地震总数的 7%，比较少。火山和地震实际上是差不多的，在地下裂了的就是地震，要是冲到地面上去，就是火山喷发。

下面介绍的是地震的烈度。前面我们谈到震级，它与地震烈度完全不是一回事了。烈度是指发生地震的某个地区的地面所受到的影响和破坏的程度。很显然离地震近的地方被破坏严重，远的地方所遭受的破坏就轻，破坏严重的地方烈度高，破坏小的地方烈度小。震级是反映地震本身的大小，跟地震释放能量的多少有关。烈度反映的是地面受到的影响和破坏的程度。一次地震只有一个震级，但是会有不同烈度。地震发生之后，靠地震近的地方房子倒了，远一点房子倾斜了，再远一点的房子晃一晃，更远一点房子没关系。烈度会随着距离越来越远，慢慢变小。烈度在10度以上就不得了，是毁灭性的；小于3度，人基本感觉不到。

第五点介绍的是地震多发地区。很多人都知道地震多发生在板块交界的地方，特别是环太平洋一带。全球地震主要集中在以下三个带：第一个是环太平洋地震带，那里的浅源地震占全球的59%，中深源地震占全球的89%，深源地震占全球的100%。我国的深源地震主要发生在东北。深源地震有个很大的好处，就是人们感到摇动，但是地裂不开，破坏性比较小。但是，我们国家的地震90%都是浅源地震，它的破坏力非常强。在几个地震带里面，环太平洋地震带发生的地震次数都是最多的。第二个是地中海——喜马拉雅火山地震带，这个地震带发生浅源地震的次数占全球的23%，中深源地震发现次数是11%。第三个是海岭地震带，那里多发生中小地震，偶尔会发生7级以上的地震。

第六点介绍的是为什么会发生地震？因为各个板块的受力情况不一样，互相运动、互相挤压。我们刚才谈到了地壳下面叫地幔，地幔里边是黏糊糊的流体状液体，容易发生对流。对流是什么意思呢？就是底下深层的部分往上跑，浅层的部分往下跑，这就是对流。地幔有对流，板块要互相挤压，地幔的熔岩就会往上拱，地壳就破了。如果地就裂了，就是地震。地震和火山的区别

无非就是一个熔岩没有喷出地表，一个是大量的熔岩喷出去了形成火山，当然火山有的时候也会引起地震。

第七点介绍的是地震之前的现象。地震发生之前的一段时间内出现的，并能显示出地震将要发生的现象，我们称为地震前兆。地震前兆有两类，第一类叫宏观前兆，第二类叫微观前兆。宏观前兆是指人类直接观察到的现象，比如猪拱圈，牛不进圈，狗乱叫，鸡鸭飞到屋顶上去，蛇从地下跑出来，癞蛤蟆跑出来等等。仪器检测到的现象叫微观前兆。

我国古代人民在长期实践中，开始认识到地震是有前兆的，并留下了丰富的记载。1739 年宁夏银川发生地震之后，人们发现了地震与井水之间的关系。地震前，地下会发声，会发光，也会出现天气反常的情况，这些现象都与地震存在着某种联系。

现在已经观测到的震前异常现象有很多。地震是地壳发生形变，会引起地震波、地磁场、地电场、电磁波和地下流体的变化。1966 年日本松代地震的时候，有地光产生。1999 年 9 月 21 日中国台湾大地震前出现了漂亮的地光。

20 世纪 70 年代到 90 年代，我国做了有许多记载地震前兆的工作，包括对土地磁、土地电的记载。那个时候是计划经济，政府一声号令全国上下都行动起来，包括中小学课外兴趣小组也在做这方面的工作。

第八点主要讲解地震来了，我们该怎么办？ 1966 年 3 月，河北邢台发生 7.2 级地震，这个消息震动了党中央。周恩来总理亲自到邢台视察，并做了很多重要的指示。他找了很多科学家做调研，最后指示我们进行地震预报。1966 年以后，中国就迈入地震预报的行列，同时周总理根据地地震有前兆，地震可以预报的原则制定了中国地震工作的方针——群测群防。那个时候，群众性测报工作做得非常好。在地震工作方针的指引下我国预报了 1975 年的海城地震，这次的预报得到联合国认可，并载入了史册。如果地震来了，我们该怎么办？大家要做好家庭防震准备，要准备食品饮料，检查加固住房，特别是要抓住震前十几秒钟进行自救。地震来的时候是纵波，房子上下跳动，十几秒钟后，房子开始左右摆动，然后就会塌下来了。因此，震前的十几秒钟十分关键，同时我还要告诉大家别跑，真正发生大地震时，你是跑不动的。我举一个例子，1996 年 5 月 3 日包头发生 6.4 级地震。地震的时候街道像波浪一样起起伏伏，房子倒得一塌糊涂。当时的房子在上下左右拼命摇摆，在这种状况下你想躲避都是不太可能的。地震发生时，教室里面的小学生，最好还是躲在课桌底下。地震波是一个快波，一个慢波，慢波破坏大，时间短。如果地震发生在我们附近，慢波可能持续几秒钟；如果发生在很远的地方，大概持续两分钟。那么短的时间，我们就根本不要跑。比如今天的报告厅在六楼，一旦发生地震，有的同志会选择从窗户跳下去了。实际上，如果你只感觉震了一下，你就不需要跑，就近能躲就躲。如

果房子塌下来，那也是没有办法的事情。不过，如果你从六楼跳下去，也肯定没命。在地震情况下，大家不要随便动用室内的设施，特别是电源、水源，更不要使用明火。1923 年日本东京发生了很大的地震，大概死了 14 万人，其中有 90% 的人是被火烧死的。

下面，我们简单地说一说地震海啸。2004 年 12 月 26 日，印尼发生了很大的地震，海啸 30 米。海啸来的时候，我们应该知道如何躲避。海啸发生的时候海里面会发生地震，整个海底裂开，海水涌进去，地震的能量就传到水里。地震的能量给了水，水就拱上来了。深海里面的浪小，为什么？因为进去的水虽然很多，但是几百米深的海水再加上几十米也没多少，可是这几十米带着地震能量的海水传上岸，就不得了了。海啸的时候海水会退回去了，旅游的人以为好玩，去追海，当海水一下子回头追上来时，人被卷进去就没命了。印尼海啸的时候，一位英国小朋友在小学的时候学过海啸来临时的预防措施，她就带了 100 多名游客往山上跑，从而得救了，这是个非常典型的例子。当船碰到海啸的时候，要往深海使驶，因为深海的海浪小；当人碰到海啸的时候，要往高处跑。

地震时，如果闻到煤气或有毒异味的时候，我们要设法用湿的毛巾把自己的鼻子嘴巴捂住，防止中毒。另外不要乱叫，保持体力，假如门口被挡住，出不去了，我们可以用锤子之类的工具敲击，进行求救。学生在学校应该怎么避震？在教室的学生应该在老师指挥下迅速把脑袋抱住，躲在各自课桌底下。在操场或者室外的时候，学生可以原地不动蹲下来，双手保护头部，注意避开高大建筑物和危险物，并且不要回到教室里去。在公共场所的人们应该怎么避震？大家要听从现场工作人员指挥，不要慌乱，不要涌向出口，要避开人群，避免被挤倒。在影剧院、体育馆怎么办？大家可以蹲下或者趴在排椅底下，注意避开吊灯、电扇，然后用书包保护小朋友的头部，等地震过后，听从工作人员指挥有组织地撤离。如果出现被压的情况了怎么办？大家一定要设法避开身体上方不结实的倒塌物、悬挂物和其他危险物，搬开身边可以移动的碎砖瓦，扩大自己的活动空间。搬不动的时候，千万不要勉强，可以先用砖头、木棍等物支撑空间。户外避震是指避开高大的建筑物和高大的悬挂物，避开有危险的场所，避开高压线。野外避震要避开山边的危险环境，躲避山崩滑坡和泥石流。

地震的时候，遇到特殊危险怎么办？燃气泄漏的时候，我们要用湿毛巾捂住自己的嘴巴鼻子，千万不要使用明火。遇到火灾的时候，大家可以趴在地上，用湿毛巾捂住嘴巴鼻子。毒气泄漏的时候，我们不要向顺风的方向跑，一定要绕到上风方向去，并且用湿毛巾捂住嘴巴鼻子。大家还要注意避开危险的场所，比如生产危险品的工厂、易燃易爆的仓库等。如果在行驶的电汽车内，我们要抓牢扶手以免摔倒或者碰伤，然后降低重心，躲在座位附近，地震过后再下车。

第九点我主要分析一下，2010年到2011年全球发生的大地震，这些大地震给了我们哪些启示？2010年1月12日海地发生7.3级地震，同年2月27日离海地不远的智利发生8.8级地震，4月14日中国玉树发生7.1级地震。2010年9月4日新西兰发生7.1级地震，2011年2月22日新西兰第二大城市发生6.3级地震。2011年3月11日，日本发生9.0级地震，这个地震非常大，是千年一遇。日本人对地震的宣传教育做得非常好，全民普及也非常好。

大地震带来的损失都是很大的，2010年1月12日海地发生7.3级地震，整个国家一片狼藉，灾情非常严重，楼房倾斜得非常厉害。关于海地的这次地震，两名美国科学家在两年以前曾有预测，并且他们对地点和震级的预测是对的，只是未能确定地震时间。2008年5月，他们将地震报告交给了参加会议的海地总理和其他高官，但是海地政府没有重视，没有采取行动。同年2月27日，智利发生8.8级地震，7.3级和8.8级只差不到两级，能量差多少呢？智利8.8级地震是海地7.3级地震的501倍，就是说，智利地震相当于发生了500个海地那样的大地震。智利政府在防震抗灾方面的工作做得非常好，井井有条。

下面我们来做一些比较，智利8.8级地震使整座城市平移，离地震最近的康塞普西翁市向西平移了3米，同时地球的形状轴移了大约8厘米。8厘米是什么概念呢？在1.1万年前后，地球有一个冰河时期的反弹，造成地球形状轴每年移动10厘米。每年才移动 10 厘米，地震一下子就移动了 8 厘米，说明这个地震有多危险。我有一些数据给大家，整个城市移动了 3 米，这个是不得了的。智利震后灾情非常严重，破坏很可怕，但是死伤人数不多。下面我有一张智利地震和海地地震的比较表。

表 1　智利地震和海地地震比较表

1. 发震国家：	海地	智利
2. 发震时间（LT）：	1 月 12 日 16 时 53 分	2 月 27 日凌晨 3 时 34 分
3. 震级：	Ms7.3	Ms8.8
地震能量：		为海地地震能量的 501 倍
4. 震源深度：	10 公里	55 公里
5. 发震地点：	太子港	康塞普西翁市东北部 90 公里海中
	72.5W，18.5N	72.7W，35.8S
6. 震中与首都距离：	首都太子港附近	首都圣地亚哥西南约 450 公里
7. 死亡人数：	25—30 万人	800 人
8. 有无预测：	2 年前	无
9. 建筑规范：	无	严格
10. 应急响应：	无	健全
11. 地震处置经验：	没有人经历过地震	有长期遭遇地震带来的丰富处置经验
防震意识：	250 年无人经历过地震	常有大震，人们习以为常、深入骨髓
12. 防震的建筑：	无	建筑精巧的抗震设计和严格的工序监督
13. 建筑的法律规定：	无	所有建筑按抗震 9 级设计
14. 地理条件：	太子港 300 万人	地广人稀 震中远离大城市
15. 灾民心态：	社会秩序动荡	心态平和、社会秩序迅速恢复
16. 经济实力：	西半球最穷的国家	拉美最富裕的国家
17. 政府的反应：	全部陷入瘫痪	相当迅速

两场地震都发生在南美洲，智利地震 8.8 级、海地地震 7.3

级，智利地震是海地的501倍，海地有25—30万人遇难，智利遇难人数是800人。这是为什么呢？因为智利建筑规范，应急响应健全，震后处理经验丰富。在政府响应方面，海地全部陷入瘫痪，智利政府处置却相当迅速。为什么要把海地和智利进行对比？因为这可以给我们很多启示。2010年4月14日，玉树发生7.1级地震，当地地质构造非常复杂，震情非常严重，地裂开得非常厉害。震中在结古镇，地震前后进行对比，地震的破坏力确实是太残酷了。玉树地震的前兆现象是家家藏獒拼命地叫，叫得厉害。地震前一周老鼠突然增加了很多，地震前三天水井里的水变得非常浑浊，地震前两天老鼠一只也不见了，都跑掉了，地震前一天出现了地震云，又过了不久就发生了地震。玉树的第一民族中学历来重视安全教育，地震发生后这所学校830名师生没有一人死伤。地震发生在4月14日7时49分，是主震，在7时49分之前发生过一次比较小的地震，学校值班的副校长和三名老师被惊醒之后，他们就把所有的学生和家属都叫出来集中到操场上，还怕有的学生起不来又重新再去找。最后，全校的830名的师生都是安全的，他们在操场上待了一个多小时。

2008年汶川也有同样的故事，有一所中学经常做防震、防灾、防洪、防盗的演习，有些人觉得这方面的演习是浪费精力，结果汶川地震来了，这所学校的损失很小。还有一件事情，就是地震前的地磁异常，在这里要着重说一说，就是在汶川地震当天的早上 9 点多钟，北川中学的一位物理张老师在准备下午讲课用的指南针时，发现指南针异常，停不好。下午两点一刻，他拿着上午的指南针去教室，发现指南针的摆动更大了，根本停不下来。这时候离地震发生只有 13 分钟，指南针摆动越来越大，后来干脆整个打转。之后地震来了，指针瞬时上下跳动，教室在二楼，门很快就倾斜了。张老师就叫几位同学把门顶住了，组织其他同学疏散，下了很大功夫，有 47 位同学安全疏散了，还有十几位同学和敬爱的张老师在地震中遇难了。

从震前 36 小时一直到地震前几分钟都有非常大的地磁异常变化，因此我觉得地磁预警器是非常重要的。十几年来，日本一直在利用地震纵波和横波之间的十几秒的时间差，做震前预警。但是这个意义不大。这十几秒哪来得及救人，因此我们必须走前兆预警的道路，比如地磁预警、地电预警，就是要把地震前的特征的信号抓住。

我在这儿多讲一讲地震前兆宏观的异常，在碰到一些地球异常的变化时，大家就知道如何保护自己。2010 年 9 月 4 日新西兰发生 7.1 级地震，楼都倒了，但是创造了零死亡的奇迹，总理很骄傲。这样的强震没有一人死亡，原因是什么？新西兰的隔震技术处于世界领先水平，城市建设者采用严格的标准规划城市。同样的一个地方，2011 年 2 月 22 日发生一次很小的 6.3 级地震，震源附近 4 公里的遇难人数达 240 多人，近万座建筑被毁，新西兰

总理说这一天是新西兰最黑暗的一天。科学家认为基督城面临盲断层作用，就是看不到地震发生的迹象，无法提前发出警告，当地的地标性建筑百年教堂坍塌了。2011 年 3 月 11 日，日本发生 9 级地震，主震的震中在海里，有的科学家说这次地震是千年一次。日本基本理论、地震参数、次生灾害等方面做了很多研究。这一次日本的次生灾害很厉害，除了海啸以外，核电站发生泄漏。日本东移了 2.4 米，地球自转加快了 1.6 微秒，福岛的地面下沉了 84 厘米，这个 9 级地震造成了这么大的破坏。洪水大火同时出现，民房起火，核电站发生核泄漏。日本和新西兰的建筑，在防震减灾方面做得非常好，但是破坏照样非常严重。

在防震减灾的体系中，日本和新西兰都没有意识到，地震预测预警是关键。我刚才谈到了地震前预警的重要性，就是说要找到地震前一些确定的信号，然后按照确定的信号来警示人们。

第十点，我主要介绍地震能不能预报？答案是肯定的，因为有大量的地震前兆。当然这里面有这么一条，地震的预测是科学家的任务，预报是政府的行为，必须由政府来报，老百姓或任何单位都无权发布预报，那样会造成很大的损失。《中华人民共和国防震减灾法》第十六条提出个人不要发预报，就是这个意思。地震预报分长期、中期、短期和临震，当然最重要的就是临震。短临预报经过上一代人的努力，现在居于世界先进行列。比如，1975 年我国成功预报海城 7.3 级地震，这个成功的短临预报被联合国承认，载入了史册。从世界范围来说，地震预报还处于探索阶段，因此不可避免存在局限性。地震预报困难，因为地球颤动的原因很多种。地震有前兆信息，但是这个前兆信息不是唯一的，带有一定的经验性。

最后以四句话小结一下：第一句，地震预测是人类面临的最古老的问题，也是全球性的科学难题；第二句，地震预报的进展缓慢，困难；第三句，目前地震预报还处于探索阶段，没有找到一种普遍适用的可靠的地震前兆；第四句最重要，地震是有前兆的，地震预报是可以实现的，我们要充满信心。国务院最近有一个文件，就是到 2020 年力争做出具有减灾实效的短期预报或临震预报。

谢谢大家！

（以上内容根据2012年10月27日的讲座录音整理，略有删改）

地球的新陈代谢——海洋碳循环及气候与生态效应

陈建芳

主讲人简介：国家海洋局第二海洋研究所学术委员会副主任、研究员。

我来自杭州的国家海洋局第二海洋研究所，今天讲的题目是“地球的新陈代谢——海洋碳循环及气候与生态效应”。我首先要讲的是“地球病了——全球变暖的事实”。为什么要提出这个问题呢？大家都知道，现在整个环境都在变化，地球跟以前相比有点出问题了，除去刚刚讲到的很多环境方面的问题，全球范围内最重要最普遍存在的问题是什么呢？就是全球变暖。

二十世纪七八十年代，冬天下了雨以后在农村老房子屋檐下有很长很长的冰，现在已经看不见了。虽然这种老房子少了，但是以前冬天小河里的水结冰，人可以上去走，现在结冰的时候都没几天。从全世界来看，大家都知道瑞士是旅游胜地，主要是夏天的阿尔卑斯山冰川非常漂亮，冬天是非常有名的滑雪圣地。但现在同样都是在夏天，在三四千米的高山上，三四十年前可以看到皑皑白雪，现在去看就是零星的雪峰了。这说明全球在变暖，这些冰川都在融化。

我们国家的西藏、新疆也有很多这样的现象，都面临同样的问题。夏天大家去看冰山，比如说新疆的那些冰山，现在去看只有一点点了，没有以前那么壮观了。再比如阿根廷，同样一个季节的冰山几十年以后跟几十年以前差别很大，都化得很厉害了。还有，北极的冰最近几年融化得非常厉害。北极现在是不通航的，等这些冰全部化完以后，北冰洋就像地中海一样可以通航了。按照这个速度发展下去，几十年以后，北冰洋夏天基本上就没有冰了。没有冰了当然有好有不好，好的就是这里周边的城市原来都不繁华，如果变成地中海，另外一个地中海的文明可能就开始了。所以全球变暖对气候可能会有很大的影响，对局部地区，也许原来那个地方不适合居住慢慢就可以居住了。

我们刚才讲的是一些全球变暖是现象。我们生活的台州，我老家余姚、现在生活的杭州都可以感觉到这种变暖现象。现在冬天过了以后就没有春天，马上进入夏天，温度的变化很快。我国通过客观方法测温度是近一百年的事，西方长一点可能有两三百年的历史。那么我们通过什么途径可以知道以前的温度是怎么样的，现在又变成什么样子呢？实际上有一个很好的方法，就是老祖宗给我们留下的古书，里面都有记载。中国有一个很有名的科学家叫竺可桢，他当时就提倡通过文献的记载了解天气的变化。比如说广东某一个县的县志，记载了宋朝的时候突然下雪了。如果不是不通过这些历史记载，我们肯定不可能想象广东会下雪，因为近几十年那边都不怎么下雪。竺可桢的代表作就是中国五千年以来的气候变化曲线，经过了差不多半辈子的积累最后发表出来，在国际上有很大的影响。他去世以后，他的一个在中国气象科学研究院的叫张德尔的学生一直继续在做这方面的研究。美国就没有这个可能，因为它总共的历史也就两百多年。中国有这个条件，我们有连续的、几千年的文明。

我们怎么知道地球以前的温度呢？现在科学发达了，科学家通过物种繁衍进行观察。举一个例子，树生长是一年一个年轮，长到六百年的大树，理论上应该有六百个圈。通过取样，拿一个很小的钻头一样的东西把树木的年轮钻出来。分析里面的化学成分，比如同位素，这些同位素跟温度有关。这个过程是比较复杂的，相当于考古。考古是根据一层一层的地层里面的文物去推断当时的社会情况。研究古气候，也有这么一种说法，通过树木年轮判断是一种。还有珊瑚，也是长了很多年才长一点。又比如说两极的冰心，冰一层一层一年一年累积下来，上千米，把冰心钻出，一层一层切开来，一千年以前的大气成分就结在这个冰里面了。一千年以前结冰后就再也没化过，气泡已经锁定到里面了。科学家通过分析里面的成分，可以知道当时的大气组成是什么样的。

研究显示最近五十年温度有大幅度的上升。别看总共可能也就 1℃左右的变化，对全球的气候和植被的影响是不可想象的。我讲这个，十年前没人会听。因为碳循环没有什么重要，跟我们一点关系也没有。但是现在就有关系了，我们国家的外交谈判都是在讲碳的问题。“节能减排”减什么？就是减二氧化碳。为什么减二氧化碳？因为二氧化碳跟温度上升有关系。

地球的变化有个自然的过程，古生物家和古环境家已经研究出成果。天文周期是有一个变化的，就是没有人类活动，它也会有变化有冷暖交替，但是为什么最近五十年、一百年以来变化了那么大呢？二氧化碳大家知道，我现在呼出来的就是二氧化碳。二氧化碳怎么产生的呢？就是人的呼吸。你吃了东西，不管是固体也好液体也好，通过消化系统新陈代谢的作用以后，呼出来的就是二氧化碳。

人的排放不是最主要的，最主要的排放是什么？就是工厂、烧煤、石油、发电，包括汽车。中国排放的量是越来越大，所以我国现在压力非常大。前一段时间欧洲出台规定，只要进到欧洲的飞机就要交税，即碳排放税。因为飞机要消耗大量的燃料，也就是要把大量的汽油变成二氧化碳，会影响到欧洲的环境。当然中国反对美国也反对，欧洲这方面理念还是比较新的。中国为什么压力大？现在二氧化碳的排放中国跟美国差不多，而且马上就超过美国了。人家说你排二氧化碳，相当于排污一样，因为排出来以后导致气候的变化，导致后面有一系列的问题。中国这种粗放型的发展模式消耗了大量的能源，收益又很少。我们可以说什么呢？现代大气中的二氧化碳是一个累积的过程，前面一百多年我们没干什么，因为我们很落后，汽车没有，粮食也吃得不是很多。这个是谁干的？是美国干的，是英国干的……我们要发展，肯定要有能源的消耗。温总理去别的国家出席谈论的很重要的议题、美国总统竞选很重要的问题都是全球变暖。

为什么现在的二氧化碳会那么多呢？因为石油原来是埋在地底下的，几千米以下，人家好好地待在那边，现在我们中国要发展怎么办呢？就要大量的石油从地底下几千米把它挖到上面。原来是固体的，现在把它一烧就变成气体，到了空气当中。

二氧化碳是一种温室气体，我想在座的初中生都知道，这个气体到了空气中会吸收地球的能量。太阳会辐射到地表，然后波长就改变了，相对长一点的波长会反射到空气当中，二氧化碳可以吸收这种能量。假如没有二氧化碳，这个能量回到高空当中，对我们生活在最底层的人类是没有影响的。但是甲烷、二氧化碳等温室气体相当于把地表原来盖的春秋被变成了冬天盖的厚被子。这样的话，反射过来的好多能量就积压在地表，导致全球变暖。

从 1958—2004 年，大气中的二氧化碳数值变化的原因是什么呢？就是因为季节的变化。二氧化碳是一种气体，会溶解在海水里。水煮开马上冷却去养鱼，鱼可能活不了，因为氧气都跑掉了，新的氧气来不及交换。即便冷却下来，气体的溶解度也是跟温度有关的。二氧化碳确确实实在近 50 年上升了 50 个 ppm，再过 50 年，再升 50ppm，而且现在上升速度越来越快。中国、印度等“金砖四国”，都发展起来了，都要烧煤，都要用能源。这是为什么要节能减排，要用清洁能源，要用再生能源。

升高的二氧化碳能够被地球系统吸收吗，可能有一点吸收，但是它一直在上升。70 年代的时候，一位西方的科学家叫詹姆斯·洛夫洛克提出一个假说，他认为地球是有生命的，能够自我调节。其实把地球比拟一下的话，它也是一个生命体，就是一个自然系统。一个池塘、一个海湾、一片草地，都是一个小的生态系统。一棵树，本身有一定的调解功能，稍微接触一点儿有害的东西也没关系，它可以通过代谢化解掉，地球也是一样。当时他认为地球可能有外力的干扰，一个是地球自然的过程，还有一个是人类给它加剧的过程，都可以把它化解掉。

海洋对二氧化碳调节主要有几种呢？一个跟生物过程有关，一个跟物理过程有关。这两个过程从海洋的角度，控制了碳的循环。我再补充一下，陆地上怎么对碳有影响呢？树、草地，是对二氧化碳有调解作用。大家知道，树生长起来就是光合作用。光合作用的原理就是把气体变成叶子或者最终变成树根或树干，把原来空气中的二氧化碳变成固体，变成木头，做成家具，暂时不会跑到空气中去。当然陆地的生态系统除了树还有其他的东西，如草地。所以要鼓励大家多种树，多种草，把二氧化碳给吸收掉。

从目前的研究来看，陆地对碳的吸收跟海洋对碳的吸收差不多是一半一半。陆地大家都看得见，树长起来很高，肯定是把碳固定下来了。海洋很难去看。海洋也有两个途径：一个是物理的过程。我刚才讲到一点了，跟温度有关，温度低的时候溶解度会增加。还有值得一说的是，为什么地球是一个自我调解的系统呢？美国哥伦比亚大学拉蒙特研究所的一位权威科学家提出了一个传送带的观点。这是怎么回事儿呢？我现在给大家讲几点。第一点，看北半球的地图，在北大西洋的挪威海格陵兰海一带，每年都有季节交替，夏天的时候冰化了，冬天的时候怎么样呢？海水会大量的结冰。结冰会产生什么呢？理论上只结淡水冰，但实际上也会带些盐分。盐析出以后冰浮出来了，析出来的盐分是很重的，跟周围的海水一混合，海水就比原来重很多了。这些水重了肯定往下沉，这个过程中又冷，把二氧化碳给溶解了。在降温过程中溶解了二氧化碳又往下沉，就把上面的二氧化碳往底下带，相当于把原来海表的一部分碳带下去了，这就是物理泵。

冰下去以后，总要有水去补充。大家初中学的地理信风带、学海流就会知道，有一个很强的流就是表层流，就叫湾流。我刚刚说的是北大西洋会下沉，南极的还有其他的一些地方，包括鄂霍茨海都会有这种海水下沉的现象，但是深度不一样。这里的水最深可以下到三千米，跟结冰的程度有关。冰结得越大吸收的盐分越多，沉得越低，比如鄂霍茨海，还有阿拉斯加，结冰没那么厉害，所以沉不下去。因为水是底下的重，上面的轻。全球有不同深度的海水都会往下沉，又会有补充，这样就变成了一个循环系统，流起来了。不光是表层之间的交流，整个海洋通过这个系统就像人的血液循环一样，地球也是这样一个系统，血液循环流起来了。

美国的佛罗里达和墨西哥湾会往欧洲方向流。如果没有这个流动，那一带的冬天温度应该差不多，实际上这个地方的冬天，加拿大、纽芬兰冷得不得了，可能 -30—-40℃，但是英国很少看到下雪。为什么？有从热带过去的表层流给它补充过去。那边的水下沉，循环是正常的，所以才会有欧洲。如果某一天这个流动不存在了，就像人一样血液阻塞了，可能就出大问题了。

全球的海洋从表层到深层，是一个血液循环系统，把物质、能量都可以传递到地球的各个地方。刚才说的物理泵，将人类活动产生的二氧化碳最深已经沉到 3000 米左右了。海洋作为一个很大的储库，储存了我们人类活动产生的二氧化碳。

下面要说的是一个生物过程。海洋里面没有树，可能有一些大型的藻类、苔类什么的。你看得见的藻类是近岸的，大洋里边还有许多。面积跟海洋相比可能只有百分之零点零几，但是量还是不小了。大部分的海洋也有光合作用的过程，是靠什么呢？就是靠海洋里面一些微小的浮游植物。浮游植物就跟树一样，也有细胞叶绿体，也能光合作用，会把海水里的二氧化碳吸收通过光合作用变成有机质。海洋里的这些生物虽然是肉眼看不见的，但是有很多，相当于陆地的生物量。这个叫无形的生灵，你看不见，但是它起的作用是一样的。海洋里面的这些生物，有的是植物，有的是吃植物的小的浮游动物。生物可能成千上万种，但主要有两种，一个叫硅藻，大概一百微米大，量非常多，有很多的多孔结构可以吸附，就像活性炭一样，可以做一些工业原料。它里面的骨骼主要就是硅。还有一种叫颗石藻，它成分是碳酸钙，相当于石灰原料。一种骨骼以硅为主的，一种骨骼是钙为主的。这两种某种程度上承担了陆地上树的作用。浮游植物最终会被浮游动物吃掉，当然小部分也会被鱼吃掉。浮游动物死了以后就会慢慢地下沉。这个上层固定二氧化碳或者是光合作用的过程，我们就叫它生物泵。所以海洋对碳的调节，主要是两个过程，一个是物理泵，一个是生物泵。

大洋里很多地方营养很丰富，生物量却很少，为什么呢？如果有朝一日我们让这些东西长起来，多汽车开也没关系了，反正海洋里的马力还没开足，让它吸收下去不是很好吗？因为缺一种微量元素，大洋里的生物就是长不起来了。依据是什么呢？科学家通过钻取南极冰柱，获取冰芯。南极的冰芯可以长到几百米或一千米，把它取上来分析里面二氧化碳的成分。气象里一分析，二氧化碳多少，其他的气体多少，一个比例马上就出来了。结果显示，冰芯里面有一些灰尘一样的东西包裹在里面。灰尘少的时候二氧化碳就高，灰尘多的时候二氧化碳就低。灰尘里面有什么，有微量元素。对海洋里面的生物来讲，微量元素主要集中在什么地方？就是沉积物、土壤里面。科学家马丁根据这个就提出了海洋里面可能就缺少铁。铁实际对我们人也很重要，海洋里面的生物也是。假如说把这些地方铁含量提升，生物可能就会长起来。在马丁死后大概二十年，全世界都做了这个实验，把铁加到海洋里面去，看看生物有没有长起来。最后确实长起来了。怎么加呢？不是缺铁吗？就把一艘船开进去，罐子里面装了好多的铁，同时装了其他的一些示踪剂。因为铁很难量，而且价态很容易变化，但是如果量一些其他的东西，比如示踪剂，铁加下去，扩散到什么范围了，光量铁量不清楚，如果示踪剂跟铁混在一起，就知道示踪剂带到什么地方，铁肯定也带到什么地方。把这套东西放到海里以后，船一边跑一边追踪铁到底怎么扩散的。然后通过实验观察生物有没有长起来。这个里面叶绿素是生物量的标志，就是说通过船上的仪器监测，铁加进去生物长起来了，确实是地球上缺铁。

现在证实了观点，弄点铁，随便撒一下，不就可以了吗？实际上问题还是没那么简单的，就像人老吃补品，后果难以预测，用人类的方法去干预，说不定整个海洋生态系统全部崩溃了。英国的石油公司对这个假设很感兴趣，因为他们把石油卖出去，有义务要把排出来的二氧化碳处理掉。但是通过科学家的研究发现如果把铁随便撒的话，说不定会导致整个生态系统崩溃，所以现在还没有到实施的阶段。

温度升高以后有什么样的影响呢？我举个例子，南极的冰、喜马拉雅山的冰、北极的冰都会融化。1999 年中国第一次北极考察的时候，纬度 75 度的地方还有很厚的冰，破冰船只能破一两米的冰就进不去了。2003 年我们到了纬度 80 度的地方，我也参加了，很容易到了 80 度，进了 5 个纬度。等于短短的五年时间往前进了 700 多公里。第三次是 2008 年，可以到 85 度。1999 年的冰那么厚，现在纬度 75 度什么东西也看不见了，跟我们的南海的水差不多。什么意思呢？北极的冰大量的在融化。冰的量在北极不是最多的，南极可能更多一些，融化了以后会怎么样呢？一个是海平面上升了，这个大家都知道。北极有北极熊，是生活在海冰里面的，现在冰没有了，它生活到哪儿去了？现在还没有完全化。一年当中夏天的时候，如果冰全部化了，北极熊没地方跑了，只能到陆地上，肯定被人杀掉，慢慢减少、会灭绝。现在当然还有冰，到夏天的时候至少还有几块冰在那个地方。2008 年的时候，北极熊还都很多，为什么呢？比如说一千只北极熊原来的面积是整个台州地区包括农村，后来冰不断融化，北极熊就没地方跑了。我们那次看到了大概有十几只熊，概率很高。我们本来要到底下去作业，熊一来我们就没法工作了。北极熊很可爱，但是饿的时候可能会吃你。我们旗帜放在那里，发现它在那里游逛，也不敢下去拿，后来只有把直升机开过去把它赶走把设备都收上来。南极是企鹅，北极代表性的动物就是北极熊。假如说北冰洋到夏天没有冰了，北极熊到哪去？要到因纽特人家里去。到家里去如果你对它好也是可以的，但问题是不习惯。它在北极，可能还能健健康康地活下去。如果北极的冰没有了，这个物种可能就随之消失了，这就是对生物的影响。

另外一个就是海平面的上升。举个例子，南极也是一样，南极冰的融化更复杂。这些冰融化了海平面会上升，包括台州也都是在海边，可能会对这些城市产生很大的影响。前段时间我们在毛里求斯、加拿大国际极地年总结大会的时候，讲了两极的变化对人类的影响，其中有一个人发言非常好。他是塞舌尔驻联合国的大使，说南极、北极的变化对我们关系很大。我们单位一个同志模拟海水上升多少米以后，有多少面积会被淹掉，这种情况我们这代人可能不一定见得到。这项研究的意思不是说以后的事情，是说风暴潮来的可能性，就像印尼，当然我们这里海啸的可能性不是那么大。上升十几米不可能，但是有的时候上升几米还是有可能的。

极端气候，还有一个就是极地的气候。举个例子，北极的冰化了以后，会加速海季的相互作用。北极原来是有冰的，能量一照到冰上马上就反射回去了，就是能量又回到空气当中去了。如果冰全部慢慢化了变成水了，太阳照到水上，马上就很烫。不是太阳一照到冰上，冰马上就化。冰化不是通过太阳直接照化的，是通过其他的能量使它变化的。水就不一样了。干净的话，太阳照到水上可以慢慢渗进去，一直可以透到几十米。冰不一样，都发反射掉了。我认识很多国内做气象的，尤其做极地气象的。在气候的模拟里，下垫面（相当于海气相互作用的面）改掉了。原来是冰，现在是海。

2008 年的春节前后南方雪灾，交通全部瘫痪了。这是什么原因呢？现在提出来一个假说叫“暖北极、冷大陆”。北极如果变暖冰全部化掉。冷大陆是什么呢？就是西伯利亚，华中、华北地区就会出现降温。这里面过程很复杂，但是基本上有这个趋势。天气总的趋势在变暖，但是有一些极端气候事件会出来。北极整个冰都化了，这个能量会在空中通过海气相互作用，再过几个月就会反馈。也就是说两极的变化对我们生活在这里的人也会有影响。这么遥远的北极或者是南极，它的变化对我们的气候也是有影响的。现在北极的冰化了不是淡水吗？北极是和大洋沟通的，在白令海峡只有几十米深，通过大西洋交换了水，淡的，再结冰。这些水不够密度沉不下去。原来北极的冰盐度比较高，现在很低了，出来以后下不去。水沉不下去，补充的也少，沉下去的水会减弱，补充的水也会减少。这样传送带相当于血脉不合了，尤其是像纽约或者西欧就会变得很冷，极端的事件就会出来。

还有一个原因，刚才讲的生态效应都跟二氧化碳有关。人类活动的二氧化碳气体溶解到海水里直接的后果是什么？它的 PH 改变了。二氧化碳不是酸性的吗？碳酸大家上高中就知道，海水酸化了，以后会产生什么呢？珊瑚礁——澳大利亚大堡礁很有名，包括毛里求斯，很多很多的珊瑚都死掉了。可能不完全是一种原因引起的，但酸化是一个很重要的原因。因为钙质的东西，碳酸钙体系对酸是非常敏感的。海洋里两大类浮游植物，一类是硅质的，一类是钙质的，钙质的里面就是颗石藻。珊瑚如果受到酸的影响，生态的多样性会被破坏。珊瑚礁的白化也是一个很重要的方面。比如，毛里求斯，那里的珊瑚我们去看的时候很多已经死掉了。

节能减排，大家尽量少开汽车，多骑骑自行车，我觉得欧洲人做得还是蛮好的。全球变暖对欧洲影响非常明显，他们做得比较好，但是光靠欧洲人做没有用。我在英国的时候，布莱尔还是首相。他在议会辩论的时候就说节能减排，二氧化碳减排是全世界的事情，不是英国人的事情。他说英国就是回到原始社会，不开车了，工厂也关闭，什么也不动，中国增加的一部分，就是前年跟去年增加的那一部分，比如说增加了 10%，就把英国给抵消掉了，更不要说整个一年的排放量，可能是英国的多少倍。当时我听了这个话就不是那么舒服，但是他说的是事实，这是一个全世界的事情。这对外交谈判也是很重要的。英国人老在说中国排的那么多，但是实际上世界上很多的生产基地都在中国。但是人家不是这么说的。谈判的时候人家说两百年当中，一百六七十年都是你们在排放。我们那时候根本没条件排放，现在我们的排放就滞后了，就集中到后面一点。一边要跟他们争论这个，一方面我们政府的决策还是要提倡节能减排。采取的行动比如把二氧化碳封存，把碳弄来以后高温高压压起来埋到海水底下，成本很高，石油公司他们就在做这样的事情。在英国的时候，英国石油公司就组织了一个小实验。比如在北海什么地方把二氧化碳浓缩起来，把它埋到那里面去。汽车排放的很难收集，但是工厂里中烧石油的，烧煤的，二氧化碳比较集中，可以把它收集起来。但是到目前为止还没有大规模的操作。碳交易税就是这样，你碳排多少，就交多少钱。比如，我有几千个亿，就有钱开发这样的技术。当然还有就是靠研究海洋的人去做一些研究，为政府决策做依据。对科学家来说可能要加强研究，对于我们老百姓来讲就节能减排。虽然我只节约了一点，但是十多亿人都节约一点，那就很可观了。

最后我花几分钟时间把我们单位介绍一下，说不定以后有哪位同学考上大学也会从事海洋研究。国家海洋局第二海洋研究所1966年成立，开始在宁波，后来搬到了杭州。科研人员大概四百位，有四位院士。现在其他学校也有一些院士，一开始的时候浙江省院士集中的地方就两个，一个是浙大，一个是这里。国家海洋局下面有三个综合性的研究所，国家海洋局第一海洋研究所在青岛，国家海洋局第二海洋研究所在杭州。青岛主要是管渤海跟黄海。原来设置的时候是这样，但是现在都乱了，我们也可以研究渤海，有竞争才有进步嘛。二所主要研究东海。国家海洋局第三海洋研究所在厦门。除了国家海洋局的研究所以外，中国科学院有两个研究所就是专门从事综合性海洋研究的，一个在青岛，历史比较老，还有一个在南海，就是中国科学院南海海洋研究所。其他还有一些跟海洋有关的学院，包括北大、清华都有了。浙大要成立一个，现在已经有海洋系了，我本人也是浙大海洋系的兼职教授。浙大的海洋学院以后会办得很大，舟山给了它一个岛，好像是好几百亩地吧，专门研究海洋。浙江大学以后会把整个海洋研究定位成比较重要的方向，拨很多的经费。

我刚才说的基本上是海洋研究的这一块儿，因为浙大是工科，也包括了船舶、造船等海洋经济有关的。浙江省去年被国务院列为综合海岛实验区域。我想台州也在这个范围内。我觉得以后一步一步实施，海洋这一块儿还是会越来越重要的。虽然我们是海洋二所，但是我们单位研究大洋、研究极地，还是有很长的历史的。1983 年第一次极地考察去了南极，军方去了一百多个人，考察队员差不多有几十个人，一半是我们所的。长城站是我们海洋二所V组建海。有兴趣可以到我们所里去看看有很多的实验室设备，还有包括遥感。我们也有一位院士专门研究海洋遥感这个领域，他是我们唯一的工学院院士。

环境问题研究正是我所在单位正在从事的工作。赤潮大家可能知道，就是我所在部门做的。赤潮为什么会发生？就是人类大量的生活污水、营养物质排到海里面以后，藻类就会大量的爆发。这些生物死了到海底会腐烂，需要大量的氧气在海里溶解，特别是在夏天的时候，海水层化，上面很热，底下冷，分层很厉害，氧气也没法交换了。底下的氧气用掉了，对鱼就有很大的影响。鱼需要氧气，所以缺氧也是很大的灾害。我们最近几年也建立了一套海洋缺氧的观测系统。

核辐射也是我们这个部门主力做的。日本的核泄漏怎么扩散？浮标放在海上，万一有核辐射过来（一般情况下是不会过来的）就是一个应急系统。还有海上的突发事件，比如说溢油。你们这里航运也是很发达的，突然有一个溢油事故的话，油集中到岸边影响更大，最好是让它往外，往外它慢慢就消解了。如果都到岸边，全部是养殖、工厂，那损失就很大了。我们所在做这些研究。还有水质的分类、生态修复等等，都是我的同事在做的事情。

今天就讲到这里，谢谢大家拨冗参加这个讲座。

（以上内容根据2012年5月12日的讲座录音整理，略有删改）

生态文明与可持续发展

金台临

主讲人简介：台州市委党校副教授。

大家好，我今天的讲题是“生态文明与可持续发展”。

现在人们有一句话是这样说的：“三十多年前人们求温饱，现在要环保；三十多年前人们重生活，现在重生态。”我觉得这句话讲得非常好，可以说今天我们吃的讲营养，穿的讲漂亮，住的讲宽敞，用的讲健康，已经成为越来越多人的生活标准。

我想随着人们生活水平的不断提高，对生态文明的要求会越来越高，今天围绕着这个讲题我主要讲三个方面的问题：第一个问题是生态文明建设地位的提升轨迹；第二个问题是建设生态文明是经济社会发展的迫切需要。第三个问题是大力推进生态文明建设。今天的重点我想放在第二和第三个问题。

首先讲第一个问题，生态文明建设战略地位的提升轨迹。第一个小点：生态文明思想的提出。人类社会迄今为止经历了原始文明、农业文明、工业文明。从人与自然的关系来讲，原始文明人类被动地接受自然，那个时候对自然没有什么伤害。原始文明大概经历了百万年的时间。农业文明人类开始慢慢对自然进行探索，这个过程当中我们对自然的破坏也不是很厉害。农业文明经历了几千年的历史，最后来到了工业文明。工业文明人类开始对自然进行改造、征服，不断地去探索，工业文明应该经历了大概几百年的历史。

在工业文明的过程当中，人类应该说取得了巨大的物质财富，社会财富不断增多。但是与此同时，也对自然界造成了严重破坏。比如说现在生态环境的恶化，人与自然关系的不协调等等。面对工业文明所带来的一些严重的问题，人类早就开始了反思，比如说恩格斯就曾经说过这么一句话："我们不要过分陶醉于我们对自然界的胜利，对于每一次这样的胜利自然界都报复了我们。"

的确，我们如果遵循了规律，就取得很好的效果，如果我们不遵循规律，就遭到大自然的惩罚。工业生态文明是工业文明发展到一定阶段的产物，是对工业文明带来严重生态安全进行深刻反思基础上逐步形成和正在积极推动的一种文明形式。它的提出也经历了一段探索过程。

全球对生态文明的认识，对生态环境的认识，可以说主要经历了这么三个阶段：第一个阶段是沉重代价的阶段。大家知道20世纪人类有八大环境公害，这八大环境公害就向人们敲响了警钟，环境保护非常重要。第二个阶段是宝贵觉醒的阶段，以三本书为代表，一是《寂静的春天》，二是《增长的极限》，三是《只有一个地球：对一个小小行星的关怀和维护》。《寂静的春天》是20世纪60年代生物学家卡逊写的，这本书的主要内容是什么呢？就是我们人类在生产过程当中，大量地使用化学杀虫剂，导致了当时的春天没有鸟鸣。这本书属于科普读物。

大家知道20世纪60年代，全球经济发展还是非常好的时期，卡逊说当时是没有鸟鸣的春天，人们说卡逊简直是一个疯子。但是后来实践证明她说的是完全正确的，所以在1992年的时候，《寂静的春天》这本书被评为近半个世纪以来最有影响力的一本科普读物，当时美国的副总统戈尔还为这本书写了序。

第三个阶段是奋起飞跃的阶段，以三个会议的举办为代表。1972年联合国在瑞典斯德哥尔摩召开的人类环境会议、1992年在巴西里约热内卢召开的环境与发展大会、2002年在南非约翰内斯堡召开的可持续发展世界首脑会。以上三个会议代表着人类进入到了奋起飞跃的阶段。我们中国推进生态文明建设，也是与我们党一贯追求和倡导的理念是一脉相承的，具体我就不多说了，比如我国在1972年派代表团参加了斯德哥尔摩举办的人类环境会议；1973年8月在北京召开第一次全国环境保护会议；1979年新中国第一部关于环境保护的法律《中华人民共和国环境保护法（试行）》通过；1984年国务院成立了环境保护委员会；1993年全国人大常委会成立了环境资源委员会；1994年4月中国政府颁布了《中国21世纪日程》，是世界上第一个国家级的“21世纪行动计划”；1996年国务院提出了《关于环境保护若干问题的决定》等等。

特别是党的十八大以来，我国对生态环境，对生态文明越来越重视。比如说十六大把生态良好的社会列为全面建议小康社会的四大目标之一，提出“推动整个社会走上生产发展、生活富裕、生态良好的文明发展道路”。十七届四中全会，把生态文明建设了提升到经济建设、政治建设、文化建设、社会建设并列的战略高度。这次党的十八大可以说对生态文明的阐述提高到了前所未有的高度，它用独立的篇章提出了要大力推进生态文明建设的命题。比如，“全面落实经济建设、政治建设、文化建设、社会建设、生态文明建设五位一体总体布局，不断开拓生产发展、生活富裕、生态良好的文明发展道路”，生态文明成为国家“五位一体”建设中的一个方面。十八大还提出了一个全面融入的问题，在建设生态环境过程当中，要全面融入经济、政治、文化、社会各方面全过程。

浙江省很多做法是走在全国前列的。2010年6月，浙江省通过了《中共浙江省委关于推进生态文明建设的决定》，在全国率先提出生态立省的新要求。台州在2010年8月份也通过了《中共台州市委关于推进生态文明建设的决定》，这个决定就提出要积极打造山海秀丽、富裕和谐的生态台州。经过了这些年的努力，我们的认识也达到了新的高度。

第二点我想讲一下生态文明的科学内涵。它是人类在适应自然、认识自然、利用自然、改造自然、保护自然的过程中所取得的全部成果的总和。它是全部成果，包括精神的、物质的。生态文明这个概念摒弃了人类破坏自然、征服自然、主宰自然的理念和行为，倡导在经济社会发展中，尊重自然、保护自然、合理利用自然，实现人与自然的和谐发展。以前我觉得认识是不到位的，以前我们讲生产力的概念都会说生产力是人类改造自然、征服自然的能力，我读书的时候就是这样理解的。

人类可以保护自然、利用自然、改造自然，但是你能不能征服自然？我觉得是值得商榷。以前有一句话叫人定胜天，我觉得人应该要有这样的一种气概，这样的一种精神，但是我们能不能一定胜天呢？我觉得也不一定。实践证明，如果顺应了自然，尊重了自然，就会取得很好的效果，否则就会遭到大自然的惩罚。

生态文明可以从广义和狭义两个方面来理解，从广义的角度来讲，生态文明是人类文明的一种形态，是原始文明、农业文明、工业文明之后的一种新型的文明形态。它以人与自然协调发展为准则，要求实现经济、社会、自然环境的可持续发展。从狭义的角度来看，生态文明是与物质文明、政治文明、精神文明相提并论的一种文明形态，它着重强调人类在处理与自然关系时所达到的文明程度。生态文明最核心的是什么？就是人与自然协调发展，也就是我们通常讲的天人合一。

生态文明是人类社会发展的历史潮流，可以这样讲，当代社会正在走向生态文明的新时代。2013 年 7 月，贵阳召开了“生态文明贵阳国际论坛 2013 年年会”。这个国际论坛是目前中国唯一以生态文明建设为主题的国际论坛，来了世界上很多知名的专家。会议成员又达成了一个共识，即生态文明是人类共同的理想和追求，走向生态文明新时代，不是一个选择，而是历史的必由之路。生态文明是人类共同的理想和追求，第一个大问题就讲到这里。

第二个大问题主要介绍建设生态文明是经济社会发展的迫切需要。十八大报告有一句话非常好，“建设生态文明是关系人民福祉、关乎民族未来的长远大计”。十八大把生态文明提到了非常高的一个高度。为什么我们必须要建设生态文明？为什么生态文明是我们人类的必由之路呢？在第二个大问题，我想要重点讲两点理由。

第一，建设生态文明是缓解资源环境压力，提高可持续发展能力的一个迫切需要。环境保护部部长周生贤讲了这么一句话，他说：“发展就是燃烧，烧掉的是资源，留下的是污染，产生的是 GDP。”科学发展就是要求烧掉的资源越少越好，留下的污染也是越少越好，产生的 GDP 当然是越多越好。可是中国在这些年的发展当中，虽然速度非常的快，但是发展的质量不是很高。

在发展过程当中，资源环境所面临的问题越来越凸显，我这里给大家举一个数据。2011 年我们国家能源总能耗有 34.8 亿吨的标准煤，占到全球 20.3%，使用了全球 45% 的钢，45% 的煤，50% 的水泥和 14% 的油气。那我们创造的 GDP 占到全球只有多少呢？是 10.4%。我国在原油进口、铁矿石进口等资源进口方面是越来越大。原油进口依存度达 56%，铁矿石进口按含铁量计算超过 50%，铝矿铝材进口、铜矿铜材进口分别达到 50% 和 70%。与此同时我们的排放是越来越多，化学需氧量（COD）、二氧化硫等污染物排放量虽在降低，但总量名列首位。二氧化碳排放的强度虽然在减少，但总量是全球第一。

中国一次能源消费量上从 2009 年开始取代了美国，成为全球第一大能源消费国，所以我们能源消费量是全球第一。

我国战略资源对外依存度是太高了。我举几个例子，一个是石油，我国从 1993 年开始成为原油的进口国，到现在为止一路攀升。十大进口国里面排在第一位的是沙特，然后是安哥拉、俄罗斯、伊朗、伊拉克、科威特等等。这些来源的进口国，很多是中东地区、非洲地区，而且是政局不稳定的地区，所以一有风吹草动，对我们的影响非常大。中国现在凡是从地球西端运过来的东西，都要经行马六甲海峡。一方面马六甲海峡年通过能力已经饱和，另一方面它的周边是美军驻地，所以一旦美国采取行动，封锁马六甲海峡，那对中国的风险是非常大的。

由于中国这些年经济高速发展，钢铁生产发展速度非常快。2012 年，中国的钢产量占到全球 46.3%。河北省一个省的钢产量就超过了日本一个国家的钢产量，一个河北省的产量相当于 1.8 个美国，2.33 个俄罗斯，3.85 个德国，但是我们钢铁工业很多又都是亏损的。钢铁工业的飞速发展带来的另外一个问题就是铁矿石的需求量猛增。这几年，我国铁矿石的贸易量都占到全球的一半以上。现在国际社会就出现这样的问题，中国买什么，什么东西就贵，中国卖什么，什么东西就便宜。我国这么大的进口就面临三个问题，第一个是你能不能买得起？你买什么？因为，它价格上升得非常厉害。第二个是你能不能买到？因为中国的需求量实在是多。第三个是你能不能运回来。以上说明我们原有的发展方式是非常的不可持续的。

传统的采煤大省像山东、河北、辽宁，现在基本上都没有煤炭了，有资料显示中国煤炭的储存量最多只能够开采 38 年。到目前为止我国很多地方是在高碳生产，中科院曾经有一项课题，显示我国高碳地区最主要的有两个，一个是宁夏，一个是山西。

浙江、福建、广东、上海这些地方是属于相对低碳的地区，但我国绝大地区都是处于相对高碳。台州还是不错的，《中国城市智慧低碳发展报告》公布中国 111 座城市，低碳发展指数的排名和得分，台州居然是第一，说明台州在这一方面做得还可以。

由于资源有限，资源消费量巨大，导致浪费非常严重，特别是现在年产垃圾非常多，建筑垃圾占城市垃圾总量大概的 30%—40%。有人曾说中国平均建筑寿命是 30 年，美国是 74 年，英国是 132 年，这说明中国建筑都是在非正常当中死亡的。现在的“三改一拆”是拆出效益。但是拆的建筑垃圾，应该处理好。

现在，环境污染恶化的问题没有得到根本的遏制。从 20 世纪 90 年代开始，国家都要发布上一季度中国环境公报。我就留心了一下，这几年中国的环境公报每年差不多都重复着同样的措辞，“局部有所控制”，“总体还在恶化”，“前景令人担忧”，基本上都是这样一个状况。环境损失，这个增速已经超过 GDP。我国的近海海域基本上是有污染的，除此之外，还有河流污染、酸雨、沙漠化，等等。现在环境污染恶化非常严重，这些都是我们中国人的痛。以水资源为例，我们经常会看到大量的死鱼漂浮在水面。有些网友就说了，不是有一个成语叫鱼死网破，那是什么意思？他说有一个新解，鱼死了，网民破口大骂。广东汕头贵屿镇是全国电子垃圾第一镇。2009 年美国记者到那里去采访，当地老百姓从事废旧电器拆解，生活很富有，他们的生活状况却非常的糟糕。当时环境保护部部长就讲了，“开着宝马喝污水”，这个是对现代化的讽刺，现在水污染问题非常突出。2008 年奥运会的帆船比赛在青岛举行，在奥运会前夕，青岛各界市民就是在清理近海的浒苔。每到 7 月份，大家就会流传一句话，“到青岛看草原”。现在 7 月份的时候，青岛的整个海面就会被浒苔包围。

浙江省 2013 年发布的《浙江省环境状况公报》里面有一组数据，全省有 53.0% 的劣四类海水。浙江省八大水系和运河，按照水质达到或优于三类的百分比由大到小的排名，最好的是瓯江，最差的是鳌江，椒江是倒数第二，跟 2012 年的《浙江省环境状况公报》一比，下滑了两位。2013 年 6 月，温州大学城市学院的一些环保志愿者对浙江省的水域进行了体检，9 条河流中有 5 条不可游泳，其中包括了椒江的南门河、路桥的南官河、黄岩的东官河、临海的东湖和玉环的徐都塘。

有一句话这样说：“君住长江头，我住长江尾。君的下水道，我的自然水。”这反映了现在水环境的问题。还有人是这样说，水污染了，我们可以喝桶装的，菜污染了，我们可以吃有机的，奶粉污染了，我们可以买进口的。但是空气污染了怎么办?

今年以来大家知道全国大量的地区发生严重的雾霾天气，波及中国 140 万平方公里，非常严重。2013 年 1 月，中国环境分析报告发布，这个报告里面称世界上污染最严重的 10 个城市有 7 个在中国，全国 500 个城市中，空气达到世卫组织推荐标准的不足 5 个。还有民间环保组织“自然之友”4 月发布的《中国环境发展报告》中，2012 年空气质量兰州排名垫底，北京倒数第二。像这几个数据，我在 20 多年以前讲课的时候都用过，世界上污染最严重的 10 大城市，7 个在中国。但最近这五六年我不敢讲了，怕自己讲错了。现在是不是有所改变呢？看来根本就没有改变。

我记得在 20 多年以前讲课的时候就讲到，美国有一本旅游杂志说兰州是少数几个从卫星上看不到的城市。这个不是说兰州防御卫星能力特别强，不是保密工作做得好，而是因为兰州空气污染形成了几百米的烟层在卫星上看不到兰州，如今兰州空气质量仍然十分的糟糕。今年 PM2.5 非常厉害，网上流传着这样一句话今天你戴口罩了吗？还有人讲了这么一句话，他说："世界上最遥远的距离就是我牵着你的手却看不见你。"

现在 PM2.5 取中文名字叫作"喂人们服雾"。有一段时期，清华的校训都给改了，"自强不息"的"息"被改成"吸"了。"厚德载物"的"物"改成了大雾的"雾"，这都是调侃。很多北京人自嘲是"雾都孤儿"。

浙江省雾霾天气也是比较严重，总体上台州还是不错的，椒江相对来说雾霾天气还是多一点。我到气象局也调研了一下，2011 年雾霾天气是 100 天，2012 年就少于 100 天，台州是少于 50 天，这个比较好。气象专家说为什么？主要是去年雨水比较多，雨水多以后雾霾容易散发，所以台州相对来说雾霾天气也就比较少。

2013 年上半年我省也公布了一组数据，台州还是不错的，良好天气的数量在浙江省跟衢州一起并列第四。发展方式落后，环境污染严重，这个给老百姓的生活确确实实带来了很大的不便，包括导致生态系统退化。现在全国水土流失面积占到国土面积37%，沙化土地的面积占到18%，90%的草原不同程度的退化，土地沉陷面积扩大，生态系统破坏带来的自然灾害频发，2/3的城市缺水，耕地已经逼近18亿亩的红线。

甘肃有座鸣沙山，里面有一个月牙泉，那是非常漂亮的一个地方。但是现在的月牙泉有些时候会出现沙山依旧，泉水枯萎的景象。

现在提出建设生态文明，可以说是缓解资源环境的压力，提高可持续发展能力的一个必然要求。前两天我看到已经公布了2020年夏季奥运会在东京举行。实际上中国当年在争取2008年北京奥运会主办权的时候下了很大的力气，考核中很重要一环就是对空气和环境的评测。北京奥运会期间，蓝天白云，靠的是什么？汽车单双号的限行，还有北京及周边省市污染企业停工，以保证蓝天白云。

奥运会是8月8日开幕，实际上奥委会有一个规定，主办方有权在7月和8月两个月之间择机选择开幕时间。绝大多数国家都选择在7月底，北京选择了8月8日，为什么？有人说是图个吉利，我觉得也是有一定的关系，但还有一个很重要的因素，就是8月7日是我们中国的立秋。按照气象来讲，过了立秋就天高气爽，有利于污染物的发散，所以选择了8月8日。

第二，建设生态文明是应对气候变化共同呵护人类赖以生存的地球家园的必然选择。气候变化已成为21世纪人类共同面临的一个重大问题。最近几年领导人出访重大的国际会议可以说是逢会必议论，每访必谈，为什么？因为气候变化问题说到底是各个国家节能减排的问题。现在全球面临着一个什么问题呢？气候变化变暖的问题。

2009年10月18日，马尔代夫的内阁成员在其国家海域6米深的地方举行了世界上第一个水下内阁会议，签署环保协议。这几年马尔代夫打出来的旅游口号也非常有意思，“趁我们现在还在，快来看看吧”。因为随着气候变化，海平面上升，这个岛国可能会被沉没海底。

2009年12月5日，尼泊尔内阁20名成员乘坐直升机来到了珠峰5241米的一个营地，召开了世界上最高的一个内阁会议，也是呼吁人们关注气候变化，关注喜马拉雅山脉冰川的融化。下海、上山之举实际上都反映了人们对当今气候变化的一些担忧。气候变化问题，确确实实是一个发生在我们身边的情况。全球有一个组织是专门研究气候变化的，这个组织就叫作政府间气候变化专门委员会，英文缩写IPCC，这个气候变化专门委员会迄今为止一共完成了4份关于气候变化的科学评估报告。这个评估报告最近的一份是2007年，得出来的结论是什么？气候变暖是不争的事实。

1906—2005年的100年间，全球地表平均温度上升了0.74℃。

海洋升温引起海水热膨胀，20 世纪全球平均海平面也上升了 0.17 米。这个确实是真实的，有很多的例子来说明，比如说像格陵兰岛冰盖正在以最快的速度在融化。专家们非常的担心，这样不断地融化会给全球到底带来什么样的影响？包括日本研究小组，他们也发表了调查结果：富士山南侧地表附近的永久冻土可能已经消失，全球 20 条主要冰川都出现了明显的退缩，全球气候变暖会造成极端世界的趋多趋强。比如，2005 年发生的太平洋海啸以及接二连三的地震。地震频繁的程度要远远高于上个 10 年。所以有人开玩笑，说如今我们的地球已经相当于手动的振动模式，经常会有振动。前两天我看到有科学家说，随着地球变暖，恐龙可能会再次出现。果真如此，那真的是太可怕了。现在，一到冬天极端天气就很多就格外冷，很多地方都被漫天风雪所包围。到了夏天的时候又特别热，印度曾遭遇百年不遇高温天气，温度接近 50℃，近 300 人丧生。而一贯凉爽的俄罗斯也是酷热难耐。2012 年 7 月 30 日，印度北部和东部地区连续发生两次大面积停电，直接影响 6 亿多人的生活，一个是电力系统的原因，一个是跟全球气候变暖有关。

根据中国气象局的资料，近百年来，地表平均气温已经升高了 1.1℃。国家海洋局《2010 年中国海平面公报》显示，近 30 年我国沿海海平面面积总体波动呈上升趋势，平均每年上升 2.6 毫米，高于全球平均水平，海平面上升加剧了海洋灾害的发生。年初非常的干旱，极端天气特别多。有位年轻人曾在网上说："我今年才 30 岁，从我懂事起我就知道，百年不遇，年年遇。"现在，从 4、5 月份开始，很多地方又会出现严重的干旱，比如湖北严重的干旱，到淡水湖鄱阳湖就像到了内蒙古大草原。接下来的 5、6 月份很多地方又会发生严重的洪涝，农作物大量损害，很多街上一片汪洋。北京 2012 年的一次暴雨，是 60 年从来没有见到过的，死了 77 人。2013 年东北主要是抚顺一带的洪水也导致很多人的伤亡。

这几年的夏天热得实在够呛，现在有的学校里面有空调，但是有的学校也没有。学生没放假，宿舍太热了，有学生就自己买了一个水缸泡在里面。一边泡在水缸里面，一边在上网。宁波大学的几个学生买来了充气的游泳池泡在水里面。7、8 月份以后就更加热了，特别是浙江一带出现了破历史纪录的极值。

2013 年 7 月 23 日以来，浙江持续极端高温天气，很多地方最高气温都是在 40℃以上，像新昌在 8 月 11 日出现了 44.1℃的高温天气，浙江省就死了 20 多个人。有人开玩笑，如今浙江"没有最热，只有更热"，"江浙沪已进入了集中供暖期，就是时间差了半年"。江苏有一辆运鱼车，经过一条水泥路的时候不小心这个车翻车了，没过多久洒落在地上的鱼就变成烤鱼了。湖南有一个人做了一个试验，把鸡蛋放在外面马上就孵化了。像这样极端的天气确确实实就表明全球气候发生了很大的变化。

有个笑话非常有意思，有位记者在长沙的街头采访了一个人，他说："请问这位非洲朋友，你认为长沙的天气怎么样"，结果被采访者是这样说的："我强调一遍，我不是非洲的，我是在长沙被晒黑的"。这几年各地频现大的冰雹，有的村民反映广东的冰雹直径 10 厘米。在台州，我亲身经历了 2011 年 6 月 8 日的冰雹。当时我正好从玉环开会回来，经过路桥那一带，噼里啪啦，真的是下了一场很大的冰雹，大概持续了十几分钟，非常可怕。2012 年 2 月，台州又下了一场很大的冰雹，有些网民就把图片晒到的网上，还来了一句话，"亲，汤圆来一份不"。

中国冬天也是格外的冷，像内蒙古，它最低气温是 –46.9℃，老百姓出去睫毛都结冰了。石梁的飞瀑已经变成了冰瀑、雪瀑了。这个说明什么？气象专家认为中国那么多极端天气的出现，都是跟全球气候变暖有很大的关系。灾难天气特别多，这就反映了现在气候变化问题在老百姓生活当中也成了很重要的话题，也会影响到大家的出行，带来各式各样的问题。世界银行专家指出，气候变化是全球发展最大的挑战之一。现在全球变暖是种趋势，人类无法阻止。

全球变暖会导致什么问题呢？沿海城市被淹没，生物多样性遭到破坏。干旱的更干旱，水资源缺乏，粮食短缺，热带风暴加大等等。各种疾病可能都会进一步暴发，给人类带来很多的灾难。

为什么全球气候会变暖？主要有两方面的原因。一个是自然原因，一个是人为原因。自然原因人类是无法控制的。如果人类能够控制不让地球变暖，我觉得那就是人为原因。人为原因就是人类的活动，比如大量排放二氧化碳等温室气体，人口急剧的增长，破坏水循环，森林的大量破坏，大量使用化石能源等等。根据科学家们的研究，气候变暖更多的是来自人类活动所造成的，所以就引申出一个问题，人类怎么样减少二氧化碳等温室气体的排放？

对中国来讲，我们正面临着巨大的减排压力。中国温室气体排放总量大，增长快，正处在减缓全球气候变化的风口浪尖上，所以中国很长一段时期将是二氧化碳排放增量的一个主要来源。2011 年，二氧化碳排放超过美国和欧盟 27 个国家的总和，中国新增的排放量占到全世界新增排放总量的 80%。所以现在一到应对国际气候变化谈判的时候，中国真的是处在风口浪尖上。我想中央提出转变经济发展方式也好，转变生态文明也好，也是应对全球气候变化一个必然的要求。以前都说中国人均排放低，其实是世界平均水平差不多，但是中国人口多，排放的总量非常大。

今天的第三个问题，为什么要建设生态文明？这是促进人与自然、人与社会和谐，实现人的全面发展的必然要求。建设生态文明，归根到底还是为了实现人的全面的发展。发展是为了什么？只有加快推进生态文明建设，才能促进人与自然、人与社会和谐，才能让人民群众更好地享受发展成果，才能满足人们更好生活的愿望。

2013 年两会期间，习近平主席参加了江苏省代表团的讨论，讨论的时候习近平主席讲了一个干活和晒太阳的故事。故事大意是：有一个人在海边晒太阳，结果旁边有人催促他，“你懒惰，赶紧去干活”。他说，“我为什么要去干活”，“你干活了才有收入才能挣钱啊”，“我为什么要有收入要挣钱”，“挣了钱你才能有好生活啊”，“好生活是什么样子”，“好生活就是在这儿晒太阳啊”，“我已在这儿晒太阳了，我为什么还要再重复这个过程”。当时习近平主席通过讲这个故事就是说明要科学发展，要与自然的和谐相处，不要太折腾了。实际上我觉得现在实在是太折腾。举一个例子，像太湖，原来有一首歌说“太湖美，美就美在太湖水”。但是有一段时期，太湖水糟糕得一塌糊涂，为什么？就是太湖沿岸很多地方，污染企业排污所造成的。后来，政府慢慢把这些企业搬出去，重新治理，花了大量的人力、物力、财力，还有时间。当然也不是说，返璞归真，就不去追求了，这个也不行。我想习主席的意思是要处理好人与自然的关系。李克强总理也讲了，“青山绿水贫穷落后不行，但殷实富裕环境恶化也不行”，“不能以牺牲环境来满足老百姓的需求”。但是我觉得现在发展并没有真正地使老百姓享受到好处，很多地方，像现在污染问题可能更多考虑的是城镇污染，因为城镇企业很多。实际上现在农村的污染也非常严重。现在农业生产大量使用化肥导致土地的恶化，很多农村因为周边污染老百姓生同一种病——癌症。很多城市周围的农村里的老百姓的生活环境非常恶劣。湖南的一个农村，它有着非常悠久的历史，村旁边有一条河，但是由于上游尾矿肆意地排放导致两边的农田全部被淹没，不能够种庄稼了。所以把这个村整体搬迁，整体搬迁以后就有一个问题，有人说这个村全部拆了，反正也没有人住了。很多环保专家说不能拆，这个地方可以用作环境灾难教育基地，警示人们。

一个村搬了就搬了，所有的村如果都搬了，那怎么办？都污染了怎么办？这个问题要高度重视。现在因为环境污染问题引发的群体性事件年均以 29% 的速度在递增。2012 年 7 月份，四川什邡因为环境问题，老百姓纷纷到市委、市政府门口聚集，演变成了严重的群体性事件。这次群体性事件正好发生在暑假期间，所以参与群体性事件很多是学生。这个是非常可怕的，很多学生就打着“为了什邡人民，我们可以牺牲，我们是 90 后”的口号。又过了不久，江苏启东因为老百姓要反对企业污水排海的工程引发了群体性事件。现在老百姓要生活，对环保问题特别特别敏感。2012 年的 10 月份，浙江的镇海老百姓为了抵制二甲苯化工项目，也开始上街游行，也引发了严重的群体性事件。今年又有两起，一起是在四川的彭州，一起是在昆明，也因为二甲苯化工项目，引发了大量的群体性的事件。一方面是老百姓保护环境的呼声越来越强烈，另一方面也可能是对环境的知识不了解，很多项目如果跟老百姓讲清楚了，可能也不至于这样。

现在环境和食品安全、药品安全的关系问题也是非常紧密。有一张漫画，画了两只皮鞋，它们开始非常恩爱，突然间有一天走散了。没想到多年以后它们在一个人的胃里面相遇了，为什么呢？一只皮鞋做成了毒胶囊，一只皮鞋做成了老酸奶，然后被一个人同时吃下去了。现在不是有一句话叫“东鞋西毒，南地北钙”，所以讲的就是烂皮鞋、毒胶囊、地沟油、三鹿高钙奶等等。所以有人说了这么一句话，“死并不可怕，可怕的是你根本就不知道自己是怎么死的”。现在大规模的环境污染造成了土壤污染。土壤污染以后，种出来的食物肯定就是污染的。像路桥峰江一带，浙江省国土资源厅好像对它进行了一次地质情况的调查。调查以后发现峰江这一带农田土壤污染严重，不适合种食物，所以那一带改成种花卉、树木。

建设生态文明，加强环境保护是提高人民生活质量的必然要求，是功在当代，利在千秋的一项伟大的事业。台州市这段时间也有了很大重视，去年关闭了76家污染企业，今年又准备关闭66家，也都是考虑到老百姓生活的需要。

今天，我讲的最后一个大问题是大力推进生态文明建设。我想简单地讲以下几点。

（一）推进生态文明建设的总体要求。关于这一点，十八大报告讲了以下几方面：

第一，就是要尊重、顺应、保护自然的生态文明理念，就是要树立尊重自然、顺应自然、保护自然的生态文明理念。这是生态文明建设的重要思想基础，也体现了新的价值趋向。

第二，就是要把生态文明放在突出的地位，融入经济建设、政治建设、文化建设、社会建设各方面和全过程。这是生态文明建设当中的实质，也是对我国现代化过程提出了更高的要求。

第三，坚持节约资源和环境保护的基本国策，坚持节约优先、保护优先、自然恢复的方针，这是生态文明建设的基本政策和根本方针。

第四，要推进绿色发展、低碳发展、循环发展，可以说这是生态文明建设的根本方针和基本途径。

第五，是要建设美丽中国，实现中华民族的永续发展。

（二）推进生态文明建设的重点任务。十八大报告对推进生态文明建设的重点任务主要提了这么几个四方面：第一，优化国土空间开发格局。第二，全面促进资源节约。第三，加大自然生态系统和环境保护力度。第四，加强生态文明的制度建设。比如，加强国土空间开发隔距，这次十八大报告把它讲得比较透。原来对这个不太重视，很多地方提出的科学发展战略部署都是一样的，一个模式。实际上这是不符合生态文明建设的要求，怎么办呢？中央就提出了，对全国 960 多万平方公里分类。有些是优先开发的区域，有些是重点开发的区域，有些是限制开发的区域。对于一些需要环境保护，自然资源特别丰富的地区，可能就不去开发它。有的时候不开发也是一种发展，这个是国土开发的隔距问题。

（三）推进生态文明建设的着力点，这条我重点讲解“大力发展绿色、低碳、循环经济，深入推进节能减排”。绿色经济是以市场为导向，以传统产业经济为基础，以经济与环境的和谐为目的，发展起来的一种新的经济形式，它是产业经济为适应人类环保与健康需要而产生并表现出来的一种发展状态，发展过程没有污染。

讲到绿色经济，路桥有位农民，他的一项发明是绿色经济。这位农民发明家叫张文国，他发明的垃圾裂解汽化炉，日处理垃圾最高可达 200 吨，对生活垃圾的处理率也达到了 85% 以上，剩余的炉渣可以干什么用？做砖头。一方面处理了垃圾，又没有污染，然后又可以把剩余的东西做成砖头。低碳经济是低碳发展、低碳产业、低碳技术、低碳生活等一类经济形态的一个总称，是经济发展的碳排放量、生态环境及社会经济成本代价最低的一种经济，是一种能够改善地球生态系统和自我调节能力的持续性很强的经济。在现实生活当中要明确节能就是减碳。这里有几组数据，科学家测算：每节约 1 度电，就相当于节约了 0.4 千克标准煤，同时减少污染排放 0.272 千克碳粉尘、0.997 千克二氧化碳、0.03 千克二氧化硫、0.015 千克氮氧化物。每节约 1 千克标准煤，减排 2.493 千克二氧化碳；每节约 1 千克原煤，减排 1.781 千克二氧化碳；每节约 1 升汽油，减排 2.3 千克二氧化碳；每节约 1 升柴油，减排 2.63 千克二氧化碳。现在讲到跟我们关系最密切的，比如日常生活当中不同的交通工具碳排放是不一样的，排放最多的是汽车，第二是飞机，第三是火车，第四是轮船，自行车也有一点点的排放。步行肯定就没有排放了。所以在日常生活中可以多骑自行车，多走路，等于说是少排放。

发展循环经济，按照“减量化、再利用、资源化”的原则，开发和推广可循环利用和减少污染的先进适用技术。2005 年国务院《关于加快发展循环经济的若干意见》之后，2008 年全国人大通过了《循环经济法》。

《“十二五”循环经济发展规划》指出：加快形成覆盖全社会的资源循环利用体系。循环经济多年在实践，但是我觉得效果不太好。因为中国无论发展低碳经济，循环经济，还是绿色经济，最大的软肋实际上就是缺乏核心技术。我这里有一份资料，显示中国现在 70% 的减排的核心技术是需要进口的。

现在“十二五”节能减排指标已经分配下去了，经济条件比较发达的地区比较高，有些地区相对比较低。浙江省按照这个指标要层层下发到台州，再下发到各个部门。2013 年 6 月 19 日，我国第一个碳排放交易权试点在深圳已经开始运行，这都是历史性的突破。《台州循环经济行动计划（2011—2015 年）》提出循环经济“155 行动计划”。“1”是指建设台州湾循环经济产业集聚区主平台；第二个“5”是指打造 5 大基地，金属资源再生产业基地、石化产业循环经济基地、医化产业循环经济基地、再生塑料产业循环经济基地、绿色能源基地等五大循环经济示范基地；第三个“5”是指培育壮大5大特色循环经济链，大石化循环链、大静脉循环链、大装备循环链、大医化循环链、大农业循环链等。中国现在真正做到循环的恐怕只有地沟油。地沟油是从餐桌上来的，经过很多的循环再到了餐桌。

我们讲到绿色、低碳、循环这三类经济，台州也有几个好的例子，我跟大家分享一下。台州邦丰塑料有限公司的二氧化碳基塑料项目与中科院合作，是浙江“991行动计划”重点项目，属于中科院知识创新方向项目、国家科技部“863”项目。信质电机股份有限公司的主导产品汽车发电机定子铁芯占全球份额的22%以上。节能电机将成为行业未来发展重点。这个也是引领未来发展的。还有万邦德制药集团股份有限公司（原浙江万邦药业股份有限公司）用废水创效益，第二年公司建成水循环利用系统，并投入使用。200吨水每天都会经历一趟奇妙的循环之旅。这样的企业多一点，这样的发明创造多一点，台州的经济发展就更加环保了。

下面，我想讲一下如何加强环境保护和管理。加大生态环境保护的力度，我觉得这一点是非常重要的。推进林业建设，多种树，扩大绿色植被面积，增加对二氧化碳的吸收。再有，我们要加强生态工程的保护，加强环境基础设施的建设。我们要加强城市的绿化，保护大气、水、海洋资源，要让老百姓喝上干净水，解决化工臭气，整治垃圾，治理水环境等突出问题。台州现在就提出“铁腕治水”。

怎么样合理利用海洋资源，加强海洋生态文明建设也是非常的重要，特别是这次十八大提出海洋资源的保护问题。再加上台州正在建设海洋大市，沿海产业带、循环集聚区的建设问题都要重视。

2012 年 12 月 5 日，我国第一部综合性大气污染防止规划《重点区域大气污染防治“十二五”规划》发布，对很多地区 2015 年年均浓度下降的目标都提出要求，像浙江要求下降 11%。

国务院提出要积极推进生态省（市、县、村镇）建设，形成环境保护的氛围。要建设生态文明，必须切实改善人居环境，打造生态宜居的家园。1971 年联合国教科文组织“人与生物圈”计划当中第一次提出了“生态城市”的概念，之后很多地方都在用这个概念。我觉得我国生态市建设起步非常迟，但是发展非常快。像贵阳是国家环保总局确定的第一个循环经济生态城市建设试点。

台州 2003 年市委就提出建设生态市的目标，2004 年完成了台州生态市建设的规划，市政府编制完成《台州生态市建设规划》。同年，市人大常委会做出《关于建设生态市的决定》。2007 年市委三届八次全会专题研究生态市建设，市政协多次组织专题调研或专项视察。应该说推进生态文明建设，台州也是取得了非常积极的成效，我给大家讲一个数据，目前全市共创建全国环境优美乡镇12个，省级生态乡镇街道78个。台州的天台、温岭、仙居是省级生态县，临海的小芝镇是全国生态文明先进镇。

我们要是努力形成符合生态文明要求的生产方式和消费模式。十八大报告明确指出，中国今后的发展要以科学发展为主题，以加快转变经济发展方式为主线。特别是从中国消费模式来看，要提倡节俭的生活方式，节约资源，减少温室气体排放，践行环保理念，倡导低碳生活。每一个人要从身边的小事做起，关注日常生活中的点滴，脚踏实地地开展环境保护行动，将环境保护的理念切实落实在生活中。弘扬生态文化。我有一句话是“允许消费，不许浪费”。如果一个社会不消费，社会是不可能会进步的。消费是拉动经济增长很重要的动力，但是不许浪费。

我想今年可能会好一点，现在有八项规定，原来每年到中秋节前夕都会看到市场上的月饼包装简直是过度包装，浪费了大量的资源。浪费实际上就是一个不生态的理念。福州市市区一家企业，为了使自已外墙装饰上与众不同，用了很多房屋拆迁下来的废旧门板装饰，不仅是废物再循环的环保行动，也成为市区别具一格的装修。台州在2010年的2月8日首次启动了公共自行车系统。全国做得很好的可能就是杭州，杭州公共自行车特别的方便。公共自行车是节能环保一个非常重要的举措，如果大家都去坐车，一方面会太拥堵了，另外一方面，汽车尾气也会影响环境。现在一方面汽车太多了，曾经有一家杂志评选出了全球最堵的五座城市，没想到北京榜上有名排第一，所以有人开玩笑，什么是首都？他说首都就是“首堵”。后来有人说何止北京堵？堵的地方多了去了，说广州是广泛的堵，深圳是深深的堵，南京是难得不堵等等。如果我们大家倡导低碳生活，我想这样对生态健康都有好处。

现在社会上倡导素食主义。不吃肉可能跟信仰有关系，但还有一些人出自对环境的保护。现在有一个数据，全球肉制品加工厂排放的温室气体占总排放量的18%，甚至超过了交通。如果作为一个素食主义者，就可以大量地减少二氧化碳的排放，所以有人就提出要抑制畜牧业的发展。甚至有人还讲到这么一句话，他说如果在我们国家养殖透明化，屠宰场用玻璃墙，你看就不要吃肉了，为什么？因为现在国家很多的畜牧都是用了催化剂、生长激素等等，这个是有毒的。动物被宰杀的时候是一个一个排队被宰杀。后面一个看到前面一个同伴被宰杀了以后非常恐惧。在恐惧的时候，它体内马上就分泌出很多的毒素，人吃了这个是有毒的。总而言之，素食主义者就倡导人们少吃肉。现在人们为了健康挂在嘴上有两句话，一个是“管住嘴”，就是少吃肉，第二句话就是“迈开腿”，多走路，多锻炼，容易长寿。

最后，我想就是要加强推进体制机制建设，形成有效的激励约束机制。从目前的一些情况来看，中国现行的法制体制机制说实在的都不能够适应生态文明建设的要求，缺乏生态安全保障的统领性法规。相关法规存在“碎片化”甚至相互抵消情况。相关法规条文，原则性强，操作性弱。在管理体制方面，各部门间和中央与地方间环境管理体制条块分割。生态补偿机制作为生态文明建设的重要激励机制，缺乏明确的法律定位、法理依据和市场机理。

中国最高人民法院和最高人民检察院就宣布更严格的环境污染定罪标准。过去污染环境造成 1 人以上死亡的行为才能够定罪，那么现在 1 人以上重伤的也可以定罪。有一个例子，2005 年 12 月份发生在黑龙江的松花江。松花江因为吉化公司的整体爆炸引发了松花江水整体污染，哈尔滨市市民连续停水好几十个小时。这个事情曝光以后我一直追踪。国家为松花江流域恢复水的状况准备投资大概 78.4 个亿，要把水完全恢复过来。而当时媒体有一个报道，对吉化公司罚款大概是 100 万。后来媒体又报道中石油向吉林省政府捐助 500 万人民币支援松花江污染防控工作。我当时看到这个报道就生气了，它怎么是捐助呢？你想想为了治理松花江要 78.4 个亿。这就说明怎么健全责任追究赔偿制度是非常重要的。建设生态文明需要全社会的共同参与和行动，所以我需要广泛开展宣传教育，普及工作，营造全社会关心支持、参与生态环境建设的氛围。

最后这几句话跟大家分享，我觉得不重视生态的政府是不清醒的政府，不重视生态的干部是不称职的干部，不重视生态的企业是没有希望的企业，不重视生态的公民不能算是具备现代意识的公民。只有青山绿水就是金山银山的观念被树立起来，老百姓生活才会越来越和谐，越来越美好。今天上午围绕着生态文明与可持续发展，与在座的各位讲了三个方面的问题，如果有不对的地方欢迎大家批评，谢谢大家。

（以上内容根据 2013 年 9 月 14 日的讲座录音整理，略有删改）

人类对替代能源的探索

陈贺能

主讲人简介：中国科学院老科学家科普演讲团成员。毕业于中国科技大学近代物理系原子核工程专业，曾任中国科学院新技术开发局项目主任。

全球进入21世纪的能源消费呈现的是一种曲线上升的趋势。那大家肯定会问我，我是如何知道曲线的样子。首先从人口增长的角度来分析，全世界人口已有68亿，以这个速度发展下去，谁又能推断2050年的人口总数，所以我们一要有一定的超前统计意识。科学家根据各种各样的数据得出，欧美发达国家的人口增长是逐步下降的，而第三世界国家的人口是呈增长趋势的。人口学家通过这些因素得出的结果是：2050年的世界人口是91亿。从68到91亿，增长速度之快是显而易见的。第二，我年轻的时候没有电视机、电冰箱、洗衣机等电器，到 20 世纪 80 年代，电视机出现了。到了今天，我们大部分人的家里有电脑、电视机、洗衣机、电冰箱，用电量明显增多。这样全世界就出现了一个难题——资源枯竭。科学家通过资源卫星对地表进行探测，估算出一个结果，然后根据最新的消耗速度，得到了数据，石油只有 45 年的可用期，煤炭比石油的可用期稍微多一点。再来看看我们国家的情况，大陆架里的石油只有 15 年的可用期。现在我国的石油储备是 60 天，80 年代的时候，中国的石油储备只有 9 天，所以领导人就着急了，赶快想办法，组建了几个大集团。中国信托投资公司、光大实业集团、中国石油天然气股份有限公司、中国石油化工股份有限公司，都是当时组建起来的。我国的石油储备之所以有 60 天，不是因为我们采得多，而是因为我们买得多。大家知道我国的石油是从中东，卡扎菲那个国家来的，卡扎菲下台以后，给我国增添了不少麻烦。我国在那个国家的石油投资非常大，而现在又不得不重新跟当地的新政权谈判。我们还要关注到现在的南海局势，这么多的小国都来对付我们，其实不仅仅是领土那么简单的问题，还包括了对地下资源争夺的问题，其中就包括海底下的资源——石油，这也是我们国家一个具体的国情。美国的一位石油地质学家曾对一些石油大亨们说，石油这种储备资源不是不断开采不断产生的，石油的发掘和运用在人类历史曲线图中不过是 20 和 21 世纪的昙花一现。因为石油资源在不断枯竭。从 1900 年发现石油开始，石油大亨就在不断地开采。21 世纪的世界步入了能源稀缺的年代，能源的枯竭是摆在我们大家面前的一个共同的问题，如果没有了这些资源，我们的后代如何生存？

除了上面能源的问题，污染的问题也是非常严重。关于污染我就不详细地说了，不过我给大家一个数字，建一个 50 万千瓦的发电厂，二氧化碳的排放量相当于 60 万辆车。现在每座城市都需要电能资源，大家台州有这么多人用电，那我们需要建设多少发电厂来发电呢？我曾在山西吕梁讲学，也问过同样的一个问题，问完了以后，吕梁的同志带着我往西部走，看见高速公路上、国道上、马路上停满了运煤车辆。原来我们国家东南方需要的煤炭总量是如此庞大，尤其是到了冬天，不管是南方还是北方都需要大量的煤炭。我看到了这个场景后，非常的震惊，我想我一定要好好地把能源问题告诉所有的人。“中国现在每 7 天到 10 天，就建一个燃煤的发电厂”，这句话是我从国外的杂志上翻译下来的，看完这句话大家可以思考一下，中国 7 天到 10 天建一个发电厂，那一年的建设量是多少呢？一年建 50 个，10 年建 500 个？今天全中国的电厂，统统加起来只有 1000 多个。中国有多少个县？有 2800 多个县。现在已经有 1000 多个发电厂，我们还得再建 1000 个，才有可能满足全国各县的需要。中国的能源供求将在 2030 年开始稳定。我国在 20 年，才能把温室气体排放持平，从这里可以看出，碳排放不那么简单。世界各国都越来越多地关注环境和能源危机。这两个问题都关系到人类社会的每一位成员，所以不节能减排是不行的，努力寻找替代能源也是今后摆在人类面前的非常重要的任务，特别是对我国而言，形势更加严峻。

所有科学家都在努力统计替代能源的种类。在浙江，这些能源全都有。比如核电，浙江省有三门核电厂，它是引进美国的AP1000 项目。嘉兴海盐县还有一个秦山核电站。除了浙江，福建也有核电发电站。

我们先说说核电，我认为核电是有风险的。首先，重的原子核在中子的照射之下，它就产生裂变，裂变的时候，损失了一点质量，那么这个损失的质量变成能量释放出来了，这就是核电。中子碰撞后产生振动，然后产生裂变，裂开后两个元素的质量等于原来那个元素损失的质量。这部分质量就变成能量释放出来，这是核电最基本的原理，我们就是把释放出来的能量用来发电。

核能发电有三个重大问题：一是核废料的处理比较困难；二是安全问题，可能会出现核事故；三是存在核扩散的风险。第一，核废料的处置。因为裂变，一个中子加进去产生新的东西，那么就会产生很多难以清理的核废物，这个是核电的一个代价。那些难以处置的核废物放射性的半衰期特别长。福岛核电站就遇到这个问题，核电站里面的铀 238 比较多，大概占 95%—97% 之间，铀 238 被快中子一撞击，产生钚 239，钚 239 的半衰期是 24000 年。我们判断核电站的安全标准主要是看它的半衰期的时间长短。1

公斤的钚 239 的半衰期是 24000 年，1 公斤半衰期就是衰减一半，剩下一半的时间有 24000 年，那还有 500 克呀，再衰减一半又要 24000 年，就变成 250 克，还有 250 克，就是 48000 年了，我们说安全的概念就是 10 倍的半衰期，那也就是说 1 公斤的东西要衰减到 10 倍，也就是 24 万年以后才能说它是安全的。我们用铀来做反应堆的，用铀来发电的麻烦就是会产生这么长半衰期，这就是我们说的第一个风险。

第二个风险是核事故还会存在或者说是不可避免。尽管我们今天的科学家想了好多办法，比如多层壁垒，各种技术并举，冗余配置，深度防御。科学家们从不同的角度考虑，采取不同的措施，去把不安全的可能性都给排除了或者是找办法应对。我解释一下其中的冗余配置，实际上就是说本来有一种方法就可以，但是一旦出事了，立刻就把反应堆的控制棒丢下去，反应就一下子停止了。实际上这样做还不够，所以我们要采取几种办法同时进行。福岛核电站一下没有电了，科学家就想到自动打开闸门，把水浇进去了等等。所有的这些应对办法，多重的设置，多重的技术统统加在一起来应对事故。尽管这样依然还会出现一些问题。拜伦核电站是美国很有名的核电站，1985 年开始运转，它运转的同时会漏，幸好有于紧急情况的冷却水。这个例子告诉大家，核电站和我们一样，会旧、会老化、会锈蚀。反正反应堆里头是看不见、进不去，所以说谁能保证长时间不出问题呢。多数的核电站都建在海边用海水来冷却，就是要防止发生福岛核电站那样的事情。核电站运行还有可能出现一些事故，比如它放射性的气体会跑出来。

第三个风险是核扩散。我们说核能发电，还有一个麻烦就是以铀为介质，会引起核扩散。钚 239 作为长周期的放射性物质是做原子弹的最好的材料，这个材料一旦落入恐怖分子之手，可能就会导致核灾难的发生。用铀来发电有三个大麻烦：核废料、核事故、核扩散。用铀核能发电是件好事情，但是依然要谨慎。我们国家非常大，只有核能发电才可以供给我们 14 亿人口的大国一天 24 小时供电量。核能可以满足我国国民生产与生活的需要，其他方式都不行。太阳能是白天有太阳的时候有，晚上没有太阳就没有了。风能也一样，有风，电就来了。这样都会产生不稳定发电，只有核电是稳定的，一天 24 小时供电。核电它也有好多优点，比如说不用那么多卡车去运煤等等，但是我国这么多的人口也不能单纯地发展核电，还需要加倍重视核电的安全。这个重视不单是指技术还需要加强管理，还有就是要发展一种新技术。我们不用铀，用钍，英文是 thorium，中国科学院已经立项了，国家正式批准在上海建立一个研究钍能源的研究所。他们的任务就是研究如何用钍来发电，其实也是用原子能发电。钍有很多优点，刚才我们说的铀的三个缺点钍都没有。比如，钍的最长半衰期是 100 多年，和 24 万年相比，明显就安全多了。另外钍有一个好处，当你给它中子的时候，它就可以裂变，就可以产生新的裂变物质，如果你不给它中子呢，根本就不会发生任何事故。钍核电站的中子源只要中断了。它就停堆了，不能发电了。核扩散是因为铀 238 接受中子变成 239，钚 239 是可以造原子弹的，这样的反应钍根本不会产生。钍 232 很有意思，它没有多少同位素夹在里头，这和 235 相比可差远了。自然界里存在的 235 很少，于是就得想办法把 235 分离出来，这么做特别麻烦，不过伊朗就把 235 从 238 里分离出来。

下面再说说风力发电，因为现在好多地方都是依靠风力发电的，浙江也在发展风力发电。风力发电其实很美好，很干净，但它还有很多问题，给大家举个例，现在的风力发电机是水平轴的。水平轴的风机在转动，只要有一个风电厂就可以解决 5 万户家庭的问题。2000 年的风力发电机的扇面直径是 80 米，相当于一个波音 747。2005 年的风力发电机的扇面直径已经到了 120 米了，相当于一个足球场，这样就会产生一些问题。德国造出来的风力发电机有 6000 瓦，为什么要那么大的风机呢？ E=1/2mv^2 是动能的公式，m 是流动着的空气，m 应该等于密度乘以体积，空气的质量等于密度乘以体积，密度是固定的，体积是每一秒钟通过风力发电机扇面的体积，就是面积再乘上一秒钟流过的速度。密度用 ρ 表示，体积就是扇面的面积乘上风速，把这些乘起来就是 m=ρ πr^2v，这就是风的能量的公式，非常简单。你要把它变成电能，要有一个系数。这个公式有什么物理意义呢，为什么科学家都要解释它。第一个因为它是风的能量，那么它和 v 的立方成正比，也就是说风速大 1 倍能量大 8 倍，这就是为什么我们要在风速大的地方来发展风力发电。在海边，在山上，风力明显比较大，但是城里那么多的高楼，哪来那么多风呢，所以风力发电机就需要建在海边，建在山脊上。第二是受风的面积，就是有个 r^2，所以扇面的半径、直径都很重要，为什么风机要做大，因为风机做大了以后可以直接接收到的能量就多，这些物理意义非常清晰。那么还有一个 ρ，ρ 就是空气的密度，流体都遵循这个规律，如果我们把这个空气密度换成水，用水的密度代进去就行了。海洋能就会用到这个公式，其中的 ρ 就是从空气就变成水了。空气的密度和水的密度相差 832 倍，也就是水的密度比空气密度大 800 多倍，差不多 1000 倍，用水得到的能量可是特别大的，这也是我们运用流体在海洋取能量的原因。既然是这样，风力发电机必须做的又高又大。但是，又高又大的风力发电机会带来什么问题呢？第一个困难就是改变了自然的景色。那么多的风机在那儿，会影响人类的生活。第二是野生的鸟类会撞击风扇，这种情况已经出现了好多起了。山东长岛有 80 台风力发电机，在遇到了鸟类撞击事件后，山东长岛地区国土资源局决定，再也不允许建设影响鸟类迁徙的风力发电项目。第三是风机的转动会使影子产生闪烁，这种闪烁会影响一些病人的脑干。第四是噪音，风力发电机转动的时候，齿轮会发出噪音，这样就影响了我们正常的生活。第五是维修不太容易，由于高度太高，风机维修需要借助于直升机，这样不仅产生了一定的危险性，而且也增大了经济投入。第六个问题就是运输，叶片长度60多米，在运输途中碰到拐弯就麻烦了。第七是城区已经有那么多的高楼了，没那么大的风，如果要风的话你就要把风机建得更高，200多米才行，那样就不科学了。

科学家想了另外一个办法，他们研究出垂直轴，这样新型的风力发电机就产生了。这种风力发电机就避免了上述七个问题，比较科学。中国科学家发明了这么一个发电机，风一吹它就转了，其中它用到了磁悬浮的技术。

科学家根据微风发电的原理，研究出一种微风也能驱动的风力发电机。我国浙江省的农村，两层房屋特别多，就可以装这样的风力发电机。小的风力发电机是不是比大的科学呢？我想这要结合我国的国情具体考虑。可惜我们国家没有去做这样的研究。我去过新疆，也去过内蒙古，我看见过太多大风力发电机。问题是在那里建风力发电机就还得在那里建电网，电网的建设需要大量的经济投入。新型的适用于家庭的风力发电机在外国都已经研究好了，装在屋顶，跟太阳能结合起来。我国该如何借鉴国外经验生产我们自己的新型风力发电机？我的观点是大规模地建设屋顶电站更加科学。关于风力发电，外国还有好多研究，有一位美国科学家就表示我们得想办法利用高空中的风发电。这位科学家做了第一步，在100—200米的高空当中做实验，结果是可行的。

咱们再来说说太阳能，大家知道太阳能是可以发电的。对于我们来说太阳能热发电是很新鲜的，我国跟外国比起来还差太远。我在这里介绍一下新的东西，让大家都有一个概念。替代能源有很多方法，我们就来了解以下几种办法。以前，火力发电厂需要烧煤，把煤粉碎变成煤粉，煤粉通过传送带送进锅炉燃烧，然后就发电了，最后把水变成蒸汽传送到锅炉，再传送到汽轮机组那就行了。现在就是变成用太阳产生蒸汽。煤电就是用煤燃烧产生的蒸汽发电；核电就是通过原子核裂变，质量的损失所产生的能量来发电；太阳能就是用太阳产生蒸汽发电。科学家有三种方式利用太阳能加热把水变成蒸汽。第一种是塔式的太阳能热发电站。这种技术西班牙科学家已经研究清楚了，他们在一个大广场上摆上600多个大的反射镜，我们把镜子叫定日镜。这个地方有一个塔，塔顶是水管子，因为它每分钟都得对着太阳，然后让阳光反射到一个点上，你别小看这一点，它的温度是300多度，非常高。火力发电厂的蒸汽也就是300多度，我们把这种蒸汽叫过热的蒸汽。我们家里烧开水就100℃，100℃产生出来的蒸汽对于发电来说是不够的。科学家把水加温到300多度，这个时候的蒸汽是干的，我们叫作干蒸汽，也叫作过热蒸汽，它所带出的能量是很大的，足以驱动机器转动来发电。现在太阳光也可以把它加热到300多度，这是非常理想的事情。一个舞台的平面差不多可以容纳600

多块镜子，你想想600多镜子，等于有600多个太阳晒在塔顶的一个位置，也就是600多个太阳对准一个点晒，那这个点的温度就可以让水加热到300多度。美国人在美国西部的沙漠地区建设这种塔。美国谷歌公司投资1.68亿美元来建设世界上最大的发电站，伊朗也在建设的发电站。中国科学院的电工研究所承担了建设这样发电站的项目，标志着我们国家在太阳能热发电站的建设方面步入了一个崭新的历史阶段。

美国的太阳能发电办法叫“槽式太阳能发电”。大家都知道奥运会点火就是用一个抛物面的碗，把火把杵进去，它就点火了。这种道理很简单，抛物线中间有个焦点，你只需要把火把放在这就行了。现如今，我们不是放火把，而是放水管，就可以把热量带出去。今天美国人建的是柱形抛物面，中间水管子放在焦点位置上，就可以产生300多度的过热蒸汽。这种发电过程就像是一个巨大的碗跟着太阳不停地转动，现在科学家们已经研究出好几个类似的发电装置了。美国去年年底就已经建成“太阳能一号”。在这方面，我们国家还做得很差。还有一个设计也挺好——太阳能烟囱。太阳能烟囱底下是一个非常大的温室，太阳一晒的时候，温室就很热了，烟囱一打开，热空气就上升了，冷空气就从温室的旁边进来了，形成气流，那么这个气流就可以驱动机器转动发电。美国人签署协议，2015年在亚利桑那州建设这样一座电站。大的温室上头有一个大的烟囱，底下有风机。温室面积达到了6.4

平方公里，以便得到足够多的热空气。金字塔有 100 多米高，悉尼的塔有 300 米高，埃菲尔铁塔有 324 米高，美国的帝国大厦 400 多米高，这个烟囱有 1000 米高。热气流就把风机带着转动，一转动就发电了。在美国是预先收电费的，就是把五年的电费都给你，然后你来帮我盖。于是这个项目就在亚利桑那州签下了个协议，2015 年实现。

海洋的机会是很多的，我们来了解下科学家是如何利用海洋的。据说我们浙江省的远海地区也想利用海洋能。前面已经讲过 E=1/2mv^2 这个公式，它和把空气变成水的公式是完全一样的。最后得到的结果就是你把 ρ 变成水，注意这个水的密度比空气的密度大 832 倍。关于海洋能的利用就有这么几种，主要是利用海浪发电。咱们先介绍用海浪发电的集中方法。英国人首先做出了一条海蛇，海浪来了它的关节就会动。它里面有一个漂浮起来起到活塞的作用的大桶，使齿轮朝着一个方向传动，就可以发电了。第二个方法就是电磁，大家都知道线圈，磁铁在中间运动，磁场一切割磁力线就发电。这个实验装置就是一个中间装有线圈的空的大桶，这是位女科学家发明的。现在的科学家把许多的桶凑到一个组来发电。海浪高 2 米的时候，它的漂动是一定的。如果有台风来袭，也可以用。因为这些桶在海底下被拴住了，浪越高它发电越多，原理就这么简单。海浪发电还有一个大家要知道的就是用震荡的水柱也可以发电。我们已经介绍了三种利用波浪发电的方法了，这三种方式在我们浙江都可以使用。

最后一个问题是洋流发电。洋流其实就是海流，根据洋流的情况，我们可以就在底下安装水下风力发电机就行了。总而言之，我们人类对于未来的这种发电方式有很多需要。我们考虑的是零碳发电，这是我们的宗旨。所有的实验都是有价值、有意义的。科学家的研究最后说明，充分利用可再生能源，是可行的。

当前，人类遇到很多麻烦，这就更加凸显了均衡能源组合是多么的必要。科学家要求，一定要在2050年前完成这件事，至少要生产出用火力发电发出来的电才有希望。我们的时间已经不多了，所以我们要赶快努力，即使你有丰富的地下资源，这件事情也迫在眉睫。今天我主要就是想告诉大家，一定要多关心新型的替代能源的建设，多重视能源能耗的问题。年轻的一代就更应该发挥想象，认真学习这些科学家们的发明。

（以上内容根据2012年6月9日的讲座录音整理，略有删改）

整合陆源污染　保护海洋生态

阎希柱

主讲人简介：集美大学教授，中国水产学会资深会员，中国生态学学会科普工作委员会委员，福建省海洋学会理事兼副秘书长，福建省生态学会理事，厦门市海洋与渔业学会理事。

我这个报告大致上分六个部分。

一是，整治陆源污染的意义在什么地方，就是为什么要保护海洋环境？二是，海洋污染呈现出来的特点，海洋污染和大气污染、陆地上其他的污染相比，特点在哪些方面？三是，陆源污染有哪些类型？四是，陆源污染对海洋环境到底有什么影响？这些是我的报告里边主要内容的一部分，第五个部分，我给大家介绍一些国内整治陆源污染的实例，并进行简单的评述。最后，也就是第六部分，我给大家介绍一下陆源污染的治理对策。

第一个部分，我给大家说一下整治陆源污染，保护海洋环境的意义在什么地方？其实我想大家都有看过宇航员到了太空然后俯瞰地球拍摄的地球照片，整个地球是蔚蓝色的。我们地球，从水域所占的面积角度看不如叫水球，因为海洋的面积占了地球表面积的近 71%。另外还有江河湖泊和地下水，所以说叫水球，也是恰如其分的。海洋面积非常辽阔，储水量很大，长期以来被人们当成是取之不尽用之不竭的物质源泉。但是现在各种各样的陆源污染物都汇到海洋里边去，以至于我们的海洋被当成一个大的垃圾盆或者说叫作一个大的垃圾场。但是由于整个海洋的面积的辽阔，使得整个海洋现在来看还没有太显著的变化。不过在近岸水域，和其他相当多的一些区域，发生了非常明显的变化，究其根本是由于我们人类社会的经济社会发展、人口增加、资源相对枯竭，我们要往海洋上发展。那么，人类的活动范围不断地扩大，各种各样的污染物也越来越多，而我们的海洋，作为最终接受污染物的地方，它的近岸水域已经呈现出来不堪其重的状态。我们国家有 960 万平方公里的国土，指的是陆地国土，还有近 300 万平方公里的蓝色国土。陆地国土中相当一部分是沙漠、戈壁、石山、荒漠、高寒荒漠，差不多是 300 万平方公里，毁林开荒造成的严重水土流失地区，又是 300 万到 367 万平方公里左右，实际上陆地有效国土剩的仅有 300 万平方公里左右。按照《联合国海洋法公约》我们还有 300 万平方公里的蓝色国土，所以说，现在我们大家要把过去经常讲的960万平方公里的国土面积加上我们的另外一个蓝色国土。现在很多省份都提出来建设海洋经济强省，我们国家也提出来要大力发展海洋经济。实际上发展就是要在这300多万的蓝色国土上去大做文章，而在现在这样的条件下，如果把我们的目光聚焦在近海，去看一下我们的近岸水域，我们会发现有一些让人非常不愉悦的变化。我们的海洋，很多地方已经没有鱼汛了！我们浙江有很著名的四大鱼汛地区之一的舟山渔场，大黄鱼鱼汛没了，小黄鱼鱼汛也没了，原来什么带鱼、乌贼基本上形不成鱼汛了。近岸水域还有很多地方已经被污染到养殖出来的生物或者说是捕捞出来的生物，都是五毒俱全，人们都不敢吃了。这样一个状况使得我们不得不考虑，是什么原因导致近岸水域现在这个现状的，不得不考虑怎么样加强对它的治理，不得不考虑对海洋的可持续发展要采取什么样的对策，也不得不考虑为了我们的子孙后代，我们这一代人该做些什么。而实质上对于这些事情，我们每一个公民都是身负其责的。可能有些人觉得，我的家不在海边，污染与我没有关系，但事实上，你的行为也可能是造成海洋污染的一部分原因。从我们整个国家近岸水域的污染状况来看，按照我们国家海洋局发布的《2011年海洋环境状况公报》，2011年部分近岸水域污染十分严重，劣四类的海域面积是4.4万平方公里，污染严重的水域多集中在大中型河口、海湾，还有部分大中型城市的近岸海域。其中氮、磷和石油为主要超标物质，而无机氮和活性磷酸盐的含量超标导致近岸的富氧化。富氧化所导致的后果有很多，全国差不多有 2.2 万平方公里的近岸水域水体呈现重度的富氧化状态。富氧化实质上就是水里边的营养物质太多了，超过了它正常的水平。这是我们要进行海洋保护的原因，实际上也是我们致力于这方面工作的意义所在。

下面给大家说一下什么是海洋污染。按照联合国海洋环境保护科学联合专家组对海洋污染的明确定义：人类直接或者间接把物质能量引入到海洋环境，其中包括河口湾，以至造成或者可能造成损害生物资源和海洋生物、危害人类健康、妨碍包括捕鱼和海洋的其他用途在内的各种海洋活动，损害海水正常使用质量和减损环境优美等有害影响。海洋污染的来源，大致上我们给它归成以下几类：一个是陆上污染，就是指我们人类生活的废物、工农业生产出来的废料，以及经由沟渠河川注入海洋的一切物质。我们如果把这个数据和我们下边要讲的船舶污染、倾倒废弃物污染、大气污染，还有来自海床探勘与开采的污染对比，陆源污染占了海洋污染来源的百分之七八十。而我们人类生活最密切的区域，又常常是河口海岸带。全世界百分之六十的人口和三分之二的大中城市都集中在沿海地区，而人类活动日益加剧，沿岸的压力越来越大。我们知道，水往低处流，通过流域的影响，最终很多的污染物要汇聚到海洋里。所以做污染对策的时候，我们也会讲到，如何从流域的角度进行污染控制。

第二个部分，我给大家介绍一下海洋污染的特点。第一个特点是污染源广，除了人类在海洋里边的活动之外，人类在陆地和其他活动方面所产生的污染物也会通过江河径流入海或是通过大气扩散和雨雪等降水过程最终都汇到海洋里面去。而人类的海洋活动，主要指的是航海、捕鱼和海底石油开发。全球目前接近有 8 万艘远洋渔船，总吨位达到 5 亿吨，向海洋里边排出的含有油性的机舱污水每年可以达到百万吨以上。通过江河汇入到海洋里边的各种污染物的污水量更是非常惊人的。第二个特点是持续性强，一旦污染物进入到海洋之后就很难再转移出去，不能溶解和不能够分解的物质，在海洋里边越积越多。它们通过生物的浓缩作用和食物链转换传递，最后也将对我们人类产生威胁。第三个特点是海洋污染的扩散范围比较广，海水是流动的，它通过洋流、潮汐等等，把污染物扩散到不同的地方去。第四个特点是防治比较难、危害很大，治理非常困难，花费也是巨大的。

第三部分，我讲一下陆源污染物的类型。在我国，到现在为止，也没有对陆源污染物进行明确的定义。我就借助各方面的法规，自己给它下一个定义，就是说，陆源污染物指的是一切在陆上产生直接入海或者是经过河流、空气等途径最终入大海的污染物。这些年法规的变迁，对它的分类也不太一样，我们按照

1999年12月修改后的《中华人民共和国海洋环境法》规定的种类来阐述，高度、中度、低度的放射性物质，病原体的废物，富营养物质，含热废水，沿海农田林场使用的农药，生长调节剂，还有过境转移的危险废物以及通过大气传播的废物等都是陆源污染物。

第四个方面，给大家介绍一下陆源污染物对海洋环境的影响。陆源污染物对海洋的影响主要体现在破坏海洋生物资源、破坏海洋环境，其中的废物通过食物链的富集作用放大最终危害我们人类自己。当然由于污染造成的连锁反应有可能导致我们整个生态系统受到负面的不良的甚至严重的影响，可能导致一些区域出现死亡地带——区域里所有的生物无法生存，生态系统发生颠覆性的破坏是无法再重新恢复的。我从以下几个方面给大家做一下介绍。其一，工农业污水和生活污水这个角度。由于它的量大，会导致近岸水域的富营养化，进而引发赤潮。赤潮是指的一些原生动物或者细菌和藻类暴发性的增长导致海水出现变色现象，赤潮并不一定都呈现红色，甚至有些可能还不呈现明显的颜色，也可能呈现黄色、绿色或者其他的颜色。赤潮只是我们过去的一个叫法，现在从学术的定义上叫“有害藻类水华”。我们发现，近岸水域容易发生富氧化和我们排污口的设置不合理有关系。2007年全国实施入海监测的入海排污口有573个，其中工业和市政排污口占70.3%，排污河和其他排污口占29.7%；设置在海水增养殖区的排污口，占 32.8%，旅游区占 11.5%，海洋自然保护区占 1.2%，港口航运区占 33.5%，排污区占 7.5%，其他功能海洋区占 13.5%。有一些排污口就设在海洋自然保护区、旅游区、海水养殖区里边，这些都是不合理的。另外，从我们整个国家来看，城镇污水处理的水平很低，即使是厦门这样一个全国海洋环境保护比较先进的城市，它的污水处理率也不过百分之七八十，也就是说，剩下百分之二三十的污水仍然是直排入海的。此外，排污口排污超标现象非常严重。沿海十一省市超标排放，所占的比例都是在 75% 以上，甚至某些地方高达 100%。而这样的现象现在根本不能完全遏制，主要是因为出于各方面利益的平衡。我们国家七十年代的时候是每两年一次近海富氧，九十年代之后是每年三四次，2000 年我们国家记录到的赤潮是 28 次，到了 2001 年，全国是 77 次，2006 年是 93 次，2011 年达到了 155 次，累计面积是 6076 平方公里。赤潮多发区集中于东海海域；绿潮主要集中在黄海海域，就像青岛奥运会帆船比赛期间，发生一次浒苔大爆发，这几年青岛海域仍然时有浒苔爆发。赤潮意味着细菌原生动物以及藻类大量的繁生，繁生的结果就是生物量特别高，一旦它们死亡之后，就会大量消耗海水中的氧气造成水体缺氧，其他生物也会因缺氧导致死亡。这些藻类死亡之后会引起水体散发臭味，水的颜色也不是我们正常所看到的蓝色了，就可能变成绿色、黄色、褐色等等。赤潮会通过食物链的传递最终引起我们人类的一些疾病。这些藻类有一些会产生毒素，毒素经过食物链的传递，在贝类等生物体内聚集，它们并不影响贝类的生活，但是我们人类吃了贝类之后，可能就会出现腹泻、麻痹或者像记忆丧失等病症，甚至会出现死亡。

其二，重金属污染问题。重金属主要指比较常见的镉、铬、铜、锌、铅这些。这些重金属对人类的危害也是很大的，它也是通过食物链在水体里面的传递，最终引起我们人类的一些疾病。这里边最典型的一个案例是日本在六十年代发生的水俣病，这个实际上最早是在五十年代，有人发现他们当地有一个小渔村，那里边的猫走路走不稳、浑身抽搐，甚至会跳到海里边去；那里的海鸥飞着飞着也会掉到海里边去；后来人们又发现，人会口齿不清、面目痴呆、步态不稳，甚至是耳聋眼瞎、全身麻木、精神失常，甚至酣睡或者兴奋，然后身体弯曲、痛苦哀号，最后是死掉。调查的结果是，日本的一家公司往水里边排放无机汞，汞在海底微生物的作用下转化成了甲基汞，甲基汞通过食物链的传递，最后被人类所食用。而作为整个海洋陆上污染的来源，很大一部分来自于农业。因为我们的农业现在都施用化肥，而暴雨、大雨的冲刷使得很多肥料，通过小溪流、小河沟，汇聚到大溪流、大河沟，大溪流、大河沟又汇聚到江河湖泊，江河湖泊最后汇到海洋里边去，这实际上是一个面源污染的问题，这里边的氮肥和磷肥的含量是非常大的，而氮、磷也促进了藻类的生长，容易导致赤潮，甚至在一些地方会造成所谓的死亡地带。另外一个陆上污染来自于水产养殖，其实我自己是在集美大学水产学院，对这方面有比较多的了解。局部的水域水产养殖所造成的负面影响是不可忽视的，当然，它跟前边所讲到的农业和工业这方面的影响相比还是小的，但是在局部水域所造成的影响确实是不可忽视。这主要体现在网箱养殖和池塘养殖。池塘养殖的污水排放，还有一些现代化的工厂化养殖，也是大排大放的，网箱养殖则是长期在一个地方积累剩余饵料，包括养的鱼等等，这些养殖生物，所排泄出来的废物会使得养殖所在地方的沉积物发生巨大变化，里边的有机质含量增高，时间长了以后，里边的生物会发生根本发生变化，甚至导致网箱养殖区域的底下没有生物都有可能。像福建东山有一个东山湾，那边养殖近二十年了，我们十年前去那边调研的时候，随便拿一个竹棍往网箱底下去插，插个一米多深拔出来都是又黑又臭的淤泥，那个地方经常发生赤潮。我们可以以对虾养殖作为一个例子来给大家说明，像对虾养殖的废水，主要是施肥饵料，残饵，还有一些对虾的消毒剂、抗菌素，会对微生物环境产生影响。同时，还有一个养殖的自身污染的问题，这些废水排到海洋里边，造成近岸水域污染之后，养虾养鱼的水又从近岸抽回来，而抽回来的水本身就不卫生，里边可能有一些病原菌或者氮磷各方面超标的问题。

其三，油污染问题。我们国家对石油的需求量越来越高。

2009年，中国的原油进口首次突破2亿吨，其中的90%是通过海上运输来实现的。而中国的近海石油泄漏这样的事情，可以说是频繁发生，最近几十年根本就没有停歇。国家海洋局有一个统计，中国沿海地区每四天发生一起溢油事故。仅1998年到2008年期间，中国的管辖海域就发生了733起船舶的污染事件。其实这些都是按比较大的事件来算的，小的常常是不统计或者没办法统计了。而实际上这个问题，也和国外一些石油公司到咱们国家采油，但我们的法规措施管理跟不上有关系。去年的渤海那边的蓬莱油田溢油事件造成了很大的污染，单单给渔民造成的损失都是数亿元的。大连新港2010年7月16日的火灾爆炸事故中受污染的海域达430平方公里，其中重度污染海域是12平方公里，一般污染海域是52平方公里。这个事故对大连湾的海水养殖业乃至整个海洋生态系统都造成了很重大的负面影响。大连是一个很好的旅游地方，事故以后大家都不敢去，到那边买的海产品又不敢吃。而遇上石油污染常常用围油栏、吸油毡、消油剂这些方式来处理，但实质上这三项，都不能最根本上完全消除污染。石油的污染根本上要靠海洋自身的净化能力来消除，这就意味着需要一个长期的净化才能消除。海洋污染首先影响到浮游生物，通过食物链的传递，还会传递到更上层的其他生物，最后到我们人类的身上。石油污染海区的生物一般要经过5到7年，才能够重新繁殖。1千克的石油完全氧化需要消耗海水里边45万升溶解氧，这样就会造成海水的缺氧，进而导致生物的死亡。石油泄漏到海面几个小时会发生光氧化学反应，所形成的过氧化物醌、酮、醇、酚、羧、酸、硫等等都会对海洋生物有大的危害。油液也容易堵塞海洋动物的呼吸器官最后导致其窒息而死，还会让鸟身上沾满油类飞不起来，最后也会饿死。另外海洋石油污染，还有很重要的一个特点，就是它扩散性比较强，可以在海洋里迅速扩散，每升石油的扩散面积可以达到 1000 平方米以上。

其四，海洋的垃圾倾废问题。在太平洋里，我们现在发现有垃圾漩涡！垃圾漩涡的组成成分就是我们海滩上丢的垃圾，包括捕鱼船所丢的废弃物等等，甚至包括可能我们不经意扔在街头上的一个塑料瓶。因为通过暴雨的冲刷，会冲刷到河沟，最后汇到海洋里去。垃圾里边很多都是塑料制品，而这些塑料制品，常常要几十年甚至是更久才能分解，并且废弃的渔网常常会缠绕住一些海洋生物。我们都看到过一些报道，一些海龟等大型生物，就被这些废弃的渔网缠绕住，没办法挣脱出来，最后死了。即使是一些相对比较小的生物，也会受到这些影响，为什么呢？因为这些海洋垃圾，是在不断分解、不断碎化的，有些海洋生物就拿它们当食物吃。垃圾进到肚子里边去，常常又不能很快地排泄出来，最后导致它的肚子里边很充盈但又没办法进食，最后活活饿死。海洋垃圾成分很复杂，会像海绵一样吸收一些有毒的物质，当然，也会经过食物链的传递最后进到我们人类的体内。

全世界每年向海洋里边倾废达到200多亿吨的废弃物，包括疏浚工程的泥沙、工业的废物、污水软泥、旧建筑物的一些废碎屑等等，还有军事上处理的一些物品，包括炸药、放射性物质等。实质上，世界上很多国家，都已经拿海洋当成倾泄废物的地方。最早是美国，它在1875年就首先开始倾废，而在二战之后海洋倾废的数量和种类也日益增多。不合理地倾废已经严重地破坏了海洋环境。20世纪30年代，在波罗的海倾倒了7000多吨的砷，由于水泥的包装破损几乎全部漏入海里边，杀死了大量的鱼类，因为砷是砒霜的主要成分。丹麦的渔民，受到了二战之后倾倒芥子气的危害，而美国、西欧等从1946年起就开始往海域里边投放一些放射性废物，这都造成了局部水严重污染。在世界范围来看，这种情况也是越来越多，越来越严重的。

其五，海洋污染还有热污染和放射性污染。我们的核电、火电会用海水来进行冷却，有报道称，预计到2020年，全国的核电装机容量会达到4000GW。目前核能很受人们推崇，推崇的原因是，它不仅能够大量地提供能源，而且不会释放温室效应气体。大家都知道，现在有一个世界范围内的环境危机，就是温室效应的问题。温室效应主要就是二氧化碳、甲烷等气体的上升，导致我们全球大气的温度上升进而产生很多负面效应。因此，从削减温室效应的角度来看，发展核能是很有利的，但同时它也有一些负面的效应。核电的温排水就是其中一个，与一般的火电厂相比，核电站的热效率相对是偏低的，仅仅是30%—35%，大部分的热量被冷却水带走，加上核电站机组的循环水量是火电机组的1.2到1.5倍，因此它的弃热量比较多，很多的热量产生了，却没有得到很好的利用。而核电站大量的冷却水不断地去排入受纳的水体，造成水域的温度升高，影响水体的水质，危害水中生物的生长，对周围的水域会产生热污染。热污染是物理性的，水温升高会加快有机污染物的分解速度，水中生物的呼吸频率会将溶解氧更多地消耗掉，另外有一些污染物会随着水温升高，毒性也会大大增加。还有一个问题，就是热污染会导致局部水域长期的生物区系发生变化，因为温度对于不同的生物有不同的要求，那么长期的结果就会导致这一个区域的整体的生物组成发生变化。

当然，作为核电站还有一个问题，就是它可能会产生放射性核物质泄漏的问题。这个最典型的案例，就是去年日本的福岛核电站由于海啸所造成的泄漏事故，这个大家可能也都有了解，这个事故最危险的还不在于它往海里边排的一些污水里边含有一些碘，尽管说量是比较大的，但是它的半衰期比较短，最大危害在于放射性的铯，因为它的半衰期是30年。有人曾经用计算机进行模拟，模拟计算发现放射性的铯顺着洋流5年之后到达北美，10年之后回到亚洲东部，30年之后几乎扩散到整个海洋。放射性物质不仅可以直接导致动物的死亡，它还可以导致基因突变，就有可能产生一些不良性的疾病。这与放射性物质应用的领域越来越多有不容忽视的关系。

第五个部分，我举两个例子，一个是渤海，一个是厦门。渤海是因为我们国家的海洋局已经发布一个警告：渤海正濒于死亡！早在1998年，国家海洋局在渤海进行了22天的联合执法，宣布：由于随意排污、盲目建设，渤海海洋生态持续恶化，长此以往，渤海会变成死海。1998年6月9日北美的《世界日报》报道了渤海的污染，标题就是"渤海生态平衡恶化将成为死海。"从世界范围来看，像日本的濑户内海、东京湾、黑海等等这些地区，都给我们留下了很多的教训，使得我们不能再走先污染再治理的黑色发展道路。其实我们如果仔细看一下，仔细去分类一下，我们就知道渤海海洋的污染来自于哪里。可以说80%以上来自于陆源污染。在20世纪80年代初到90年代中期每年通过排污口直接排到渤海里的各种污水是28亿吨，而且这个28亿吨还没有包括黄河、辽河、海河等40余条河流携带的各种废渣废水，只是按这个排污口去算的，如果我们把黄河、辽河、海河这些再计算进去，那数量就更大了。仅仅黄河每年输送的废污水是40多亿吨，全部入渤海的河流废污量至少在50亿吨。但是渤海是一个半封闭的浅海，实际上是我们国家的一个内海，它的水交换能力很差，如果按照水动力学的交换计算，大约是200年才交换一次，就是里边的所有的水全部更新一遍要200年的时间！而半个多世纪以来，废渣废水积累了1000亿吨左右。渤海的总面积是7.7万平方公里，平均水深是 18 米，体积是 1386 立方公里，平均下来渤海每年每平方公里接收废渣至少在 7100 吨以上！国际上有一个很著名的海洋污染的区域——黑海，但是渤海的废渣接收量是黑海的 350 倍。这和几个重大的污染河流的作用是不可分开的，这里边像我们说的黄河，海河、辽河在咱们中国的污染河流里边排名在前四（前四名是黄河、海河、辽河和淮河）。那么刚才所讲的黄河、海河和辽河都是流到渤海的，所以这样的污染情况很大程度就是陆源污染所带来的。再给大家讲个案例，有一个入渤海的河流叫五里河。五里河那边曾经是有一个著名的事件，京沈铁路桥上有火车从五里河上面过经过，有旅客把烟头扔到河面上去了，就引燃了河面上那些油污，最后油污的燃烧导致整个桥梁被烧毁，使得京沈铁路大动脉中断。我们可以想象污染的严重程度，随便丢个烟头就能让它着起来还把铁路桥烧断了。实际上，这种水质是已经没办法算一二三四五劣五类了，我们五类标准已经是最高了，它没办法再去分了，里边的铅、镉、锌这些物质超标都是数千倍的！五里河所流经的城区河段的污染物，仅仅汞就高达 90 吨，它的入海口 7000 多亩的滩涂已经没有任何生物可以生存，就是我们说的“完全死亡区”。五里河入的是渤海湾里边的锦州湾，就是说大湾套小湾，而锦州湾是整个渤海湾里边污染最严重的海域。每年接纳的工业污水有 3000 多万吨，原先一些虾、毛蚶等等，还有其他的一些经济生物现在都不复存在，有 7 个平方公里都已经没有任何生物了，就是所谓的“海洋沙漠”。环渤海有三省一市河北、天津、辽宁、山东的河流，没有一条不是注入渤海里边，也没有一条不是往渤海里边输送污染物的。渤海现在没有鱼汛除了污染之外，还有一个很重要的原因，就是过量的捕捞，超强度的捕捞所导致的。

现在我们国家沿海划了很多经济圈，其中一个就叫环渤海经济圈。我们寄希望它是继珠三角和长三角之后，中国经济发展的第三个引擎。如果搞好了确实能够对整个中国的经济有很大的贡献，你可以看到包括我们的首钢都迁到河北的曹妃甸那边去了。整个环渤海经济圈有很多大的项目都在开发，但是由于渤海环境的问题，污染物的问题，主要也就是陆源污染物增量加大的问题，它没办法满足环境工程的要求，而使得很多项目没办法落户，没办法开展，这就会拖环渤海经济圈发展的后腿。国家实际上也已经注意到这个问题，也非常重视这个问题，早在 2001 年就批复了渤海的“碧海行动计划”。实际上，在全国来讲“碧海行动计划”搞了好多个，像广东的“碧海晴空计划”等等。渤海是最早的，涉及三省一市，它提出了近期、中期、远期的目标，就等于是要给得了病的渤海进行治疗，疗程分三个阶段十五年。这三个阶段是：2001 年到 2005 年使海域的环境污染得到初步控制，生态破坏的趋势得到初步缓解；2006 年到 2010 年海域环境质量得到初步的改善，生态破坏得到有效的控制；2011 年到 2015 年海洋环境质量明显好转，生态系统初步改善。大家对照这个近期、中期、远期目标，就可以看到，实质上我们这个目标没有实现，也就意味着现在这个“碧海行动计划”效果不明显，说得直白一点叫失败了。当然，这个问题归根结底就是这三个沿海省加一市没有很好地控制陆源污染物，没有很好地削减陆源污染物，也没有很好地去整治渤海内陆现有的污染。当然，这里边也和渤海三省一市很多利益交关有关系，就是利益的平衡问题，这三省一市，你让哪一个省市去削减都有可能影响它自己的 GDP，影响它经济的发展。以至于现在渤海这边，有人还提出来一个大的设想，要把山东半岛打通，做一个人工运河。一是起到交通便捷的作用，另外一个是对渤海起到加速海水的交换、加速净化的作用。但是，现在要做海洋污染整治确实是很困难，花费也很巨大，如果各方面不齐心协力，就很难取得一个好的成果。这是我给大家举的一个相对来讲说不理想的案例。

下面给大家说一下厦门的案例，也可以说是厦门的经验。整个厦门海域的污染来源主要来自于九龙江，陆源污染也是占了 80% 以上。九龙江流域、厦门湾的人类活动与水生态环境变化成耦合关系。从 20 世纪 60 年代一直到 21 世纪的前十年，由于工农业的快速发展，污水的排放加大，面源污染也增多，人类所产生的垃圾也增多，导致厦门湾的污染也越来越严重。因此厦门就开展了九龙江流域厦门湾河口环境合作管理的工作，建立包括厦门、漳州、龙岩在内的跨行政区域的城市联盟平台来进行九龙江的环境管理。九龙江环境管理主要面临的一个问题就是如何控制面源污染。面源污染就像我们说的农田使用肥料，畜禽的养殖污水的排放，工业污染，还有我们城市的生活污水排放等等。在这样一个情况下厦门为了让城市联盟能够真正起到实效，在经济方面给漳州、龙岩做了一定的经济补偿，使他们在九龙江流域500米以内，所有的畜禽养殖企业直接退出，1000米以内不再增加，厦门每年给他们千万以上的经济补偿，通过省财政给他们转拨过去。当然，我们认为这个是花小钱得了大利，最终使厦门的海域环境变得美丽。当然漳州、龙岩也受益，因为给了农民一定的资金，使得他们能够在一些新的领域发展他们新的事业。

第六个部分，给大家说一下我们国家陆源污染物防治存在的问题及其对策。其实我想最大的问题就在于我们自己的法规不够完善。第一个我想提出来就是，尽快完善、补充我们国家防治陆源污染的法规制度。我们新修订的《海洋环境保护法》里规定的基本制度，在下位法《中华人民共和国防止陆源污染、损害海洋环境管理条例》里边并没有体现。这个上位法《海洋环境保护法》有，而在它这个下位法里边却没有这个条例。像一些重点的海域污染总量的控制，对低水平放射性废水的排放等等这些在条例里边干脆就没有规定，所以在执行执法的时候就会遇到很多问题。

第二，不管是《海洋环境保护法》还是这个条例，都是针对直接向海洋排放污染物的，对于间接排放污染物的，比如说河流携带污染物入海也没有做出规定。第三，陆源污染怎么样和《水污染防治法》以及《大气污染防治法》等这些法律进行衔接，也没有规定，这使得防止水污染的法律制度和防止大气污染的法律制度无法与防治陆源污染的法律制度相互补充。所以这些法规怎么样去补充、完善、调整，是一个很重要的问题。

另外，我们还有一个问题，就是要针对地方性的问题制定一些专门的法规，甚至有人呼吁要制定《渤海法》来整治渤海环境。另外，加强管理也是很重要的。我个人觉得很多时候我们中国在治理环境污染方面是退而求其次的。科研的进步是要继续做贡献，是要继续进步，要提供支撑，但是很多时候是管理的问题。这里边就涉及加强行政管理，对我们现有的监测体系进行完整、严格的监测，包括加强我们海洋功能区化的研究划分，包括对一些港口码头海上污染应急处理的建设，包括对沿海、沿江农业污染实施污染防治、海域污染防治等，还涉及我们怎么样去通过行政管理和经济手段引导各个地方发展生态农业、生态林业以减少化肥的施用等等；涉及怎样控制沿海城市的污染，通过管理的手段，当然也要加上一些经济的措施，加强沿海城市的污水处理网的建设，污水处理设施的建设等；涉及严格落实我们的环评制度，严格落实谁污染谁承担的原则；涉及落实污染排放总量的制度。这些实际上很大程度上和我们的管理联系在一起，总量排放制度一定要很好地去落实，要使我们总量控制纳入程序化、法制化的轨道，按照河海统筹、陆海兼顾的原则，在调查研究的基础上去进行。另外，就是要使我们沿流域的各个省市进行相互间的协作，做到流域与近岸海域协同保护，因为有些江河不仅在一个省而是跨省的，比如，黄河、长江整个流域怎么样去保护，进而来保护我们的海洋。这涉及流域与近岸海域的协同保护。

还有一个很重要的方面，就是我们每一个公民要加强环保意识，我们每一个人不要再把海洋当成一个用之不竭取之不尽的一个宝库，也不要再把它当作一个巨大的垃圾盆，一个可以自净的垃圾盆。现在我们的近海已经出现了这样的严重问题，我们要彻底地改变过去一些落后的意识，要树立新的海洋环保意识。当然，在每个公民树立环保意识的同时，我们每一个公民也要真正地参与环保过程，行使自己的权利来保护自己的利益。

我们还要提高海洋经济的门槛，保护海洋的资源。现在海洋区域为了招商引资在很大程度上降低了海洋经济的入门门槛。怎么样让门槛变高？举个例子来说，如果我们使用陆地土地的利益远远高于海洋填海所得到的土地利益，那么，海洋上的污染，至少填海建设这方面的污染就要减少很多。另外，我们要大幅度提高海洋环境的风险保证金。还有就是要做好生态补偿，一旦出现了海洋污染事故，在追究责任的同时还要切实做好生态补偿，而不仅仅是把现在直接的经济损失给予补偿。中国现在很多海洋环境的损失计算，常常是以直接的经济损失计算的。实际上，生态系统服务的价值不仅仅是体现在直接的经济利益上。如果一块海域受到污染，它的造氧能力就会受损失，它的景观能力、景观美学也会受损失，这些都要追究补偿责任的。例如，现在的围海，一提到这个生态补偿，那些建设单位常常就一句话："我们到时候要拨出来一部分环保资金用于增殖放流"。增殖放流就是把一些鱼苗放到大海里去，来补偿由于建设用地造成的渔业资源的损失。实际上仅仅这些是远远不够的，生态补偿不仅仅是这些，并且现在即便这些，还常常没办法落实。

今天这个报告就简要介绍到这里。我希望通过这个报告，可以引起大家对于陆源污染造成海洋环境污染的这样一个事实的重视，也通过各位能够使我们社会上更多的人士了解到、认识到保护海洋，保护我们蔚蓝色的国土对我们自身的重大意义。我们说的建设海洋强国，或是说可持续发展，这方面都是必不可少的。没有海洋陆源污染的大幅度的削减，没有海洋污染的很好的整治，"海洋强国"，"海洋强省"等等，这些都是没办法做得到的，而且也会影响到我们整个国家的可持续性发展，实质上也会最终影响到我们每一个人，包括我们的子子孙孙的，他们的福祉。所以，我在这里特别恳请各位把海洋保护的意识传播给更多的人，希望他们能自觉地行动起来，保护我们的海洋！

今天的这个报告就到这里，谢谢。

（以上内容根据2012年12月15日的讲座录音整理，略有删改）

人水和谐发展

张翠英

主讲人简介：浙江水利水电高等专科学校副教授。

首先很高兴，台州市水利局、台州市科协在世界水日到来之前共同举办这个讲座，我也非常荣幸作为主讲人与大家分享这个话题。

今天讲座的主题是“人水和谐发展”。我主要讲七个问题：水有哪些作用；水从哪里来的；人类饮水发展历史是怎样的；水资源现状如何；我们应该怎么科学地用水；水污染对水资源的影响；最后，我们对未来的用水做一个预测。

首先，我们来看水的重要作用。大家都知道地球表面大概有70%左右的面积是被海水覆盖的，一个成年人体内水的重量占了人体总重量的70%，从这一点来看，它跟地球是和谐一致的。其

他动物体内的含水量是60%—75%。植物呢？其实所有的植物都含有大量的水份，举两个例子，一个是土豆，看起来干巴巴的，事实上含水量非常高，有70%；胡萝卜含水量更高。所有的生物，包括我们所依赖的地球，它的含水量都非常高。

我们可以这样概括：水是生命之源，水是生产之要，水还是生态之基。无论是人，还是整个生物的起源，都是在水中诞生的。人类出生之前生活在羊水当中，出生之后依赖水，我们的衣食住行都和水密切相关。水是生产之要，无论是农业还是工业，都依赖水。水是农业之本，没有水，农业无法生产，农作物都会干枯而死。水是工业的血液，没有水，工业也是无法生产的。水是生态之基。无论是优美的自然景观，还是人造景观都是靠水来维持的，所以水是自然生态的美容师。水的存在，本身就是一种景观。水的运动，泉水的涌出，瀑布的奔流，包括江河，都是非常美观的。水的存在、运动和变化，造就了非常多的自然景观，我们现代社会的运行，它的生态用水，也是非常重要的。所以要维持我们正常的环境离不开水。

在工业、农业、人类生活、自然环境方面，水都是不可缺少，不可替代的，它是一种自然的资源。这是第一个问题，水的作用。

第二个问题，水是从哪里来的？生活中用水非常普遍，但是我们要想一想水是从哪里来的，不同的人会有不同的答案。

主讲人：我想问一下会场的几位小朋友："你们觉得水是

从哪里来的？”

小朋友甲：本来就有的。

主讲人：这个小朋友对水看来还是懂得比较多的，已经知道有简单的水循环了。再问一下这边的小朋友，你觉得水是从哪里来的？

小朋友乙：天空。

我们通常问水是从哪儿来的，会有不同的答案，我们看到的只是其中的一部分。古老的中国人会说水是龙王降雨而来的，水会从天上落下来，李白说过“黄河之水天上来”。不管是民间传说，还是李白写的诗，这些只是水循环的一部分。水从哪儿来？一般有这几种观点：第一种认为水最早是以气态的形式存在于太空当中，在几亿年之前，当太空当中的水汽凝聚成河之后，它就变成雨落入地面，然后雨水奔流到大海，在这过程中继续蒸发到空气当中，最后再循环。这是一种观点，现在我们有一些科普的影视片还是这样介绍的。

第二种观点认为水来自地球中间，这个很奇怪，水为什么从地球中来？水最初是以结晶水的形式存在于地球当中，当原始的地球在火山喷发的时候，结晶水就被大量的火山热量带出来进入到太空当中（与第一种观点类似），当它在太空当中以气态的形式遇冷凝结后再降雨，然后再开始循环。广西有一位地质工作者，他收藏了一个结晶水，这个结晶水是46亿年前的，外部像水晶一

样被包裹着，中间是一滴水，这种观点似乎是占主流的。

近期有一种观点，是美国科学家提出来的，他们发现有一些彗星是由冰块构成的，彗星撞击地球，冰块就碎裂开来，形成了最初的水。这个观点比较新。

前两种观点还是比较主流的，人类还在不断地探索中，也许以后还会有新的观点或者新的研究成果出来。现在我们可以确定的是，水是氢氧化合物，目前是气态、液态和固态这三种形态。

水的具体存在形式有很多，这些存在形式也给了我们很多的景观享受，比如海潮、江河、湖泊，瀑布、雨水等。正是因为它存在的具体形式的多样性，让这个世界变得多姿多彩。

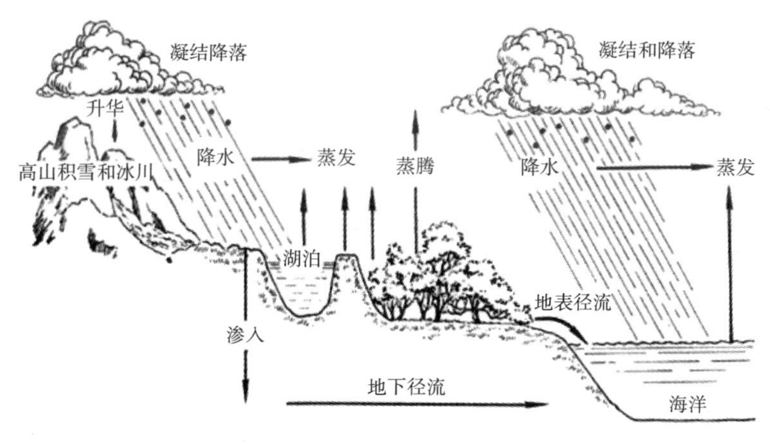

图 1　水循环

我们看图 1，水循环从上往下看，水蒸气凝结降落成雨水，我们所说的高山积雪和冰川也会升华为水蒸气。水循环有两条途径，一条途径是通过地表，被植物吸收一部分，另外通过地表径流进入海洋；另外一条途径是渗入地下，地下径流进入海洋，然后再蒸发，同时它在这些土地上也会蒸发，周而复始地，不断循环。正是这样的循环，使得最初的海洋和现在的海洋不同。海洋面积占地球面积的70.8%，海洋中的水占地球总水量的97%，但是海水现在是咸的，平均含盐量高于3%。最初的海水是淡水，当最初的水降落到地面的时候，第一次它并不能从地面带走多少矿物质，那时的海水和我们现在喝的水一样，都是淡水，随着不断的循环，水一遍遍地冲刷地面，渗入土地岩石，最后海水变得非常咸，基本上是不能饮用的。因为最早的海水是淡水，所以最早的生命是在海洋里诞生的，比如单细胞动物这些非常原始的生命。大概六亿年前，诞生了海藻类生物，我们国家还发现过桃花水母，有些学者认为桃花水母大概是5.5亿年前的生物，但是也有学者说发现桃花水母的地方太多了，它到底是不是5.5亿年前的，我们还要继续深入研究。这个问题还存在分歧，双方在不断地讨论，也促进了研究的不断发展。这是关于水的来源问题。

第三个问题，人类饮水发展。这可以概括成七个阶段，依次来看一下。第一个阶段，依山傍水，就地取水，用简单的方式开凿水井，从被动发现水到主动去寻找水；第二个阶段，原始的水源保护政策出现；第三个阶段，用文字和语言来标识有毒的水；第四个阶段，有了简单的水运输；第五个阶段，学会简单的人工净化水；第六个阶段，对水进行加工，形成各种饮料产业；最后，形成

饮水产业和饮水文化。

第一个阶段，依山傍水。原始人最早居住的都是有山有水的地方，在浙江也发现了很多人类遗迹，比如上山文化、马家浜文化、良渚文化，遗址旁边都有水。后来人类发现地面有溢水，就去开凿。最初非常简单，人们用木棍挖一个水坑，接下来是简单地开凿水井，在浙江的文化遗址里面也发现了最初的井。井边上都是石头垒起来的，这是我们现在的观点，查资料可以发现，《周易》上说，井边上都是木头，我们很不理解，后来看文化遗址发现确实是这样的，因为人类最初不懂得这些，就在一个水坑旁边插入木板，这样水就可以保护起来。最初的人类随遇而安，哪里有水就住在哪里；后来逐渐有了意识要去主动地寻找水，还会简单地拦截地表水。这是第一个阶段。

第二个阶段，原始的水源保护政策出现了。人类在这个时候能够分辨水的好坏，他们知道如果水被污染了，可能会对部落不利，所以就禁止污染。比如河流上游的水是饮用的，接下去才是其他用途，比如喂养动物等。

第三个阶段，用文字和语言标识有毒的水。怎么来标识有毒的水，最早采取口口相传的方法，你告诉我，我告诉他，那个地方的水是好的，那个地方的水是坏的。用文字标识有毒的水，那时候的人怎么去标识，它是不是画一个骷髅头打一个叉，就说明那个地方的水是不能喝的，这个还值得研究。人类有一些传说，说黑龙潭那个地方的水是妖水或者是毒水，你想想看，那个地方的水很黑，估计是含有重金属的，但是那个时候的人不会做水成分的分析，所以他就说那个地方有黑龙出没，水是不能喝的。这是用文字和语言标识有毒的水。

第四个阶段，人类开始简单的水运输。最初的人类没有工具，有了陶器后，就开始使用陶器运水，把水从一个地方运到另外一个地方。后来又用竹管引水、挖沟渠引水等。从高处往低处引水容易，那从低处往高处引的话要怎么办？所以，人类发明了水车引水。还有一些，如用动物内脏做成水壶，可以把水从一个地方带到另外一个地方，这也是简单的水运输。

第五个阶段，人类开始对水进行净化。净化有这几种方法，一种方法就是养水草和鱼，鱼会吃掉水中的浮游生物，让水质变清一点。还有一种办法就是从上面开始，比如说给井口加一个盖子，防止脏东西掉进去。有了火之后，人类发现把水烧开了可以杀菌，喝煮开的水，比生水更健康。

第六个阶段，对水进行加工，形成各种饮料产品。各地都有不同的饮品，比如说酥油茶、玉米茶等。我老家有一种茶，用面粉加上花生米、芝麻，磨碎了，现在又做成产品，一包一包的，跟我们喝的豆粉之类比较像，我们当地人认为特别补，都是营养品。这些都是我们对水进行加工形成的饮料产品。

第七个阶段，形成产业和文化的阶段。现如今，喝水已经形

成了饮水产业和饮水文化，比如茶道、茶艺等，越来越多的外国友人来中国学习茶文化。

这是我们所说的人类饮水发展的历史。

第四个问题，水资源现状。首先要知道，我们所说的水资源是在一定的经济技术条件下，人类可以直接利用的淡水资源。做这个限定是因为可能随着技术的不断发展，有一些水在现在的技术条件下还不能利用，未来也许可以。

水资源有这么几个特点：

第一，周期性和偶然性。比如一条河流，它有丰水期和枯水期。

第二，循环性和有限性。水在不停地循环，但是我们可以利用的水还是有限的。

第三，时空分布不均。比如说最近一段时间浙江一直在下雨，大家都觉得这个水太多了，再接下去要防汛了。同一时间不同的地区，云南却处于干旱之中。从时间上来讲，比如梅雨季节和干旱季节。

第四，双重性。有一句话叫“水能载舟，亦能覆舟”。水太多了不好，洪水，非常可怕；水如果太少了，会造成干旱，工业、农业无法运转。那么怎样才是最好呢？风调雨顺，缺水就来水。我们要正确认识水资源的双重性，重视水资源，今天的讲座也是放在 3 月 22 日世界水日的前夕，就是为了强调水资源的重要性，让大家正确认识水资源。

我们通过图 2 来看一下水资源的现状。

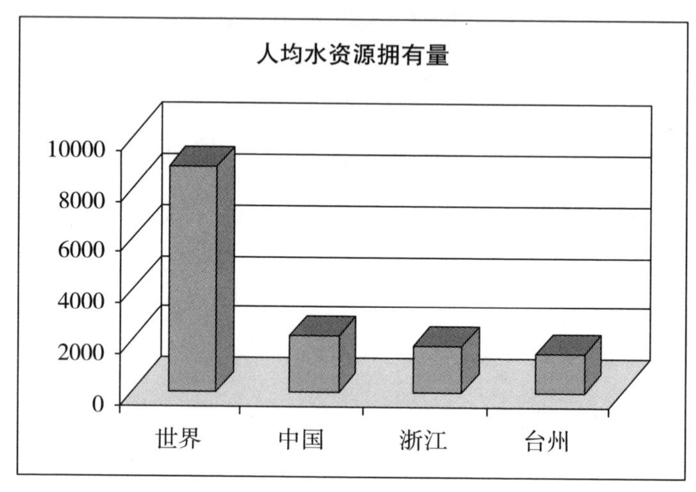

图 2　人均水资源拥有量

世界人均水资源占有量是 8800 立方米，中国的人均占有量是 2200 立方米，大概是世界人均的 1/4，是美国的 1/5，是加拿大的 1/48，居世界第 119 位，是世界上最缺水的三个国家之一。浙江的人均占有量是 1800 立方米，国际公认的 1700 立方米是用水警戒线，浙江已经差不多接近了。我们常说浙江是江南水乡，按总水量来说可能比较丰富，但是人口众多，人均就比较缺水了。我找了一下台州的数据，有说 1650 立方米的，我查到比较新的是 1570 立方米，显然比警戒线要低。预计到 2020 年，台州市人均占有量是 1350 立方米，比 1700 少了 350，一年 365 天，也就是说 8 年后我们每天要少用差不多 1 立方米的水。当然这样计算比

较模糊，其实水的计算很复杂，还要算农业用水、工业用水，但是，这样粗略的计算就已经非常的可怕了，预计到 2030 年，台州人均占有量是 1263 立方米。中国非常缺水，浙江比中国平均量还要少，台州更少。很多人都觉得，台州靠着海洋，用水还不方便吗？但是我们不能直接使用海水，不能饮用，不能浇灌农业，很多工业方面的也不能直接用。可能很多人以前从来没有想到过是这样的，但是事实就是如此，我们后面会讲，为什么会导致这样的情况。

第五个问题，怎样科学地用水。从人的心理和行为的角度来讲，一般都是动机决定态度，态度决定行为。具体到用水上面，就是你的水资源观念决定了你的用水价值观，用水价值观决定了你用水的行为。在这个基本假设下，建议大家这样去做：要树立正确的水资源观念、健康的用水价值观；采用节水设施，掌握节水技巧；养成节水习惯；正确地饮水。

水资源是公共资源，它是有限的，蛋糕就这么大，大家都来分，我分的多了，其他人分的就少。那到底要怎么分？我们倡导消费水，但不浪费水。我讲个小故事，有一次我和我姐姐还有她的孩子在西湖划船，40 块钱划 1 个小时，划了 48 分钟已经基本转了一圈了，我姐姐说："才 48 分钟，不划就浪费了 12 分钟的钱，他又不会退给你，再呆个几分钟吧"，这时候我外甥说："妈妈，这其实是在浪费你的时间"。我们是去消费的，是去享受这个划船的过程的，但为了撑到 1 小时，还再划已经是浪费时间了。我想说的是，我们有时候用水，明明已经洗干净了，还要让水这样冲走，那就是在浪费。实现自己需要的价值就可以了，剩余部分已经是浪费了。我们并不怀疑你有能力去消费更多的水，但我们倡导的是不要去浪费它。我们可以采用一些节水的设施、节水型的产品来节约用水，像节水阀、节水龙头，现在有很多家庭在装修的时候，就会采用这样一些设施。

我们还应该掌握一些节水的技巧，比如说洗衣服、洗餐具的时候，尽可能减少浪费，也减轻了家庭负担。随着国家提出严格的水资源管理制度以后，水价还会逐步改革，我们可能还会为用水支付更多的成本。

养成节水习惯，特别是公共场所的节约用水。有很多人觉得在公共场所可以随心所欲地用水，比如说住在酒店里，一个晚上我想用多少就用多少，因为我付了钱；比如说到图书馆，反正是免费的，在洗手间想用多少就用多少。如果为人父母的，这种坏习惯还会影响到孩子。所以不仅要做到在家节约用水，在外面，在公共场合也应该要记得节约。

正确的饮水等于健康。美国有专家曾说，水是最好的药。河南有一个地方，很多人得食道癌，刚开始人们没注意，后来得病的人越来越多，最后发现是当地的水有问题，很多地方都有这样的情况。80% 左右的疾病可能跟饮水有关，除了水质之外，还有比如说结石，有调查发现，经常不喝水的人得结石的概率比经常

喝水的人要高很多。喝好水，喝正确的水，很多人觉得我渴了喝两口就够了，咱们家里养花的时候，一次浇透，等干透了再浇，所以说喝水的时候，一次多喝点。很多小朋友喜欢喝饮料，饮料里面有非常多的糖分，喝到肚子里面，它本身要稀释，把其他的水分挪过来，造成身体缺水，所以我们不提倡喝饮料。

第六个问题，水污染对水资源的影响。我们可用的水资源本来就稀缺，如果再被污染，可用的就更少了。一般我们的水污染物有这些，水里有水体颗粒物，浮游生物，还有一些溶解到水里的，另外还有一些耗氧有机物、难降解有机物、植物性营养物质、重金属等。如果饮用水源被污染了，那是非常可怕的。

水污染的主要原因，一部分是天然污染源，一部分是人为污染源。按污染种类可以分为这几种：物理性、化学性和生物性。还有一个是分布和排放源，这个主要是针对工矿企业。对百姓来讲，主要是掌握人为污染源，天然污染源不是我们个人能控制的。

我们了解一下水质的分类。水质一般分为五类，超过五类的已经没有使用价值了。这五类类别不同，作用也不一样：一类是简单消毒净化即可，生活饮用的；二类是轻度污染，常规净化，就可供生活饮用；三类我们说是集中式生活饮水源地，二级保护区，一般鱼类保护区，还有泳池的水。一般来说，一到三类人体是可以直接接触的，四类则是工业保护区，人体不能直接接触的。五类是农业用水，一般景观要求的，超过五类基本上没什么用了。很多人觉得生产跟我们生活没有关系，怎么会没有关系呢？生产的最终目的是为了消费。当前水污染的情况是非常严峻的。

第七个问题，我们来预测一下未来的用水。先来看一下用水的组成，一般分为农业用水，工业用水，服务业用水，生活用水，环境用水。其实归结到一点，水都是人类在用，农业为了养猪、养羊，为了种植水稻，但最终还是为了人类的消费。工业也是如此，第三产业更是如此，都是为了人类的消费。我们来看一下浙江省 2009 年关于用水结构的数据，最大的一块是农业，农业用水非常大；工业用水是另外一大块；居民用水占 11%，还不是太多；生态和环境配水也是很大的一块，因为整个浙江的生态虽然污染严重，但是总体上还是好的。

我们的总水量是怎样的？虽然总水量有时候是下降的，但是总体还是在上升。农业用水是在下降的，我们一直倡导搞节水型农业，还是有效果的，工业用水是在上涨的，居民用水上涨幅度不太大。为什么我们的水资源会短缺，因为人口越来越多，刚才说农业、工业、第三产业以及环境用水都是为了人，只要人口在增加，人均占有量就在减少。目前全世界大概是 66 亿人口，每年增长 0.8 亿，每年大概增加 640 亿立方米的淡水需求。到 2050 年所出生的 30 亿人口，90% 居住在发展中国家，发展中国家对于水污染的治理，对于水资源的开发，技术没有那么先进，节水设施也没有那么好，如果住在这个缺水地区是非常可怕的。到 2050

年如果一切照旧，也就是大家用水观念不变，该怎么用水还这么用水，全球农业需水量会增加70%—90%。现代人的需求结构在不断变化，比如饮食结构发生变化，以前吃素的比较多，现在吃肉更多了，像生产牛肉需要2000到1.6万升的水。还有一个是生产生物燃料，现在汽车很普及，汽油也不够了，怎么办呢？我们可以生产燃料，据说油菜里面也可以提取出来用作汽车使用的油，但还没有完全研究出来，现在实验室已经在做，它也需要大量的水。我们有时候想说用这个来补那个，但这个就不够。所以用水形势非常紧张。

回到一开始我们讲的水资源人均占有量的话题。台州人均占有量是1350立方米，同世界警戒线1700立方米比起来还差了350立方米，因为东南沿海经济发达，必然会吸纳更多的劳动力进入，人口多了，需求量就增加了。有一些学者如中国科学院地理科学与资源研究所的研究员何希吾乐观地预测，全球需水量在2026年到2030年将进入零增长期，需水量届时将达到6300亿立方米。国务院实行最严格水资源管理制度的意见，也确定了水资源开发利用的控制红线，到2030年全国用水总量控制在7000亿立方米，2009年全国用水总量大概是6000亿立方米。这是未来的用水形势，把这个数据跟大家分享，希望各位对水资源情况有一个正确的了解。

总结一下，水是生命之源，但水资源也是有限的。人类的饮水历史伴随着人类的发展历史而发展。而发展我们国家是世界上最缺水的国家之一，江南水乡，如浙江，台州，也非常缺水。消费水而不是浪费水，你会浪费人民币吗？不会的，所以你也不要浪费水。水污染严重破坏着水资源，未来的用水形势更加严峻，这是今天讲座的主要内容，希望大家对我讲的内容进行批评指正，谢谢大家！

（以上内容根据 2012 年 3 月 17 日的讲座录音整理，略有删改）

小行星会给人类送来什么

卞毓麟

主讲人简介：中国科学院北京天文台教授，中国天文学会副理事长，中国科普作协翻译工作委员会副主任。天文学名词审定委员会主任，中国科普作家协会会员，上海科技教育出版社版权部主任。1999 年 4 月起任上海交通大学科学史和科学哲学系兼职教授。

今天讲座的题目是“小行星会给我们送来什么”。近年来不时有小行星从地球附近掠过，引起了社会公众的广泛关注。那么，小行星究竟会不会撞地球？这种撞击会造成什么后果，我们有没有预防的对策？人类是不是知道小行星的来龙去脉？小行星和大行星有什么不一样？它们能给人类带来什么好处？今天我们就围绕这些话题展开。

2013 年 2 月 15 日，俄罗斯发生一起陨星或者叫陨石的坠落事件，造成大约 1500 人受伤；同一天还有一颗名字叫 2012DA14 的小行星从离地球相当近的地方掠过。这两起事件引起全世界极大的关注。陨石坠落事件发生在俄罗斯的车里雅宾斯克州车里雅宾斯克市。

这颗火流星从天空中划过，慢慢地扩散，大概过了半个小时才完全消失。这颗流星体实际上也是一颗很小的小行星，从蒙古和新疆的交界处进入地球的大气层，然后往西北方向过去，这条路线大概在离地 200 多千米的高度形成轨迹；到了离地 90 千米的时候刚好被肉眼看到；又过了 11 秒，它已经到达了车里雅宾斯克，此时它的高度是 23 千米。因为温度太高、速度太快，而且在大气层中间造成了冲击波，所以它就爆炸解体了，爆炸的时候显得特别亮。大概过了 20 分钟，它在天上留下的痕迹才渐渐散去。此事件造成大约 1500 人受伤，这并不是说这颗流星砸到人堆里像炸弹一样把人炸伤了，而是因为它在高空爆炸以后产生的冲击波向地面传播，毁坏了城市里许多建筑物和玻璃窗，飞溅的玻璃划伤了人群。这次事件造成的受伤人数不少，但并没有人死亡。车里雅宾斯克陨石坠落事件引起了人们的高度关注，也引起了人们的担忧。人们搜集到了很多小陨石残片，大概有 100 多公斤重，估计还有好多没有搜集到。这次事件是比较罕见的，但是分析了这些陨石以后，发现它们并不是很特殊，就是含铁量很低的球粒陨石。

这次俄罗斯的陨石事件被认为是一百年以来地球遭遇到的最大陨石撞击事件，也是有记录以来因“天外来客”造成人类受伤最多的一次陨石撞击事件。事实上，地球每天都会受到这些“天外来客”的“骚扰”，只不过规模比较小，普通人不知道而已。

一天之内两次陨石坠落，比较幸运的是掉落在车里雅宾斯克的是比较小的。有人提出一个问题，如果小块陨石掉落在沙漠中或大海上，而不是落在人多的城市里，是不是人类就不会发现呢？其实不然，无论它掉在地球的哪个地方，科学家都会发现。因为世界上所有的大国都签署了《全面禁止核试验条约》，其中规定要持续监测大气中间的爆炸。世界上有很多监测站，无论哪个地方发生大的爆炸，监测站都会测量到信号，这样的测量技术叫次声波监测网。对于俄罗斯这次的陨石事件，很多地方的次声波监测网就测量到了，同时很多地震台也记录下了由此造成的地震。虽然这颗陨星在离地 23 千米的高空就已经爆炸了，但产生的冲击波仍相当于一次 4.2 级的地震。

在历史上，陨石撞击到地球上的物体也是很难得的一件事。1992 年 10 月 9 日，在美国，一块陨石穿破了一家人的车库房顶，砸在他们的汽车上，报警之后，警方把这块石头带走了。经科学家分析，这是一块陨石，这辆汽车被当成一个标本收购，然后到世界各地去展出。

目前在世界上搜集到的陨石大概有三大类：一类叫石陨石，

它基本上是石头；一类叫铁陨石，它的含铁量很高；一类叫石铁陨石，就是介于两者之间。世界上最大的一块铁陨石在纳米比亚，它坠落的地方叫戈巴，所以又叫戈巴陨铁，重 60 多吨。世界第二大的铁陨石掉在格陵兰岛，重约 33 吨。世界第三大铁陨石掉在新疆，重约 30 吨。

在美国的亚利桑那州有一个很大的陨石坑，叫作巴林杰陨石坑，现在是一个旅游胜地。这个坑直径 1240 米，深 170 多米，边缘高出地面 45 米，底部很平坦，大概有 20 个足球场那么大，它有个斜坡，斜坡上可以坐下大约 200 万人。这个大坑就是发生在几万年前的一次陨星撞击事件造成的，大家也许认为这是一个很大的陨石才能撞出这么大的坑吧？其实不然，估计撞它的小行星直径不超过 40 米，为什么能撞出这么大的坑？因为它的能量大，就像飞机在高空中高速飞行，一只鸟撞上来也能将飞机撞出一个洞甚至于造成飞机失事。这次撞击所释放的能量相当于美国投到日本广岛那颗原子弹的 150 倍，所以，小行星撞击地球的能量是相当大的。那么有没有比这更大的小行星撞击地球的痕迹？目前世界上最大的一个陨星坑在南非，叫作弗里德堡陨石坑，它的直径约 300 千米，相当于上海到南京的距离。据推算这颗小行星大概是在 20 亿年前撞击地球的，它自身的直径约 10 千米。

小行星会不会撞地球？这个答案是很明确的，小行星肯定会撞地球，历史上已经有很多例子，而且在今后还会有更多的小行星撞到地球上来，这点是毫无疑问的。那它发生的频率有多高？真撞到地球上又会造成什么样的后果？这些是我们关心的问题。

车里雅宾斯克的陨星事件是近一百多年以来最大的一次陨石事件，那么在一百多年以前的 1908 年 6 月 30 日，在俄罗斯西伯利亚，一个叫通古斯河谷的地方，那里发生了这样一件事，直径大约 60 米的一个小天体在离地面 8.5 公里的高空爆炸了，它释放的能量就是所谓的动能，相当于 1000 万吨的 TNT 炸药。当地所有的树木呈辐射状地成片倒下去，影响的范围大概有 2100 平方千米。1908 年 6 月 30 日早晨 7 点，西伯利亚中部的通古斯地区突然有一团比太阳还亮的“天火”，它拖着很长的尾巴从东南方向飞过来，留下一条 800 公里的光迹。随着惊天动地一声巨响，“天火”在通古斯河谷中的密林中猝然爆炸，蘑菇状的烟云上升到大约 20000 米的高空，450 千米以外都能够看见。在 1000 千米的范围内，人们都听到了从来没有经验过的巨响和延续了很久的隆隆回声。爆炸形成的冲击波向四面八方传开，1 个小时后，970 公里以外的伊尔库茨克检测到了大气的震颤。4 个多小时后 5000 公里以外的德国城市波茨坦也检测到了震颤。强烈的冲击波还毁掉了大片森林。这个是有史以来人类能够看到的最强大的爆炸，它释放的能量比美国在广岛投下的那颗原子弹要大 1000 倍。

史前时代那些因小行星撞击地球留下了巨大的陨石坑，没有文字记载。在 6500 万年以前，小行星撞击地球造成了恐龙灭绝。

撞击以后地面上扬起的尘土、烟云笼罩了整个地球，挡住了太阳光，使得大批的植物死亡，从而导致了食草动物、食肉动物相继灭绝。现在也有这种说法，假如没有这次事件，恐龙或许不会灭绝，爬行动物还是地球上的主宰，哺乳动物可能很晚才会出现，也许人类到现在也不会出现。这是一种假设，这种说法遭到越来越多的抨击，世界上许多科学家普遍否认这种观点。

我现在归纳一下，撞击地球的陨石或者说小行星的大小和撞击后果。一颗直径不超过 50 米的小行星与地球相撞，如果像车里雅宾斯克的陨石在高空就爆炸了，它的冲击力小于 10 兆吨（1 兆就是 100 万，它的冲击力小于 1000 万吨）；直径 75 米小行星的冲击力大概是它的 10 倍，类似于通古斯大爆炸，可以把一座小城市摧毁掉；直径 160 米小行星的冲击力是 1 亿—10 亿吨，可以摧毁东京或者纽约那么大的城市；直径 350 米小行星的冲击力大概是 100 亿吨，可以摧毁美国一个比较小的州；直径 700 米的小行星可以摧毁美国的弗吉尼亚州；如果一颗小行星的直径达到了 1700 米的话，它撞到地球上会造成全球性的扬尘天气，会把法国那样大小的国家摧毁；一颗直径 1 万米左右的小行星，如果以每秒 40 千米的速度与地球相撞，它的动能相当于 120 万次的 8 级地震，它的破坏力超过 1 亿颗百万吨级的原子弹。所以，小行星撞击地球，可能它在高空就爆炸了，可能会造成局部性的危机，特别严重的可能会摧毁地球上的一座大城市或者造成更严重的全球性灾难。

刚才说了很多小行星撞击地球的问题，那么小行星到底是什么？人们是什么时候发现小行星的？第一颗小行星的发现者是一位叫皮亚齐的意大利天文学家。在1801年1月1日的晚上，他在进行常规观测的时候发现有了一颗星表上没有的八等星。我们先来说什么是八等星和星表。天上的星星有亮有暗，眼睛能够看见的最亮的星星大概有二十多颗，它们是一等星。一等星最亮，二等星比它暗，以此类推。正常视力的人在没有云、没有月光、没有人造光源污染的晚上，能看见最暗的星是六等星。一等星比六等星要亮100倍左右，就是说星等每差一级，它的亮度差2.5倍，比六等星还要暗的星，肉眼是看不见的，要用天文望远镜才能看见。一颗八等星，它的亮度是比你肉眼可以看见的最暗的星星还要暗六七倍。什么是星表？天文学家把天上每一颗星的位置都要记录下来并列成表，观测到一颗星就要和这个表对照，是不是以前有过记录，没有记录的就是发现了一颗新的星星。皮亚齐发现这颗星后，继而又发现它在群星间不断移动。天上的恒星比如北斗星，它的相对位置是不变的，而行星的位置是不断变化的。皮亚齐跟踪观测它，每天记录下观测结果，一直到了2月中旬，因为它在天空中过于靠近太阳，光线太亮而无法继续观测，后来它就“失踪”了。其实它还在移动，等它经过了太阳又能看见了，但是皮亚齐已经找不到它了。

这时另一位很重要的科学家登场了，他就是历史上最伟大的数学家之一——高斯。他在二十四岁时，首创了一种方法，就是通过三次观测确定天体运动轨道，并可以计算出来这颗星在天空中是如何运动的。他用自己的办法和皮亚齐的观测资料，计算出了这颗星的运动轨道，于是就预告出在以后的哪一天、哪一个时刻，在天空中的什么位置可以重新找到这颗星。根据他的办法，天文学家们又重新找回了这颗星，后来发现这颗星的直径大约是 1000 千米，并且是以前从没发现过。

太阳系有八大行星，其中最小的一颗是水星，它的直径是 4800 千米。月亮是一颗绕着地球转的卫星，如果我们“论资排辈”的话，月亮的直径有 3400 千米，比地球小一辈。而皮亚齐、高斯等发现的这颗行星直径只有 1000 千米，天文学家们认为它是一种新的类型，就叫它小行星。小行星是一个统称，每颗小行星都应该取个名字，天文学中有一个传统，星星都是拿神话中的人物来命名的，比如说火星 Mars，Mars 在西方神话中是战争之神，金星 Venus，是爱和美的女神。这颗小行星是皮亚齐在意大利的西西里岛上发现的，所以他就用西西里岛的保护神 Ceres 来命名它，中文叫谷神星。谷神星是管播种和丰收的。它和太阳的平均距离是 2.77 个天文单位（天文单位就是天文学上经常使用的单位，如果把地球到太阳的距离算作 1 个天文单位，那么火星到太阳的距离就是 1.52 个天文单位）。两百多年来发现小行星的进度越来越快了，发现的小行星的数量越来越多了，那就要编号了，第 1 号的小行星就是谷神星。它是第一个被发现的，而且它是迄今为止发现的最大的一颗小行星。

谷神星是什么样子的呢？现在我们还没有它非常清楚的照片，哈勃空间望远镜已经是非常先进的了，因为它观测星星基本上不受大气、云的影响。它在600多公里的高空进行天文观测，拍的照片质量是非常好，但是谷神星离我们有几亿公里那么远，它的直径只有1000公里，所以哈勃空间望远镜拍出来的照片也不过如此。但即便模糊，我们还是可以看出一些问题，比如它表面哪个地方亮、哪个地方暗，分布是不一样的，这代表了它在自转，表面特征是随自转而变化的。

人类在1801年发现了谷神星，在1802年发现了第2颗小行星，它叫智神星；人类在1804年发现了第3颗小行星，它叫婚神星；在1807年，人类发现了第4颗叫灶神星的小行星。1847年，人类已经发现了8颗小行星。观测方法的不断进步使得新发现的小行星越来越多。这些小行星大部分在火星和木星的轨道之间，形成了一个小行星带。当然除了这个地方以外，别的地方也还有小行星，那个地方就叫作主小行星带，小行星很多，但是如果把它们加在一起，大概也只有地球质量的万分之四。下面，我们看看小行星的大小，谷神星的大小与青海省大致相当，后面发现的小行星绝大多数也没有谷神星那么大。有些小行星很小，不成一个球形，比如第243号小行星，名叫艾达，它长60千米，形状是细细的，这颗小行星之所以有名，除了形状的奇特，还有就是它居然有一颗自己的卫星；第 951 号小行星叫加斯普拉，它的直径是 18 千米，成分和地球上的岩石很相似，以硅酸盐为主；第 4 号小行星灶神星的形状比较接近球形，它的直径有 500 公里，相当于谷神星的一半，在灶神星的南极还有一个巨大的陨击坑。

小行星的名字有的叫谷神星、灶神星，有的又是个号码，好像很混乱。其实对于小行星的命名是有一整套规则的，面对现在已经发现的几十万颗小行星，怎么给它们取名字？谁有权利取名？什么样的名字是可以被接受的？这些都要遵守规则。任何人发现了一个天体，如果认为它是一颗新的小行星，那么首先应该通报国际天文学联合会，他们查档案，如果以前没有记录的，先给你一个临时编号。临时编号是由观测年份加上两个大写英文字母组成，比如 2012 再加上两个大写的英文字母，第一个字母表示这颗小行星是在哪半个月里面被发现的，一年有 12 个月也就是说有 24 个半个月。英文 26 个字母中的 I 容易跟数字 1 相混淆，所以不用它，还剩下 25 个字母，一年只有 24 个半个月，最后一个字母 Z 也先不用，所以就是 24 个英文字母代表一年中的 24 个半个月。1 月 1 日到 1 月 15 日就是 A，1 月 16 日到 1 月 31 日就是 B，以此类推。第二个字母是从 A 到 Z，也把 I 去掉，代表是在这半个月中间发现的第几颗小行星，比如发现的是第三颗小行星那就叫 C。1965YN，表示 1965 年 12 月的下半个月发现的第 13 颗小行星，如果这半个月中发现了26颗，字母不够用了，没关系Z后面回过头又有A了，A后面再加上1，第26个发现记为A1，第27个记为B1，一直到Z1，然后又可以到A2，那么第76个小行星了就叫A3。1995SA10，代表1995年9月下半个月发现的第251颗小行星。有了这个临时命名，发现再多的小行星都没有问题。

你发现的这颗星过了几天找不到了怎么办？如果要确认这是一个真正的发现，还必须计算出这颗小行星的轨道，并切实观测到它的另外两次回归，这时才能正式编号，发现者才可以正式为它取名。比如，1955年，一颗叫1955DA的小行星被发现了，后来到1965年的时候它绕着太阳转又被观测到了，就是1965YN，然后又过了10年到1975年它又转回来了又被观测到了，就是1975SD。三次都被证实以后，国际天文学联合会小行星中心就给它一个正式的编号2197，这个编号是永久性的。发现这颗小行星的发现者有权利给它取一个永久性的名字，中国科学院紫金山天文台的天文学家最后做出决定，把这颗2197小行星命名为“上海”。

现在发现的小行星已经超过50万颗，有永久性编号的超过10万颗，有专名的大约12000颗，还有三四十万颗小行星没有达到永久性编号的标准。永久性编号好编，给它命名比较复杂。比如，第1802号小行星叫“张衡”，第1888号叫“祖冲之”，第2045号叫“北京”，第2197号叫“上海”，第2169号叫“台湾”。这里我们看一下第 1125 号小行星“中华”的故事。紫金山天文台是 1934 年建成的，天文学家张钰哲教授担任紫金山天文台台长长达 41 年之久。他是一位小行星研究专家，他年轻的时候在美国芝加哥大学的叶凯士天文台进行研究工作，当时他很年轻，就在那里他发现了一颗小行星，也是中国人发现的第一颗小行星——第 1125 号小行星。作为发现者他有命名权，他思念自己的祖国，就把这颗小行星命名为“中华”。张先生是 1986 年去世的，为了纪念他为中国天文事业做出的杰出贡献，后来有一颗小行星就以“张”来命名。第 3045 号小行星叫“戴文赛”，戴先生是中国的著名的天文学家，当年我在南京大学求学的时候，他就是我的系主任。还有很多小行星，叫“金庸”、“莎士比亚”等。

现在大家关心比较多的可能是近地小行星，就是那些与地球轨道相交的小行星，它们可能会撞击地球。现在发现的近地小行星已经成千上万了，对地球有威胁的是直径比较大的，小的进入大气层后就爆炸了，威胁比较小。直径大于 1 公里的近地小行星大概有上千个。

俄罗斯的小行星 2012DA14 与地球擦肩而过，天文学家是能够观测到的，而车里雅宾斯克的那颗陨星，天文学家们为什么事先就不知道呢？为什么没有提前发出警告？因为这颗小行星的运行轨道刚好朝着太阳的方向，没法看清，而 2012DA14 是在夜里过去的，所以天文学家能够观测到。而且这两个天体的轨道是不一样的，车里雅宾斯克陨星它前身的小行星轨道拉得很远，只不过是正好在那个时候和地球相交了，而2012DA14可不一样，它的轨道和地球的轨道本来就靠得很近，它不是一次过去就没事了，以后还有可能转到地球上面来，所以就要特别警惕。

天文学家们正在考虑一个项目，就是说要发射一个叫哨兵的探测器，让它在太空中监视那些小行星、小天体的运动轨道，这个要比我们仅仅在地球上面搜索巡视的效率高得多。

最近10年来，靠近地球的小行星，我按照它距离地球的远近排个次序。比如第一颗叫Toutatis的小行星，它的直径是5000米，离地球最近的距离是700万千米；第二颗小行星2005YU55，它的直径是400米，它可以到达距离地球32.5万千米的地方，就是说它已经比月球离地球更近。一个创纪录的数字就是在2004年的时候一颗小行星2004FU162曾经到达离地球6500千米的地方。

其实我们更关心的是未来会发生什么？科学家们预测了近100年之内将会接近地球的那些小行星，其中最引人注目的是2029年4月13日，第99942号小行星Apophis，它直径有393米，离地球最近的距离约3万千米。还有一些也很近，比如2095年有一颗直径7米的小行星，距离地球最近三四万千米。

怎么预防小行星来撞地球。首先，科学家必须把这些“危险分子”，一个一个记录在案，搞清楚它们的每一步行动。现在，科学家、天文学家能做到的是不断地完善监测数据库，完善它们的档案。小行星的轨道时常会发生微小的变化，因为它质量比较小，不像地球那样绕太阳公转的轨道很稳定，小行星在运行过程中可能会受到比如木星、土星等大行星的引力影响，从而改变轨道。每一种很微小的改变，都可能会对地球造成威胁。

世界各国为了应对小行星的侵袭，想了好多办法，当然这些办法还处于科学家们的设想、论证阶段，还没有做过试验。这里列举了几种可能性，也许有些方法会让大家觉得匪夷所思，有些事情不一定立刻能办到，但慢慢地还是可能做到的。

第一种想法叫雅科夫斯基效应，大概的意思是这样：一个小行星按照自己的轨道过来，我们要改变它的轨道，最根本就是要改变它的能量，它本身的能量改变了以后它的轨道也就改变了。不管是神舟十号还是天宫一号，它们在太空中间运行的时间长了以后会和地球大气产生摩擦，能量损失之后，它们的轨道会一点点降下来。然后再发射，轨道调节上去，它本身的能量改变了以后轨道就改变了，所谓的雅科夫斯基效应就是这样的。我们用人为的办法使得这颗小行星反射太阳光的能力增强，反射的能力增强了以后就有一个反冲，往前就会得到一个附加的能量，就是这么一点点，它的轨道可能就会发生一点微小的变化，经过一段时间的积累，它的轨道就会稍微偏开地球一点，这个太空中间的相撞事故就避免了。怎么样去改变这颗小行星反射太阳光的能力，怎么样实施这件事情，这还是一个技术层面的问题，这个方法如何实施，科学家们还在进一步研究。

第二种想法叫太阳帆，就是在太空中张一个大帆，比如用很薄的材料做一个边长几百米甚至上千米的一个帆。太阳总是在不断地发射出各种粒子，叫太阳风。太阳风打到这个帆上就可以驱动它往一个方向前进，科学家设想用太阳帆套住那个有危险的小行星，它就撞不到地球了。

第三种想法是用好多巨大的反光聚光镜把太阳光聚焦到这个小行星上面，把这个小行星表面烧得融化了，让它蒸发，固体变成了气体，往一个方向喷射过来，那么就有反冲力，从而使这颗小行星的轨道略微有点变化。

第四种想法是动力碰撞，就是不断地把一些重的东西用磁场或者其他方法抛射到小行星上，那么这颗小行星就会向相反的方向获得一个后坐力。那要抛射什么东西呢？有些科学家就提出，现在的太空中有那么多的太空垃圾，把这些太空垃圾统统都收集起来，然后聚到小行星上面去，就会起这个作用。

第五种想法是引力拖车，假如发射一艘宇宙飞船到这个小行星附近，让两者建立一种互相依存的引力关系。宇宙飞船持续、定向地行进，由于引力关系，飞船自身的运动变化也会造成小行星运动的变化，小行星的轨道发生偏离，也就撞不到地球上了。

最后，最容易想到的一个办法，就是撞击小行星，科学家实际上已经做过类似的实践，前几年有一颗彗星，科学家为了研究它的结构，就是拿了一个东西去撞击它。我们想象一下拿一颗铅球、一块海绵、一块木头分别撞一块铁，不同的材料会得到不同的结果，所以当时执行的就是深度撞击计划，用一个 300 多公斤的像炮弹一样的物体去撞击，撞得很准，结果这颗彗星的轨道也有所变化。那么如果小行星要撞击地球，是不是也可以采用这个办法呢？这个办法的效率不是很高，因为需要一个很重的物体进行撞击，那么发射的时候就需要很大功率的火箭，要有很大的能量，而且撞击的力量是不是足够大也是问题。人们自然地就想到威力更大的办法，就在小行星的附近进行核爆炸，用核能的威力改变小行星的轨迹。核爆炸的作用并不是要把小行星炸掉，而是给它一个推力。按照现在的科技水平，应该能够做到，但是实际上还没做过，因为到目前为止还没有一颗小行星真正对地球构成威胁。

小行星撞击地球的概率很小，危害不大，不必过虑。但是我们也要密切注视，以防万一。嫦娥二号在距离地球 700 万千米的时候成功地和小行星图塔蒂斯交会，它离这颗小行星最近的时候只有 3.2 公里，所以能拍摄到非常清楚的照片。我国的载人航天事业也在发展，最近大家最关注的就是神舟十号和天宫一号成功的自动交会。以后我们中国也会派出宇航员到月球上去考察，甚至于到更远的火星上去考察，这是势在必行的。美国现在的航天器已经能探测到整个太阳系里所有的行星。现在所有的航天器都是地球上的人费了很大的力量想了很多的办法发射到太空中间去的，目的就是让它们有能力探测越来越远的太阳系中间的遥远的天体。科学家们希望有朝一日，当一颗小行星到达离我们比较近的地方，宇航员就可以直接到小行星上去进行考察。我们现在对小行星还是不够了解，小行星上面有什么资源是可以被我们利用的，小行星还有什么特点是我们所不知道的，小行星给我们带来危险的同时也是给了我们一个机会，它自己送上门来，我们为什么不去好好探测一下呢。科学家们还在想人类为什么就不能够把一颗小行星当成一艘宇宙飞船呢。这样人类就可以乘坐这个小行星，到达太阳系的远方。所以这些都会为人类的航天事业带来一种全新的思路和手段，打开一个全新的局面。

太阳和太阳系是从一团星云，逐渐收缩演变而来的。地球、月球都已经经过了几十亿年的演化，都已经不是当时的情况了。那么太阳系当时究竟是怎么形成的，这个还是现在科学界的一个重大问题，因为人类的起源和生命的起源有关，生命的起源和地球的起源有关，地球的起源和太阳系的起源有关，弄清太阳系、地球、生命的起源，对人类的起源、人类的进化都是很有意义的。小行星可以告诉我们太阳系在几十亿年以前它的物质的状态是什么样子的。

最后，我觉得有句话很值得我们思考，著名的媒体人、科学家布洛诺夫斯基曾经说过：“我们生活在一个科学昌明的世界，这就意味着知识和知识的完整性在这个世界中起着决定性作用，科学在拉丁语中就是知识的意思……知识就是我们的命运。”发展科学、发展教育就是要掌握更多的知识，知识就是人类的命运，我们谁不愿意更好地掌握自己的命运呢？尽管宇宙中间的奥秘好像离我们很远，但是实际上离我们不远，它和我们人类美好的未来有着密切的关系。所以小行星究竟能给我们带来什么？它会带来危险，我们可以预防它；它还会给我们带来很多知识和探索知识的便利，我们要很好地利用它。

今天我就讲到这里，谢谢大家！

（以上内容根据 2013 年 6 月 22 日的讲座录音整理，略有删改）

月球与月球探测

焦维新

主讲人简介：中国科学院老科学家科普演讲团成员，北京大学地球与空间科学学院教授。

大家好，今天给大家讲讲月球文化与月球探测。为什么讲这个内容呢？因为，2013 年我国成功地发射了嫦娥三号，现在嫦娥三号还在月球上运行。当然，大家看到了报道，月球车出了毛病，但是第一个白天，它工作得非常好。我国已经获得了非常重要的数据，要不了多久我们将会公布。

讲到月球，我们首先要了解月球是一个什么样的天体，哪些方面值得我们去花力气去探测？其次，我要介绍月球文化，它和月球探测有什么样的关系？最后，我介绍一下我国的月球探测。

关于月球的基本的情况，我想从以下三方面介绍：一是月球的表面特征；二是月球的转动特征；第三是月球的整体特征。

我们先看看月球的表面特征，它是太阳系独一无二的天体。它独特在什么地方呢？我们在地球上用肉眼就可以分辨出它的表面特征。农历八月十四、八月十五两天月亮是比较圆的，仔细看的话月亮上有的地方暗一些，有的地方亮一些，这是我们唯一用肉眼就可以辨别出的月亮特征。当然看起来比较模糊，毕竟它距离我们 38 万公里。你要真想看清它长什么模样，还得从近处看。在月球的背面有个直径的 900 多公里大陨石坑，它叫东方陨石坑。在月球上还有个直径 2000 多公里的艾特肯盆地，它是太阳系最大的盆地。这个盆地究竟是怎么形成的呢，现在科学家还没有定论。月球上也分白天和黑夜，也有分界线。月球的北边，有许多陨石坑。一般的陨石坑都是中心是最深的，但也有的陨石坑中间鼓起个包，那是受到重击以后，经过尘土堆积和挤压而形成的。继续往北的地方就相对比较平坦，陨石坑也不太多。如果把月球上有些区域放在地球上，应当是风景不错的地方，有山、有水、有河流。在月球上，我们看起来像河流的地方实际是峡谷，像湖的地方实际是大的陨石坑。

根据制图原则，浅蓝色代表比较平坦的地方，深蓝色是代表比较低洼的地方，黄色代表地势比较高的地方，红的地势就更高了，月球朝向地球的这一部分是非常平坦的。到了月球的背面，就变成一片的红了，这说明那里的地势特别高，基本上都是高山。

月球朝向地球的那一面比较平坦，我们把平坦的地方叫作“月海”。月海的一角凹进去，其中伸向高原的地方叫作“月湾”。

虹湾是月海之一，我们要特别关注这个地区。因为嫦娥三号就是在虹湾附近着陆，为什么选择这个地方呢？它非常平坦。着陆的要求特别严格，美国和苏联以前也没在这个地区着陆。美国的一颗卫星叫月球勘测轨道器，它的分辨率非常高，就连 0.5 米那么大的石头它都能分辨出来，它曾公布嫦娥三号着陆点的情况。玉兔号月球车选择的着陆点非常好，尽管整体上这个地方非常平坦，但是局地还是有陨石坑的。月球背面是什么样的？那里高山林立，是地势最高的地方。大家知道地球上地势最高的地方是珠穆朗玛峰，有 8848 米。月球的最高点呢？比珠穆朗玛峰还要高出 1000 多米，达到 1 万多米。月球背面地形是比较复杂的。平坦的地方叫作月海。风暴洋是月球上最大的海。其实，月球一滴水都没有，既然一滴水没有为什么叫海呢？因为这是古代留下来的说法，古人认为这地方比较暗，可能是低洼地，低洼地容易积水，那应当是海，所以我国古代就给它取了“月海”的名字。现在低洼平坦的地方，以前都是大山沟。月球有过火山爆发，喷出的岩浆把低洼处填满了，岩浆凝固后变成的岩石，被称作“月海玄武岩”。它的反光性能不好，所以看起来很平坦。挨着雨海的山脉叫作高加索、亚平宁山脉。月球上的好多山脉都是用地球上著名的山脉来命名的。

月球这脸蛋可长得不好看，不是麻点儿就是坑，大概有多少个坑呢？直径大于1000米的陨石坑33000个，这个数字是根据月球卫星拍照得来的。没到过北京的人从电视上看天安门广场觉得广场非常大，但是月球上的陨石坑的直径都是1000米，那是天安门广场的1.5倍。那么大的坑有33000个，而且这些坑都是有名有姓的，那这些陨石坑都是根据什么命名的呢？这可不能用我们自己的名字随便命名，因为咱们还不够资格，那谁有资格呢？比如有名的神话人物——嫦娥，著名的科学家或者最早发现者、著名的科学家，最早发现者，他们的名字才有资格命名。

大家奇怪的是地球和月球离那么近，为什么地球上没有陨石坑？实际上，地球上的陨石坑比月球的多，卫星遥感可以辨别出地球上大的陨石坑有200多个，这些都是经过严格科学证明的。其中有一个陨石坑的发现过程很有意思，是墨西哥湾的，石油工人在开采石油钻探时发现的。石油工人没有见过这种岩石，于是请来地质学家勘察。地质学家认为这种东西地球上非常少，都是小行星才会有的。我们经常说恐龙灭绝是因为小行星撞击地球产生的，那是6500万年前了，如今我们证实了这个说法。月球上的陨石坑这么多，是不是都是现在形成的？根据科学家的分析，大多是在38亿年前撞击而形成的，那么月球多大岁数了？大约45亿岁了。月球上它没有水没有空气，陨石坑保留得非常完好。如果我们想要了解地球或者其他天体受撞击的历史，可以到月球上

去，可以把那里看成一个考古博物馆。

我向大家介绍月球是怎么围绕地球转动的。我们经常说月球到地球有 38 万公里这么远，但实际上月球围绕地球转的时候，不是绕着圆形转，而是绕着鸭蛋圆的形状在转动，解析几何叫作“椭圆”。月球沿着这样的线走的时候，每时每刻到地球的距离都是不一样的。根据计算，地球到月球最近的距离是 36 万公里，到地球的最远距离是 40 万公里。大家知道，地球围绕着太阳转叫公转，围绕自己自转轴的转动叫自转。地球围绕太阳转一圈需要一年，那么月球围绕地球转一圈需要多少时间呢？答案是 27 天 7 小时 43 分钟。自转轴转动一圈呢？也是 27 天 7 小时 43 分钟。这样会造成什么后果呢？如果不借助卫星的话，我们将永远看不到月球背面的模样，所以我们这辈子看到月球是这样，下辈子还是一样的。

月球有多大呢？月球的半径是地球的 1/4，物体在月表的重力是地球的 1/6。一位小朋友在地球上体重是 60 斤，如果他到月球上去，体重就变成 10 斤了。那么，在月球上我是不是就可以打破短跑世界纪录了，跑起来比博尔特都快呢？这个也是不一样的，因为人类已经习惯在地球重力环境下生活，如果你到月球上去，都不知怎么迈步。阿波罗航天员们在月球上是怎么行走呢？他们身体太轻了，走路时不容易掌握平衡，所以经常摔跟头。月球环境其实是非常恶劣的，上面没有空气，白天太阳一照 100 多度，夜间太阳照不到了，就零下 100 多度了。如果你是航天员的话，脑门受到太阳照射达到 100 多度，脑勺太阳照射不到，是零下 100 度，你说谁的脑袋能经受这样的一个环境呢？在咱们中国估计只有孙悟空有这么一个本事，所以如果宇航员在舱外不穿航天服的话，一刻都不能生存。

月球资源是非常丰富的，我在这里就不详细介绍了，有丰富的钛铁矿、稀土矿等物质。

接下来，我来给大家介绍一下所谓的月球文化，这里包含有两层含义，一是月球的存在；二是月球文化的发展。今天，我们重点来讲第二部分。人类对月球的了解促进了月球探测，所以月球文化和月球探测是相互影响的。月球对历法、绘画、摄影、文学等文化领域有很深的影响。

我们首先了解下月球历法。在场的小朋友们好像不太注意这个问题，但家长都知道中国有阴历和阳历之分，小朋友大多数知道的应该是阳历。阴历是什么呢？那是按照月球围绕地球的周期计算的，但是，这种算法时间一长，日期跟季节相差太大，所以需要通过闰月的方法来调整，于是我们称这个为阴阳历，就是现在说的农历。那就是说，中国的历法是跟月球运动是有关系的，是非常科学的。

月球与诗歌、戏剧、音乐的关系那就太大了，可以说比比皆是，比如“但愿人长久，千里共婵娟”，这就很好地表达了人们的思念之情。中国台湾的著名歌手邓丽君还唱过这首歌，现代歌曲

运用月亮表达感情的就更多了，比如《十五的月亮》《月亮代表我的心》等等。除了中国，国外也有许多关于月亮的优秀歌曲，例如《蓝色的月亮》，被评为20世纪十佳月球乐曲之一。还有国外的一些古典音乐，如贝多芬的《月光奏鸣曲》、法国作曲家德彪西的《月光台》，都是脍炙人口的经典作品。除了音乐，还有很多神话故事都是跟月亮有关，如“嫦娥奔月”“玉兔捣药”等等。

绘画与摄影作品也将月球的美烘托得惟妙惟肖。关于月球的文学作品、影视作品都是非常有名的，除了这些，最容易让我们对月亮产生联想的自然就是一年一次的中秋节，我们吃月饼、赏月，住在海边的孩子们还可以看潮汐。这里我引用一首苏轼写的诗词：“天台桂子为谁香，倦听空阶夜点凉。赖有明朝看潮在，万人空巷斗新妆。”“万人空巷”是指全部人都挤到街上去看，然后就是巷子里面都没有人了。孟姜女庙也有一副对联，横批是“万古流芳”，两边的一副对联是“海水朝朝朝朝朝朝朝落”和“浮云长长长长长长长消”。从这些地方可以看出中国人在语言文字方面杰出的才能。

20世纪美国实现载人登月，他们新的计划是重返月球，叫作“猎户座计划”。猎户座是天上一个非常重要的、非常亮的星座。中国的探月计划叫作“嫦娥工程”，另外一个我们还设计了一个非常有文化内涵的探月标志。这里我解释一下，整体由一弧和两点巧妙形成古文“月”，圆弧的起笔好像龙头，代表中国像龙那样腾飞。落笔处的那些白点代表和平鸽，表达中国和平利用太空资源的美好愿望。两个点就像两个脚印，代表中国人的终极梦想，总有一天我们要踏上月球。

第三，我具体讲讲月球的探测，我想讲这三方面的问题：月球探测的历史、嫦娥工程和未来探测。我把月球探测分成四个历史时期，高峰期是 1958 年到 1976 年。在这段时间，美国、苏联进行太空竞赛，同步发射了 95 颗卫星，只有 42 颗成功，成功率比较低。这场竞赛，苏联赢了开始，美国却笑到了最后。前几颗卫星都是苏联发射的，第一枚飞越月球的探测器、第一枚撞击月球的探测器、第一枚飞到月球背面的探测器，都是苏联发射的。大家要知道 1959 年就能发射到月球背面的探测器，是很不容易的。面对苏联取得那么多世界第一，美国的老百姓就不干了，纷纷责问当时的总统肯尼迪。后来副总统约翰逊就给肯尼迪支了个高招，研究载人登月。因为美国的大运载火箭要比苏联先进。肯尼迪就采纳了约翰逊的建议，决定正式启动阿波罗计划，要在十年内将美国的航天员送上月球。1969 年美国人登上了月球，并把美国的国旗插在了月球上。但是，到现在为止，还有人说阿波罗登月是个大骗局，是美国人在好莱坞的摄影棚里拍摄出来的。其中说阿波罗登月是个大骗局的人也是根据下面这张照片，大家看看这张照片有什么问题吗？

图 1　阿波罗登月

美国的国旗在迎风飘扬，月球上面没有空气，国旗如何飘扬呢？因为，旗杆还在摆动，我们看上去就好像是迎风飘扬，其实没有风。但是阿波罗登月确确实实地进行了。美国成功登月 6 次，12 名航天员登上了月球。苏联人也想发展载人登月，但是他们的大运载火箭不过关，N1 号运载火箭 4 次发射全都爆炸了，最后只好放弃载人登月，但他们发射了 24 颗月球探测器，其中有两个月球车取样返回，所以说，苏联人对月球表面的情况也是有些了解的。

寂静期是 1977—1993 年，世界上没有发射一颗专门的月球探测器，为什么呢？一是政治竞争有输赢了，美国笑到了最后。另外，美国的兴趣转向航天飞机，而苏联的兴趣转向空间站。

恢复期是1994—2004年，这段时间美国发射了三颗探月卫星，其中一颗还是美国国防部发射的。

2007年，月球探测进入了新发展时期，日本、中国、印度和美国都相继发射了月球探测器，日本的月球探测器叫“月亮女神”。日本的照相机很挺发达，他们拍摄了好多高清精度的立体图。美国发射了一个是叫大卫的月球勘察轨道器，它的照相机的分辨率非常高，主要任务就是为了寻找着陆点。布什决定启动猎户座计划，他希望美国人重返月球，那么着陆点就得选得精确一些。

美国还发射了另一颗叫作月球陨坑观测和遥感卫星。这颗小卫星要让它一头撞到陨石坑里边，小卫星的力气比较小，还得带个末级火箭跟它一起飞，从南极垂直撞过去，撞到陨石坑里边，看这个陨石坑是不是有水。

这颗小卫星选择的是卡比厄斯陨石坑。科学观测认为这个陨石坑的底下有水和冰。小卫星到了月球附近就与末级火箭相分离。末级火箭奔向月球的陨石坑，小卫星在后边跟着。小卫星有好多摄像机，拍摄照片，然后传回地球。这是第一次直接证实月球底部确实有水。

下面，我介绍一下中国的嫦娥工程，也就是绕月球落回。所谓“绕”，就是指发射环绕月球的卫星，“落”是指在月球上软着陆，

“回”是指把月球的样品带回地球。2007 年 10 月 24 日，我国发射了嫦娥一号，这颗卫星是在西昌卫星发射中心发射的。

嫦娥一号还传回了万户陨石坑的三维图像。中国明朝的万户是最早做飞天梦的人，他想坐在大椅子上，绑上 47 支火箭，手拿两只风筝飞起来。这种想法现在看来特别的幼稚。但是这个故事不光中国人知道，连外国人也知道，所以月球上的一个陨石坑就被命名为万户陨石坑。我们现在经常讲梦想，万户就是第一个做飞天梦，而且是为这个梦献身的人。

嫦娥第一号绕着地球飞了好几天才奔向月球，因为我国当时对运载火箭速度控制还没有谱。嫦娥二号，我国有了三项改进：一是直接奔向月球，节省时间；二是嫦娥一号的轨道高度是 200 公里，嫦娥二号的轨道高度是 100 公里，到末期的近月点是 15 公里；三是最重要的，嫦娥二号在完成使命后，还要继续飞行。因为它还有些燃料，它首先要飞到距离地球 150 万公里的地方，在第二拉格朗日点观测太阳。然后，再飞到离地球 700 万公里的地方，与一个叫图塔蒂斯的小行星相遇。为什么对这个小行星感兴趣呢？因为根据我国观测，这颗小行星具有撞击地球的危险性。

我国月球车最有特色的仪器是什么呢？一个是测月雷达，它可以测量从表面到深度 100 米以下的结构，这是其他国家从来没有做过的事情。我国的嫦娥三号实现了“软着陆”，为什么取得了成功呢？我总结了以下四点：一是经济的持续发展，为航天事业打下的经济基础；二是造就了一大批年轻有为，特别能战斗的航天队伍；三是完善了科学的管理方法；四是全国大协作，全国有230多家单位参与了嫦娥三号的研制工作。

今天演讲的最后一个内容是介绍月球车。月球车摔倒之后，能自己爬起来吗？我说它应该没这个本事，但是月球车有避免摔跟头的措施，因为它上面安装了避免各种灾害的相机。一看前面有一个大的石头或者大的陨石坑，月球车就会绕个道，不过去了。经常有同志问我嫦娥工程的探测计划。其实在中国没有正式决定搞探月之前，学术界开了很多次研讨会，就在论证中国要不要探月，中国怎么探月。我国计划在2015年发射嫦娥四号，嫦娥四号跟嫦娥三号大体上是一样的，任务也是一样的，但是嫦娥四号着陆点不会在虹湾了，会选择别的着落地。另外，着陆器和月球车上的仪器也会有新的变化，最重要的一项工程就是2017年我们要发射嫦娥五号，并且要取样返回，这是最重要的。如果我们进展顺利，有可能在2028年实现载人登月。嫦娥三期有哪些技术难点呢？有四大技术难点：第一是月面钻探取样。一个钻机，要钻两米深，从月壤底下取回两公斤的样品。第二个难点就是如何把两公斤的样品带回地球。新的着陆器跟嫦娥三号是不一样的。嫦娥三号只有一级，新的着陆器有上面级。上面级有两个任务：一是把样品包装好，不能受到大气的影响；二是它自己带有动力系统的火箭发动机，等样品准备好以后，火箭的发动机自动点火，离开了月

球表面。着陆器先围绕着月球转，再与一艘母船交互对接，对接以后母船点火返回来。第三个难是它如何与母船对接是一个难点。我们需要在地面上布置很多的测估站，还需要其他卫星来保驾。第四难点就是回来如何进入大气层，因为它回来的速度大概是每秒 11 公里，第二宇宙速度才 11.22 公里，也就说物体以每秒 11.2 公里运动的话，那就完全可以离开地球的引力，飞向更远的太空。若直接钻入大气层里，剧烈的摩擦都会发生烧毁。如果这样的话，我们连航天员的影子都见不到了，他们在大气层里就变成气了。你往水里扔一块石头它肯定落到底了，但是如果平投打水漂就不会。我们也是采取这种办法，飞行器一进入大气层打个漂，漂起来然后再落下来，但是如果角度太陡了，一头扎到大气层里边也会烧毁。如果漂得太远，落地点跑到国外去了，那你就是侵犯别国主权，容易引起了国际争端，所以这个控制非常难。那怎么办呢？我国已宣布要发射一颗试验卫星，它不落月也不取样，只记录轨道数据。

嫦娥三期工程真是一步一个坎啊，每走一步都要面对很多技术难点。如果上述技术难点不过关的话，我国就很难实现载人登月计划。载人登月还有一个技术难点，就是大运载火箭。我们现在的运载火箭，能把 9 吨的东西发射到 350 公里的低地球轨道。2017 年，长征五号运载火箭投入使用以后，它的能力是 25 吨，但是载人登月的话，至少需要 120 吨。现在的运载火箭是直径 3.5

米，长征五号运载火箭直径是 5 米，将来要研制的大运载火箭直径是 9 米。

美国在 1969 年登月了，我国在 40 年以后再登月，这有什么意义？不一样，我国的载人登月与建立月球的基地是统筹考虑的，美国同步载入 300 公斤样品，我国以获取更多的科学考察结果为目标。另外我国采取的方法是两次发射，一次低地球轨道交互对接，将载人和载物分开，这会更安全。还有一个特点就是我国逐步实现全月面着陆，美国阿波罗只在朝着地球这一面，基本在赤道地区，将来我们可能在极区，甚至在月球背面着陆，这样的话可以取得更多的科学数据。

两次发射的主要目的，就是先用登月舱末级火箭把登月舱发到太空去，先围绕低地球轨道运行，这次发射不是载人的。然后，我们再发射一个小的载人飞船，这样比较安全。

载人飞船要和先进入轨道的登月舱对接，航天员从飞船进入登月舱之后，它俩分离，登月舱就飞向月球，载人飞船继续围绕着月球运行。飞船一共能载多少人？ 4 到 6 人的水平。阿波罗飞船只能载三个人。航天员到月面进行科学考察，考察完了以后带着样品回来。上面级点火，登月舱就进入到环绕月球轨道，跟在月球轨道飞行的飞船对接，然后航天员从登月舱进到飞船，登月舱就扔在月球了，变成一个太空垃圾了。飞船再点火返回地球，进入到大气层以后，返回舱跟飞船分离，返回地球。

如果我国实现了载人登月，那最高兴的是嫦娥，她在广寒宫里呆了几千年了，也见不着亲人，所以我选了一首诗描述嫦娥的心情：

广寒宫内冷清清，唯有玉兔伴我行。

忽然飞船天上落，原是亲人到宫中。

从此嫦娥不寂寞，翩翩起舞伴英雄。

亲人科考我带路，盼君长久驻月宫。

长久驻月宫就是我国要建立的月球基地。初级月球基地，都是在地球做好的，再到月球组装。2040年一直到2050年的高级月球基地将是什么样的模样？在座的小朋友们到那个时候正好都是年轻有为的年纪，所以面向未来建立月球高级基地的任务就落在你们身上了。到2040年，人类说不定可以在月球上居住了。新型的月球车的载物功能可能要到2050年以后实现。2050年以后的月球登月舱会比较大，人类可以到月球考察，可以还到月球旅游的。将来人类还会建设月球铁路，月球磁悬浮列车等等。为了实现这些美好的愿望，需要我们一代又一代的人努力。

我今天讲的内容都收录在我刚出版的《月球文化与月球探测》里边。最后我想用俄罗斯著名的火箭专家齐奥尔科夫斯基的一句名言作为我这次讲座的结束语，他说："地球是人类的摇篮，但人类不能永远躺在摇篮中，而应不断地探索新的天体和空间，人类将首先穿出大气层，然后去征服太阳系。”我今天的讲座结束了，谢谢大家！

（以上内容根据2014年4月12日的讲座录音整理，略有删改）

无人机揭秘

徐邦年

主讲人简介：中国科学院老科学家科普演讲团成员，空军指挥学院研究员。曾被评为“空军十航校教学积极分子”，荣立三等功一次，嘉奖六次。

各位朋友，晚上好！非常高兴今天晚上能来台州市图书馆为同志们讲无人机。什么叫无人机呢？就是没有人驾驶的飞机。它是靠无线电，还有一些传输系统、控制系统等来操纵的。通过这些操纵，才能达到我们的要求，完成赋予它的各种各样的使命。美国很早就认识到这个问题了，所以在2001年的时候搞了一个《国防法》，其中就提到一些议项，比如，他们设想2010年的时候要使他们空军的武装力量当中有1/3是由无人机组成的。现在，他们已经达到这样的标准了，所以在很多战场上都大量地使用无人机。现在研究无人机的国家也是非常多的，形成了一股热潮，其中有30多个国家能够自行研制无人机，50多个国家装备了无人机。现在，全世界大概有两三万架无人机，品种有200多种。

无人机的研究为什么会这么热呢？我们先从它的历史角度来说一下。第一架无人机的制造时间说法很多，有人说是1909年，有人说是1914年，有人说是1915年，学术界承认的是1914年。最早是英国国防部的两位将军提出来的，随后英国就搞了一个小组专门研究无人机，前后花了十年，中间陆陆续续做出来，每次都失败。其中有两次，第一次用无线电控制，放飞以后飞机就在很大的角度下失速掉下来，没有成功。还有一次，飞机飞着飞着动力没有了，就掉下来，所以无人机的研究过程是经历了很多曲折的。美国在1915年也搞出来了。它是用一个轨道，在上面再搞一个滑车，然后通过滑车把发动机启动，产生拉力就带动这个滑车一起前进，无人机就脱离轨道飞起来了。这个无人机上面还装了136公斤的炸药，成功把目标给炸毁了。

无人机的发展大体上分三个阶段。第一阶段是1927年开始研究到一九六几年真正形成战斗力的这段时间。比如，越南战争中就大量地使用了无人机，美国人把无人机放到中国进行骚扰。1963—1964年，他们在海南岛的外面投放B52轰炸机，然后从广东到广西，又从广西跑到湖南，从湖南再往江西跑，最后到福建，这么一圈下来，把我们整个福建前线，包括一线二线三线主要部

队的情况都摸得一清二楚了。我们的部队很讨厌它，就想把它打下来，曾经多次进行较量都没打下来。我们的通信部队急了，怎么办呢？当时的司令员刘亚楼就组织了好多个小分队从理论和实际上研究这个无人机，到底该怎么打。所以，真正有人机和无人机的第一次较量还是在我们中国发生的呢。当时理论界提出一个办法，就是让飞机俯冲到一定位置后，再拉起来飞到某一个高度，然后进行攻击。飞机有个升限或叫净高度，就是飞机上升力达到某一个数值的时候，再往上走就非常困难了。当时“火蜂”飞机能飞到一万七千多米，我们的飞机是歼-6，净升限也就是一万六左右，够不着它，怎么办？他们就想了一个办法，先俯冲，然后拉起来，叫作飞动升限，靠动能。可能我们小朋友不知道什么叫动能，就是靠飞机速度，让它随着惯性冲冲冲，冲到某一个高度，这个高度要比我们刚才讲的净升限的高度要高得多，这样子就可以把飞机击中了。可是这个操作难度非常大，因为飞机上升到很大角度的时候，本身就很不稳定了，摇摇晃晃，会影响瞄准，影响飞机攻击的准确性。而且因为飞机本身是动升限，到了一定位置以后，稳定的时间很短，大概十几秒钟就会掉下去，所以，这对飞机连的作战技术提出了很高的要求，要求飞机能够在短短的三四秒内把瞄准器打开，还要把它的光环收缩包好，才能发射导弹或开火。当时还没有导弹，要开炮才能把它打下来。到了1964年的11月，美国又投放“火蜂”，我们当时前后启动了三四个小分队，都没打中。这时候火蜂已经快到边境线，马上就要出去了，再打不中，那就完了。小分队里有个叫徐开通的飞行员，技术过硬，他就采取刚才讲的办法，稳下来，然后稳定，它达到的高度是一万六千多米，离“火蜂”的距离是三百米！他在短短的几秒钟内，把光环打开，迅速瞄准飞机，然后再把光环缩小缩小，把它稳住、包住，再开炮，从三百米一直打到一百四十米，才把它打下来。美国人也非常狡猾，就把飞行高度，升到一万八千米，而且飞一段时间就改变姿态，所以你始终摸不清它的运动规律。这时候我们也换了飞机，换了歼-7，这个歼-7的升限比原来的要高一些，飞行员叫张怀连，是空军第一师的。1965年元月2号，美国人以为我们跟他们一样，放假过节去了，谁也不值班了，就偷偷地放飞机。这次这个飞行员技术更加过硬，他在200米的时候，采取一系列的操纵办法，从200米一直打到60多米。这就是当时有人机和无人机的作战，在我们中国发生的。这个时期，美国在越南战场上大量地投入了空军部队，飞机有几千架。中国和越南部队使用飞机、高炮部队、导弹部队进行攻击，最后打下来2600多架飞机，美国飞行员的损失也非常惨重，大概有五千多名。可是在这个时候，美国有一个非常有名的第100战略侦察部队，全部都是用无人机。这个无人机部队在整个越南战争当中投放了3650多架次飞机，其中有2600多架次飞机都收回了，大概有84%。这样一比较，他们就感觉到无人机确实有很大的作用。

中国在很早的时候也研究无人机，做得很成功。现在我们每一个陆军部队都有一个靶机分队，就是专门训练高炮部队怎么打空军飞机的。

第二个阶段出现了无人侦察机，就是在这一段时间，我们中国自己研究出了无人机——长虹一号。

第三个阶段，就是目前这个阶段，无人机飞速发展。研究的热点是长航时无人机、无人战斗机和微型无人机。什么是长航时无人机呢？就是它们能够飞行的时间非常长。比较著名的像“全球鹰”，它的飞行时间可以达到 48 小时，有的报道说能飞 7 天。隐形的无人机也是最近才出现的，是 1995 年，第一架“暗星”无人机出现了，它的飞行高度是一万四千米左右，飞行时间是 8 小时，属于小型无人机。“全球鹰”的分辨率是非常高的，它在五千米到七千米的高度飞行的时候，可以看到我们这张纸上的字。

为什么现在无人机有突飞猛进的发展，我从四个方面来说一下。一是政治军事上的需要。比如在越南战争中，投入的空军牺牲太多损失太大，导致当时美国国内的反战情绪非常高昂。无人机的回收率是 84%，而且即使飞机损坏，也不会有人员损失，不良影响非常小，所以在军事上、政治上需要无人机。在军事上有两次战役，使人们对无人机有了更好的认识。第一次是在 1982 年 6 月 18 日、19 日两天，叫作贝卡谷地之战。这个地方属于黎巴嫩地区，叙利亚经营了十年，花了二十亿美元，建立起了 19 个导弹阵地，全部是萨姆 –6 导弹。以色列在作战之前派了“猛犬”无人机，这种无人机不是很大，速度也不是很快，可它可以模仿美国的作战飞机。这两个飞机派出去以后，整个叙利亚的空军阵地上非常不安，以为是以色列的空军过来了。叙利亚空军赶紧把所有的雷达都打开了，然后又用导弹袭击，打下来一看，没有一个尸体，落下来的都是橡皮、塑料，就知道上当了，赶紧把雷达关上。可是已经来不及了，这两个无人机已经把雷达的信号全部吸收了，形成数据，传到以色列的空军总部。以色列空军总部得到信息后，马上派出多种战斗机，仅 6 分钟就把叙利亚所有的雷达导弹阵地全部摧毁。这次战役，叙利亚损失惨重。这次战役，使军事界对无人机的认识非常深刻。

还有一次战役，也使得人们对无人机的认识更加深入了，这是在 2001 年 11 月 3 日。有一种无人机叫“捕食者”，属于中型无人机，飞行高度可以达到一万多米，分辨率也相当高。当时拉登等恐怖组织对美国骚扰非常大，所以美国人就想了一个办法，在“捕食者”上装了一些导弹，既可以当侦察机用，也可以作为对地攻击机来用。有一次，拉登的头目在一幢大楼里面靠着窗户在那儿研究行动方案，“捕食者”就把他讲的话全部录下来，又把信息传到美国本土。它的分辨率很高，虽然距离有四五千公里，但是这个影像非常清晰，通过分析，确认这就是拉登的头目。这几个人商量完了就坐车出发，准备离开阿富汗边界。这时候美国的飞

机呼啸而来，对车队进行猛攻，把车队100人全部击毙。这次战斗使人们对无人机的认识更深入：它不仅可以作为侦察机来用，还可以作为对地攻击机来用。

第二是经济上的制约，无人机在作战使用和维护，成本优势更突出。无人机最大的特点是没有人，所以就没有座舱和驾驶舱。驾驶舱相当于整个飞机重量的15%，也就是说无人机价值至少要比有人机便宜15%。一架有人的侦察机，比如美国高空有人机侦察机SR71，飞行高度是3万米，飞行速度是音速的3.2倍，价格是两千万美元。可是一架无人机，像“全球鹰”价格只需要1000万美元左右。无人机性价比也是非常高的。比如，有人战斗机的作战寿命八千小时，其中要花7600小时来进行训练，95%的钱是用在训练上，真正用来打仗只花了百分之五的钱。无人机就不一样了，可以用50%的钱来训练，50%的钱来打仗。从另外一个角度来讲，飞机出现问题，救一个飞行员花的钱就更多了。比如在1995年6月的波黑战争中，有一架F16战机出问题了，飞行员就跳伞了，为了救这个飞行员，北约用了6天的时间，动员了40多架飞机，花了将近两亿美元。因此从经济上考虑，也要发展无人机。

第三个方面，无人机用处非常大，军事效果是有人机不可替代的。它可以长时间在空中巡逻侦察，一旦有什么情况，马上就可以处理，有人机就不行了，人要吃喝拉撒睡，不可能在空中呆那么长时间。俄罗斯在这方面也有很多的经验。比如车臣战争，打得时间很长，最后也是依靠无人机。有一次，车臣反政府力量的首领用手机打电话，无人机发现了他，就把信息定位，然后马上派战斗机去把这个大楼炸毁，这个首领就这样被炸死了。同时，它的侦察能力也是非常强的。比如“全球鹰”，它一天可以侦察1900个目标，侦察的范围可以达到32万平方公里，比一个韩国的面积还要大。它的侦察效果也非常好，在4000多米之外还能够分辨讲话声音。另外，还可以做诱饵，比如“猛犬”无人机，可以释放干扰电磁波，伪装出一个巨大的轰炸机或者是作战飞机，把敌人的各种设备引诱出来，一举歼灭。

什么叫反辐射无人机呢？它和导弹差不多，不过比导弹更加灵活。反辐射无人机可以长时间在空中翱翔，等到敌人把导弹、雷达打开，它马上就可以把雷达的信号接收到，即使敌人的雷达马上关机，也没关系，它有一个记忆功能，可以把信息存储起来。比如以色列的“哈比”反辐射无人机。

无人机除了刚才讲的这些作用以外，还可以用来打巷战。美国在第二次海湾战争当中，用了大量叫作“龙眼”的无人机。“龙眼”无人机装配非常容易，只有15厘米大，一个小时就装配起来了。它可以飞到一百多米的空中，在3.5公里的范围内拍照摄像，通过数据链传到指挥部，指挥部就可以接收到这些信息，决定怎样攻击。所以美国人在第二次海湾战争中，不是我们所想象的那

样，打得很艰苦，而是打得非常好。他不仅用了这些无人机，还用了一些机器人来排雷。在这些危险情况下，无人机在民用方面可以执行很多任务。汶川地震的时候，有的地方部队派不进去，在这种情况下空军就派一架无人机去，它可以摄像，还可以超低空，100多米、50米、再近一点30米，都可以，而且拍得非常清晰。还有洒农药，农药对人体的影响非常大，可以用无人机去洒。还有，我们现在的高速公路上面经常有车祸，可是信息传得太慢，得打了电话再派人去。我们可以定时定期用无人机去监测，随时随地都可以监测到公路上的状况，一旦有情况，摄像机拍好了传过来，了解情况后马上就可以采取行动，非常方便。还可以利用微型无人机监测气象，对整个地区进行监测，甚至一个巷子里面的气象都可以及时地监测到，一旦有污染马上就可以检测出来。还有拍电影，比如《三国演义》的部分场景就是用无人机拍摄的。

第四是技术上的支撑。无人机的组成主要有两个部分，第一个是平台，第二个就是管理控制系统。平台里面包含的技术很多，比如它的电子设备。它要有摄像机，要求非常灵敏。它要有雷达，分辨率也要非常高。还有就是录像记录以后要传输，数据传输系统也是非常需要解决的。传输系统要非常好，能够及时把数据传给指挥部和需要的人。战士带上电脑，一打开就可以接受无人机传来的各种信号，所以一个班带一部电脑就可以决定怎么打仗。我采取什么样的进攻方式，派什么样的武器，需不需要坦克，根据情况都可以确定。还有一个就是控制系统，现在非常庞大。比如“全球鹰”的控制系统、操作系统，整个要 100 多人组成。“捕食者”也是这样，需要的人员非常多。这个操作系统大体上有两个部分，一个是天线，一个就是操作系统。这个操作系统有驾驶杠，还有油门杠，电脑还得记录无人机的运动轨迹。有人说利用操作系统可以这样做，比如，我拿鼠标画一个圈，飞机就按这个圈来飞行；我拿鼠标在计算机上画三角形，无人机就可以按照三角形来飞，操作起来非常灵活。这是它的传感器、天线等。我们近距离看下它的操纵台，像“全球鹰”，要有几十个，每人各负责一套，有的人负责它的舵面操作；有的人负责它的油门操作；有的人负责它的摄像机操作；有的人要负责雷达操作等等。它的操作方式有两大类，一个就是程序控制，比如刚才讲的这个三角形，我事先要搞一个软件，只要画一个三角形，它马上就形成了一个预定的操作软件。这个操作软件就可以指挥无人机按照这个摄像来分析，比如说我 6 点钟在台州，6 点零 5 分到临海，6 点 10 分又到什么地方，按照这样的程序来飞。美国 F-22 出现问题就是因为它的计算机系统不过关，还有一种就是遥控的办法，利用操纵杆来操纵。这个操纵的效率非常高，比如“全球鹰”，距离五千多公里还能操纵，功率要非常的高，否则操纵不好。

下边我再简单介绍一下世界上典型的无人机。

第一种是“全球鹰”，世界上最大的无人机。它完成了从美国

到澳大利亚的飞行，成为历史上第一个能够跨太平洋飞行的无人机，航程可以达到2.8万公里。它的分辨率也非常高，可以识别在20—200千米范围内所有的静态和动态目标，误差只有12米。它的活动半径可以达到五千五百公里，最大的活动半径可以达到一万公里，价格是七千三百万美元，是目前世界上效果最好的一种无人机。

第二种就是“捕食者”，刚才我讲了它在两次战役中起了很好的作用。大家可以看下这架飞机就是“捕食者”。它能发射导弹，非常精确。它有一个完整的系统，包括4架无人机、一个地面站控制站，总价值是三千万美元。它的飞行高度是3000—4000米，可以连续飞24小时。它的操作员也是非常多的，一个系统包括28名工作人员，其中有6名是无人机操作员，12名是一般操作员，4名协调员，6名维护人员。

第三种是微型无人机，就是小于15厘米的飞机。大家看看这个飞机，可以放在你们的手上，还有比它更小的，只有指甲盖那么大！我看到的最小的无人机只有8毫米！这是我们中国上海交大做出来的。它可以飞到100多米，动力全靠这一毫米的电动机。这样的电动机，要在显微镜下制作。制造微型无人机除了要微型电动机以外，还要有微型喷气式发动机，微型喷气式发动机有多大？就是钢笔那样的大小，但它产生的速度可以达到每小时400多米，这是微型飞机的第一个关键技术。第二个关键技术就是它的升力。我们知道能飞的除了鸟儿，还有昆虫，比如蜻蜓、蝴蝶。研究发现蜻蜓和蝴蝶产生的升力，相当于鸟翅膀的5倍，所以有人讲21世纪的飞机模拟的很可能不是鸟的翅膀，而是蜻蜓、蝴蝶的翅膀。当然还有很多技术问题需要解决，比如蝴蝶的翅膀是上下振动，我们的飞机可不能这么振动。蜻蜓除了能上下扑动还可以前后扑动，这些技术都需要解决。第三个关键技术，就是它的稳定性。这个微型飞机很小但需要很强的稳定性，怎么解决呢？美国有些科学家用了六年的时间来研究苍蝇，发现苍蝇的翅膀下面有两个小黑点，其实是两对退化了的翅膀。一般昆虫有两对翅膀，它只有一对，那么另一对跑到哪儿去了？原来是退化了，藏在大翅膀的下面。这对退化了的翅膀一秒钟能振动150次，起到了稳定作用，要是把它摘除了，苍蝇就稳定不了。它还可以起到操作器的作用，所以苍蝇飞起来很稳定，可以迅速转弯，非常灵活，被人称作昆虫里边的战斗机。它的飞行速度可以达到每小时40千米，而且在我们人群里飞来飞去都不会撞。人们根据这样的原理研究了新的稳定器，叫作“振动稳定器”，可以做得很小，装在微型飞机上就起到了很好的稳定作用。第四个关键技术就是这些微型飞机要是作为侦察机用的话，至少要有摄像机。这个摄像机不能做得很大，否则装不上去，而且精密度要很高。这个关键技术要解决了，微型飞机就会大大发展。现在有一种作战方式叫作斩首行动，就是打仗的时候不是一个排一个连的去打，而是先

把你的头目给打死。怎么打？派出特工，带上“小鸟”、带上“苍蝇”等微型飞机，到对方的首都一放，把它的头目炸死。

还有一架飞机，也值得给大家介绍一下。我们中国有个小伙子，叫胡铃心，这是他在大学三年级时做出来的飞机，重量才38克。刚开始只能飞10秒钟，因为它的动力不行。它的动力只是一个电动机，只能产生8瓦的功率。这位同学和他的伙伴们利用假期，克服了很多的困难，做了很多实验，最后才把电动机给做出来，可以产生23瓦的功率。这架飞机在2003年大学生科技比赛中获得了特等奖。当时同样的飞机，美国最新型的也就飞了6分钟。这位同学上学的时候功课一般，但动手能力很强，有15项发明，6项获得了专利，所以高考时尽管他的分数刚刚过本科分数线，但是南京航空航天大学还是破格录取他了。后来他又读了研究生、博士、博士后，留学专门研究微型飞机。前年他获得了“全国十佳青年”称号，非常不简单。他和伙伴们还研究出了各种各样的微型飞机。

下面再给大家介绍一下科学家们的设想，就是把芯片装在苍蝇身上，指挥苍蝇按照人的需要去飞行。但这仅仅是一个设想，因为牵涉的学科太多，生物学科要研究，芯片和哪个神经接触指导它飞行，和哪个神经接触指导它停留等等。现在科学家能做到的是，把鸽子的头皮打开，植入芯片，然后就可以指挥它来飞行。目前，山东科技大学机器人研究中心实现了用人工电信号遥控制导鸽子。科技人员将芯片安装在鸽子头上，鸽子就能够按照计算机发出的指令来做事，实现各种线路的行走，并且可以强制其起飞。

下面再简单介绍下目前无人机的研究方向——无人战斗机，这是我们空军未来发展的方向。美国有一个无人机，叫 HIMAT，是在 B52 轰炸机上投放的，它的机动能力很大。我们飞机的过载，通常只有 9 倍，就是说它的升力能够是飞机本身重量的 9 倍，可是这个飞机，升力可以相当于它本身重量的 23 倍，机动能力非常好。理论界讲，它可以打败有人机。可是美国的有些飞行员不服气，说不相信有人机打不过无人机。后来美国的科学界就安排，干脆有人机和无人机打一打。这架有人机叫 X–29 战斗机，机动能力非常好，后来经过较量，前后一共打了 43 次，有效记录是 23 次，每一次都是无人机打败了有人机。其中有一次两架飞机对头攻击，无人机想绕着飞过去，引导有人机转过来攻击，有人机正在转弯的过程当中，突然指挥部告诉他，你已经被无人机瞄准了十几秒钟，达到射击的条件，被击落了。这就是说这个无人机机动能力太好了，好像孙悟空一样一个跟头翻过去就翻到有人机的后方进行攻击，所以空战效果就比有人战斗机要好得多。现在美国在大力发展无人战斗机，最有名的就是 X–47B。非常大，可以带 2000 磅的炸弹或者导弹，现在已经处于试飞阶段了。最早的 X–47，翅膀是两个三角形对在一起，现在新的 X–47B 在技术上改进了，将来可以作为航母上的舰载飞机来用，使得航母装载飞机的数量大大地增加，改变海上作战的情况。我们来看它在2011年首飞时的情况，是用汽车拖着的。这是地面操作系统。首飞的时候，另外还有一架飞机陪着它，升起来非常快。这是着陆的情况，它是隐形的，连垂直尾翼都没有，隐形效果非常好，敌人不容易发现。它的起飞重量可以超过20吨，载重是6吨，比F-16战斗机载重量还要大。它的作战半径可以达到800海里，留空时间可以达到30小时，最大的优势是可以隐形，突发能力很强，完全可以改变整个海军的作战情况。这是我们的第一款无人战斗机，体积还是比较小的，安装的是卫星通信系统，是全天候的，但是尺寸比较小。现在有一种比较大的叫WJ-600，外形和“全球鹰”差不多，但是飞行时间比“全球鹰”要短得多，大约只有20小时，是我们航天空中集团建造的，也带了各种合成孔径的雷达等，飞行的高度是12000米。这是我们做的“翔龙”，现在有一种比较好的就是“翼龙”，是中国航空公司建造的，外形和“全球鹰”也差不多。不能说我们是抄它的，因为这个数据完全靠我们自己研究出来。它的最大起飞重量是1200公斤，飞行时间20小时，高度可以飞到5300米。从总体上来讲，我们跟美国比是落后一些，一个就是航时短，原因主要是发动机的载油量和运转寿命都差一些。还有一个就是我们的电子设备比他们落后，侦察机的分辨率不是很高。

可能有的同志对我们中国的有人战斗机有兴趣，在这儿再简单说一下。我们国家目前已经有了第四代战斗机，叫作歼 –20。这架飞机的外形有很大的特点，就是有一对小的机翼，叫作鸭式小翼。有了这个鸭式小翼以后，空气流过来的时候就会在小翼后面产生一个旋转的气流，叫作脱体涡。脱体涡流过主机翼的时候会使得主机翼的升力大大地提高，所以这个飞机的机动能力比较好。另外这架飞机还用了边条技术。我们的歼 –20 既用了鸭翼技术又用了边条技术，在所有的第四代战斗机里边，这是没有过的。美国的 F–22、F–35，还有俄罗斯的 T50，都是第四代战斗机，只用了边条技术，没有用鸭翼技术，从这个角度来讲，我们的机动能力很可能要超过美国的 F–22 和 F–35，还有俄罗斯的 T50。再来看隐形效果。从前面来看，这架飞机的机身和机翼融合得非常好，是用了翼身融合技术。我们传统飞机的机身和机翼有明显界限，很不光滑，所以这个飞机的雷达反射波也是很小的，垂直尾翼向两边倾斜，这是典型的隐形飞机外形，而且还涂了隐形涂料，所以它还是隐形飞机。它的机动能力怎么样？我们可以来看一段视频，看看它的机动能力到底怎么样。这是在地面试飞试测的时候，它在地面运动阶段非常迅速、非常光滑，超速阶段是非常灵活的，这就证明它的机动能力是非常好的。这是我们另外一架第四代战斗机——歼 –31，它的外形跟歼 –30 区别很大。这架飞机没有用鸭翼，

外形更加像 F-35，用了边条技术，特点是突出隐形，而把机动放在第二位。

谢谢各位。

（以上内容根据 2013 年 4 月 18 日的讲座录音整理，略有删改）

核辐射对人们生活的影响

——从福岛核泄漏谈起

钟英强

主讲人简介：三门核电有限公司政治工作办公室主任、新闻发言人。

今天非常感谢科协给我这个机会和大家一起探讨核电和辐射方面的问题。特别是去年福岛核泄漏事故以后，核电的安全问题又一次被推到了风口浪尖。今天就以我了解的情况和专业知识来和大家探讨一下。

我们首先来看看日本福岛核事故。从世界核电发展史来看，这次事故是第三大灾难性事故。核电史上第一次灾难性事故是1979年美国三里岛事故，美国的宾夕法尼亚州三里岛有四个核反应堆，其中第三号堆发生爆炸，不过由于它有一个安全壳，把辐射给包住了，所以没有对环境造成影响。第二大事故，是苏联的切尔诺贝利核事故。这个核电站是石墨堆，它没有安全壳，所以一旦发生爆炸，所有的辐射就全都泄露出来了。

我们再来看看日本的情况。日本是一个狭长岛国，核电站分布很广，福岛位于东北地区的南部，福岛第一核电站一共有六个反应堆，其中四个反应堆发生了爆炸，其他两个还有福岛第二核电站的四个反应堆都没有爆炸。核泄漏刚发生的时候，网上传言说这不是地震，而是日本在太平洋搞了一个原子弹试验，其实原子弹的威力还不止这么多，还得翻一倍，所以这真的就是地震。发生地震的时候，一号、二号、三号机组正常运行，一号机组是1971年建成发电的，核电站的寿命是40年，现在技术发展了，延长到60年。一号机组如果按照40年寿期，它到2011年3月份就该退役了，不过它又延后了20年。首先，发生了地震，引起了反应堆停堆，然后外部电源断了，依靠柴油机发电，柴油机又被海啸淹掉，所以供不了水，最后温度升高，发生爆炸。核电站供电设备没电了，水泵转不起来，往里面加水就加不进去，没水，像我们家里做饭的锅一样，没有水一烧就坏了，一样的道理。也有很多人问，为什么要用水，如果不用水冷却不就没事了吗？目前来看，冷却水是最佳的选择。水泵没有水了，所以它的温度就升高，温度升高后，燃料就破了，燃料破了以后，里面的放射性物质就出来了，出来以后发生锆水反应，产生氢气，所以它就发生了爆炸。国际上对核事故分为七级，最高的就是七级，日本福岛事故出来以后，刚开始的时候没有定为七级，后来随着影响越来越大，最后国际原子能机构给它定为七级，这是它的后续跟踪。大家已经知道了，它现在已经处于冷停堆状态，已经能够保证安全了。因为这件事情出来以后，对整个核电的发展造成了很大的争议。

第二部分，给大家讲一讲辐射与防辐射，我想大家更关注这些东西。首先，我们看看辐射和放射性是怎么来的。人生活的这个世界，是一个充满辐射的世界，可以说，人离开了辐射不可能存活。比如说我们的桌子、椅子，穿的衣服，吃的饭，戴的帽子，用的所有东西都是有辐射的。最直观的例子，比如说我们做饭的时候，锅下面在加热，你站在旁边会觉得热，脸会发红，大家有没有想过为什么会发热？为什么会红？因为这是一种热辐射。云南、西藏这些高原地区，当地男孩、女孩的脸都是红扑扑的，大家说这是“高原红”，为什么会出现这样的情况？这就是紫外线辐射造成的。还有我们能听到声音，是靠声波传递的。所以，自然界中充满了辐射。大家可能觉得辐射这个东西很可怕，特别是福岛事件以后，我觉得要有一个认识的过程，大家要正确看待，其实大家身上都有辐射。

夜光表的夜光是怎么产生的？它是镭的发光，镭就是一种放射源。包括我们做的 X 光检测，也是一种放射源。夜光表最早是从瑞典传过来的，买这个表的时候，同时会附上一张说明书，提醒晚上睡觉的时候要把它取下来，而且要放在离人较远的地方，因为它会产生一种对人体有害的辐射。比如新装修的房子辐射量高。以前装修房子都喜欢在客厅里铺大理石，觉得这很豪华、气派，现在都不铺了，因为大理石有放射性，离得越近辐射量越高。辐射的剂量单位有西弗、毫西弗、微西弗，一西弗等于一千毫西弗，一毫西弗等于一千微西弗。在没有任何工业的情况下，比如说我们三门核电站，在三门核电站还没有建的时候要连续监测两年的辐射量。国家核安全局专门委托第三方的机构监测两年，监测出数据的本底，就是辐射量的多少。监测的时候，这个数据是随时都在变的。他们通过监测，通过平均数据，把其他的因素排掉，得出结论：在核电站周围，居民一年接受的剂量相当于 0.01 毫西弗，做一次 X 光胸透，是 0.02 毫西弗。我想很多人做过胸透，你们有没有注意到，X 光房间那个门两边都包着铅，还有一个，做 X 光的医生是在另外一个房间，另外一个房间和这个房间全是隔开的，为什么是这样？因为做 X 光胸透那个辐射剂量是很高的。还有一个，在医院里面做 CT 检查，一周之内除了救命不能做两次 CT 检查，因为 CT 检查有很高的放射性，全是给你穿透。做 CT 检查，还牵扯到另外一个问题，为什么不能做两次 CT 检查？因为它考虑到辐射，放射性物质有一个半衰期，有一个衰变的过程。还有，我们坐飞机，从北京到欧洲往返一次，相当于是 0.04 毫西弗，正常的土壤一年是 0.15 豪西弗，我们吃的水果、蔬菜是 0.25 豪西弗，我们住的砖房就更高了，还有某些高本底地区，比如西藏、云南这些高原地区甚至达到 3.7 毫西弗。在核电站里，按照国家的规定，一个人一年接受的剂量不能超过 50 毫西弗，如果超过 50 毫西弗身体要发生反应，所以核电站的控制，每人每年是 1 毫西弗，这应该是大家对核电站的辐射的正确理解。

第二，辐射其实是任何人都避免不了的，而且是没必要去恐惧的一个事情。如果每天吸一包烟，累积下来一年是 0.5—1 毫西弗，相当于在核电站周围 50—100 倍，所以烟不是好东西。大家可能很担心辐射，最近瑞典科学院和美国科学院，给出了两个截然相反的报告，有关用手机打电话，到底对人体健康有没有影响，瑞典科学院得出的结论是：用手机打电话打久了会致癌，对人体有影响。但是美国得出的结论说：人是否致癌跟用手机打电话没有任何关系，也不知道后者有没有经济利益的关系，两者得出了不一样的结论。用手机打电话是一种电池辐射，我们平时可能有感受，同样用手机打电话，打久了会觉得耳朵发热，甚至有点不一样的感觉，这也是很正常的。

我们再回过头来说辐射对人体的影响。当辐射相当于 0—250 毫西弗的时候，对人没有显著的影响，没有显著的影响就是说它没有产生反应，为什么有这么大个空间？因为它也和人个体的因素有关，有的人身体很敏感，到了100就有反应，有的人身体不敏感，到了500也不反应，它是一个平均值，就是0—250。如果到250—500的时候，就可能引起血液的变化，比如说白细胞减少，500—1000的时候，血球就会发生损害，1000—2000的时候身体就有损害了，人就会生病，2000—4000的时候就比较严重了，整个人会病恹恹的，没有精神，再往上的话，超过4000，如果一个人接受的剂量超过了4000，六周之内就会死亡。为什么现在大家对原子弹这么恐惧，并不是说害怕这个东西，更主要的是害怕它的放射性，因为原子弹爆炸以后，它的冲击波很厉害，能量很强，会将所有的房子夷为平地。另外，原子弹爆炸，它能产生3000℃的高温，任何物体都会毁灭，但这个是有距离的。还有一个，它会产生高强度的放射性，那个放射性是随着距离的远近而改变的，距离越远就越小，有的放射性，剂量高的时候，近距离的人可能当场就死亡。所以到目前为止，全世界只使用了两颗原子弹，大家都知道，美国投到日本的广岛和长崎，长崎到现在为止还提出索赔，说明什么问题？因为这个辐射有的地方衰变要好几十年，所以大家对这个很恐惧。全世界禁止使用核武器，中国掌握制造核武器的时候，我们在第一时间就发布声明：在任何情况下，我们国家都不首先使用核武器，也不拿核武器做威胁。大家不愿意使用这个东西，主要是它的威力太大，威力很多时候是通过辐射产生的。同样的道理，家里铺大理石，大家都说没什么事，如果把你放在大理石堆里，把你全身埋在大理石粉末里，也不行了，这就是量变引起质变。这个屋里，如果放一千部手机同时打，你想想这是什么状况，但是有没有可能一千部手机在这里同时打，有没有可能把你埋到大理石粉里面去，所以对于辐射，大家要正确认识它，敬畏它，也没必要一谈辐射就色变。

那么辐射是怎么影响人体的？首先是照射，外照射会从嘴巴进去影响甲状腺，这也是人需要服碘的原因，碘就只影响甲状腺。我甲状腺里吸满了，外面的碘就不吸收了，所以补充碘就是这么来的。首先，辐射影响甲状腺，使得甲状腺肿大。沿海好一点。我老家四川的，它属于内地，就有很多大脖子病，这是明显的缺碘症状。中国在盐里面都加碘，叫碘盐，最近发现一个问题，内地吃碘盐，沿海也吃碘盐，所以沿海的人吃的碘太多了，多了会产生高血压、冠心病等疾病。浙江省从 3 月 10 日开始销售无碘盐，我觉得这是以人为本，是科学的，是因地制宜的。我建议沿海的居民不一定要去买碘盐，我们生活在海边，海水里含碘很多，而且我们平时吃那么多海鲜，海鲜里面都是有碘的。碘缺失会影响甲状腺，会影响头发、头脑，还影响心脏、生殖系统、消化系统、血液系统，所以辐射影响了人体所有的地方。我们戴荧光表、打手机、抽烟、做 X 光、做 CT 检查，这些东西都对人体有一些辐射影响。

2011 年 3 月 15 日 7 点 31 分的时候发生了福岛核泄漏事件，福岛第一核电站的正门口是 8000 多微西，这个剂量是比较高的。

人如果在那个地方待一个小时，就会吸收这么多剂量，到了 19 日 9 点的时候，过了四天，从 8200 多降低到 360 微西，降了很多，所以很多东西是随着时间衰变的。东京，我不知道你们有没有印象，当时曾经有一个报道，说东京的辐射量在原来的基础上升高了 1000 倍，当时全球都很恐慌。东京 15 日上午 10 点的时候是 0.809，平均值是 0.035，这样看是挺高的，相当于平时一个小时待在东京要吸收这么多剂量，一下就报出来说是平时的 200 多倍，很高了。现在大家会引起恐慌大体是因为人们的无知，大家就记得 200 倍。如果我们在台州一个媒体上说一下，台州市现在的辐射量是原来的 200 倍，老百姓绝对恐慌。人有很多讲究，他就记住这 200，这也是福岛核爆炸事件这么吸引眼球的原因。因为大家不知道，就注意到爆炸了，一看到爆炸就惊慌了。但从平均值来看，其实对人体影响不大。我们国家对辐射的剂量的描述不用西弗这个单位，而是用戈瑞。戈瑞相当于 0.001 微西弗，那个量就更小了，所以有时候我们报多少戈瑞。我们跟国家安全局的人讨论过这个问题，中国用这么一个单位到底好还是不好。比如说，我们这儿的辐射是 500 戈瑞，你可能不知道后面，就记得 500 了，如果别人说，他那里只有 0.01 毫西弗，我们这 500，他才 0.01。我们现在很多工业上的标注，它标的是大的单位，为什么这么标？就是为了让我们老百姓看得放心。

大家看到辐射可能觉得很恐惧，辐射的方式有 α、β、γ 这三种射线和中子流，α 射线穿透力很小，一张纸就可以阻挡。我原来在秦山的时候，核燃料是用天然铀做，它的放射性只有 0.5 毫米，我们去装那个燃料的时候，手上戴个普通的白手套就可以，把燃料抱起来，放到一个槽上，推到反应堆里去。它是 0.5 毫米，相当于一个手套都屏蔽掉，你如果去监测剂量，单单监测一个的时候就比较少，但是你把整车都放在一起检测就多了，这是量的问题。β 射线，它的能量就要高一些，要铝片才可以阻挡，我刚才说过，X 光那个门，两边都包着铝片，主要是为了防止 β 射线。γ 射线和中子流穿透力就更强了，需要钢筋混凝土才能阻挡，所以现在核电站在里面，除了里面一层一层的之外，外面还有一米厚的钢筋混凝土，主要是防止 γ 射线和中子流，这是第一个原因。第二个原因，还能防外面的撞击，这个也挺有意思的，现在所有的核电站，包括秦山，大亚湾，连云港等等，防撞击的能力都能达到防战斗机的级别，战斗机撞到上面，即使战斗机撞碎它都不开裂，就算现在小型的导弹打到上面也没问题。我们三门核电站建立过程中，之所以建设的速度比较慢是因为大家都信一句话：防撞击能力要从防战斗机提到防商用飞机。这样的话不仅成本增加，设计都得改，所以我们就按照美国最新的标准，现在要防商用飞机的撞击。前段时间他们测算了一下，光这一个标准的提升，一个反应堆增加的直接成本是五千万美元，这还不算时间上的成本。不过我觉得这个东西也是有必要的，包括我们现在所有的在建的房子，从日本311大地震以后，所有的建筑的抗震等级都会在原来的基础上提高一个等级，不管是民用的还是工业的都要提高一个等级。提高这一个等级，作为老百姓来说当然是好，别说防战斗机，防商用飞机，防原子弹爆炸才好，但这些都是要增加成本的。

跟大家传递一个信息：辐射是可以防护的，并不是说不行，像日常的手机，大家贴着耳朵打的时候，好像觉得有辐射，我们现在可以用线接出来，这个也有辐射，不过要小很多。还有一个，接手机的时候有讲究，电话刚刚接通的时候别放在耳朵边。因为到时候一冲击，辐射还是蛮大的。

核反应堆释放出来的东西主要是碘-131，它的半衰期是8天。还有铯-137，半衰期是30年，我们把铯吸收到身体里去了，正常大小便或者是出汗都可以排出来。如果没排出来，在我们体内待三四年才会没有。还有氚，它的半衰期是12年，那么半衰期是什么意思？经过一些时间以后，自己自动就没了，就消失掉了，就衰变掉了，人们对核恐惧也是因为这个，因为有的东西衰变期太长了，这个还算好的，很多核废料，有的衰变期要三千年，所以说现在世界上反核，很大的一部分就是在反核废料。我们这辈子受苦就苦了，但是不要影响到子孙后代。我们国家是怎么处理的呢？比如说我们三门核电站弄完了以后，核废料倒了一车，整个拉到戈壁滩，甘肃有一个后处理厂，核废料处理后还有很宝贵的东西。但我们国家现在技术还没过关，小型处理还可以，运过去以后也是在那边暂存，后面一点点处理。这也是我们集团主要在做的，一年能处理20吨。现在正在建一个一年能处理200吨的，正在跟法国谈判，准备引进800吨的这么一条生产线，这项投资也是非常高的。

放射性元素进入人体的途径，首先是外照射，比如说辐射，它会像粉尘一样，降到衣服上、脸上和身体上。去年5月份，日本福岛核泄漏以后，大家都不去日本旅游了，日本为了刺激经济鼓励大家去旅游，规定旅客只要从福田机场入关，一次签证可以缓三个月，而且还可以落地签。我有一个朋友，北京《京华时报》的记者，他准备带着一家人到日本去旅游，他问我现在安不安全，能不能去。我就跟他说："你是不是一定要去，这得搞清楚，你可去可不去，那你这么害怕就别去了。"他说一定要去。我说："你既然一定要去，你就放心地去，我给你出几个主意：第一，你学阿拉伯人戴面罩，因为放射性灰尘是落到你皮肤上的。第二，提前联系好车，下了飞机以后赶紧坐上出租车走。第三，你就很坦然地面对。"结果他去了，在日本待了半个月，回来我问他怎么样，他说没什么，大家都不谈这个事情。他说第一感受是，日本的事情，中国人比日本人还关心。我说这是对的，中国人好热闹又好凑热闹，我们看看周边也是这样，如果两个人在街上吵架，不到半个小时，周围至少围一二十人看，就日本人来说，两个人吵架，如果围着就劝劝，劝开就走了，中国人不会，看着挺热闹，这就是本性，这就是中国的文化。外造色可以防护一下，还有内造色，是吸进去，吸到肚子里，比如说吸到放射性的灰尘，食物，比如说有伤口，进到血液里面去，怎么办？那么就远离它，戴口罩，还有皮肤别破。后面还讲到放射的问题，我跟我这位朋友说了："尽量缩短时间，你出了福田机场坐上车赶紧走。"这个地方辐射很高，像我们核电站里面专门有一个辐射计量器，我们现在还没有投产，核燃料什么都没有。一旦我们氮核运行的时候，有核燃料来的时候，我们每个人都会做一个计量表，相当于笔一样挂着，有两个作用，一个是监测附近环境当中的辐射量；还有一个，记录我们接受到的辐射，这个是终生跟踪的，比如说给我一个表编号，我今天在三门核电站工作，比如说明天调回秦山了，叫终生跟踪。它那个表的用途是：我们要进到反应堆里面去，最核心的地方就是靠核那边，到那边去了以后，如果这个区域里辐射量比较高，它就报警，有辐射它就响，辐射量越高，叫的越急，那个急是提醒你赶紧离开，如果很慢就说明比较正常，这就是时间。第二是距离，那儿有辐射，远离它，离它远点，就像我们家里，比如做饭的时候，有的人脸烤得红红的，你离锅远一点就行了，但是要做饭没办法，手就这么长。第三是屏蔽，躲起来。大家看到，福岛事件出了以后，日本政府要求周围的居民，靠近核电站的窗子别开，还有躲到掩体里面不要出来，这就是屏蔽。另外，如果我们人穿过了辐射区，比如说有灰尘落到我们身上，就洗澡，我们核电站里也是这样，我们到辐射区工作，出来的时候有监测门，监测我们身上的放射性剂量，如果剂量超标门不开，要我们去洗澡，洗澡出来再监测，如果不行还要去洗澡，洗合格了以后再出来。我印象当中，在秦山就有一个人连续洗了两次，就是不准你把放射性辐射带出来，必须把辐射放在里头，所以核电站不对外造成影响，它的危害是在里面的。

肯尼迪航天中心也是这样控制的，包括我们现在发射的神舟九号、天宫一号，一点火，火一下子起来了，看着很壮观，实际上它那个对人体影响也很大，所以全部人都站得很远或者在房间里面看。目前为止，洗澡是最好的办法，比如说你们要去日本旅游，如果你很担忧从福田那边走，那你到了宾馆首先洗澡，洗掉就行了。

去年大家都抢盐，我们抢盐抢的其实就是碘盐。我刚才跟大家说了，一天一个人大概要吃四克的盐。还有碘片，一般 40 岁以下的人才会服用碘片，40 岁以上甲状腺吸收不多，所以也没有效果。

大家有很多防辐射的误区，认为白色的衣服防辐射，黑色的衣服吸收辐射。有的人说穿黑色的衣服站到太阳下觉得热，白色的衣服凉快，实际上这是一种心理作用。很多女同志怀孕的时候，都要买一个防辐射的服装才敢坐到电脑旁边。最近有一个报道，是说防辐射衣实际上不但没好处，质量不好的还有坏处。还有人们在夏天会涂防晒霜，认为可以防晒，这些其实都没有科学依据。但是，为什么现在大家还这样做？主要是有一个心理安慰的作用。防辐射必须用特殊材料，现在还没有确认什么材料真正有用，其实大家就是图个心安。

核电站是怎么防辐射的？核电站有四道屏障，核电站的辐射就是核燃料里面的核。首先，核材料有二氧化铀把核材料包起来，二氧化铀是比较坚固的。第二,二氧化铀是长条形的，是一段一段的，外面用锆合金包成一根一根的，我们国家现在生产不了锆合金，但是我们所有的航天飞机用的都是这个，锆合金很硬也很结实，关键是重量很轻，防高温，防辐射。不过锆有一个问题，如果锆温度到 1200℃的时候和水一接触，它就会产生二氧化锆，同时释放出氢气，所以说福岛核电站发生爆炸，都是氢爆，氢气有什么特点呢？一个容器里面氢气的含量是 15%—75% 之间，只要在这个之间就会自动爆炸，这没法控制，低于 15% 或者是高于 75% 都不爆炸，所以我们需要把锆管给包起来。第三，我们有一个压滤容器，这个压滤容器像直径大概 20 米的大锅。锆有 30 多米，所以可以把核材料都放到这里面去反应。第四，里面是钢安全壳，外面是钢筋混凝土。我们的钢板是 44—46 毫米，大家可能觉得这也不是太厚，但是 44—46 毫米的钢板是世界上能造的最厚的钢板了，美国航母的主甲板钢板也就 40 毫米厚。最早我们国家生产不了 44—46 毫米的钢板，三门核电站建设以后，我们从美国引进了技术，以宝钢牵头组织了联合攻关，现在我们国家也可以生产了。生产期间还有一个小插曲，它第一次生产的产量是 24 块钢板，国家按照我国的监测标准去监测都是合格的，但是按美国的标准来检测都不合格，结果全返工。我拿牛奶举例，我们国家很多牛奶监测都是合格的，可是我们国家牛奶出口不了美国，就是他们的标准比较高，检测都不合格。核电站是全世界通用标准，那么不合格的钢板就必须回流重新做。我们要造大型的船舶、舰队，甚至航母，没有这种钢板是不可能造的。如果你说要去买整块钢板，别人是不会卖给你的。以上四层标准也保证了核电站的辐射不会外泄。

我曾经讲过，核电站的设计原理和我们很多工业理念是不一样的。为什么要科普核电站的危险性呢？首先就是要告诉大家，最危险的情况是什么样子。比如说我们单位开会，大家一坐到会场，我们第一件事情并不是让大家关手机，是告诉大家应急门的位置，一旦出了事情，我们可以保证基本安全。大家如果到我们那儿去开会，我们的接待单第一条就是应急，这是核电站的理念。

核电站是有可能出事，但是概率很低。其他的行业，比如说，我们的房子，当时并没有告诉你它垮掉的可能性。比如说，我们大家都知道千岛湖很漂亮，但是你知不知道新安江的大坝垮坝的可能性是多大呢？当时浙江省在选核电厂址的时候，本来在建德有一个很好的厂址能建核电站，但建设核电站有一个先决条件，就是在新安江大坝下面一百米的地方，还得重新建一个大坝。为什么要重新建一个大坝？因为它上面垮坝的几率比核电站出事的几率高多了。最后我们选到了龙游的一个厂址。我现在反思核电宣传的利弊，在建设之前就让大家知道有可能出事情，其实这个引导是有利的，关键是看宣传的模式。全世界都在说核电的好坏，其实它就是往坏了想，往最好的做，这其实就是理念的不一样。比如说动车还有高铁，大家肯定都不知道高铁出事的概率有多大。

第三部分，跟大家讲讲核能发电的基础知识。大家都知道发电是切割磁力线产生的，他的转动需要能量。世界上有很多发电的方法，首先是水电，用水去冲动涡轮机，涡轮机带动转，其次还有风电和燃煤发电。当然还有核电，核电也是通过裂变，利用水蒸气去冲动。火箭上烧煤，把化学能转变成热能，核电站由核能裂变产生能量，主要是原子核裂变，它有一个比较，一公斤铀 –235 如果完全裂变，相当于 270 万公斤的煤，所以它的效率很高。这是核裂变，核裂变主要是链式反应，一个中子去轰击原子核，原子核一个变成两个，同时它又转成中子，中子再去冲击原来的原子核，这就是链式反应。它在核裂变过程当中就有巨大的能量。现在全世界包括美国、欧洲、中国，正在联合攻关聚变。裂变相当于原子弹的原理。聚变则更像氢弹，氢弹是两个原子，合变成一个新的原子，它释放的能量更大。如果把聚变解决了，人类的能源问题就能彻底解决了。

现在欧盟、美国、中国，一共八个国家、组织正在一起研究这个问题，中国在里面承担 10% 的任务，我们集团也在代表国家参加这个计划。现在的计划是，用 30 年的时间在法国建成第一个聚变堆，聚变是从海水里面取原料。不过它里面有一个很难攻关的问题，因为聚变产生的温度要达到一亿摄氏度，我们拿什么去包住这么高温度的东西？一亿摄氏度要产生一亿度的蒸汽，现在一般的东西到了五六千度就烧掉熔化掉了。以目前的科技水平还解决不了。链式反应的过程是：一个中子轰击原子核，原子核释放两个原子核，同时释放中子再这么去冲击，一变二,二变四,四变八……我们如何控制链式反应呢？它有一个控制棒，这里有一个中子，有一个原子核，在有冲击力的时候就发生了裂变，发生裂变的时候再释放中子，然后再去冲击，为了控制它，在中间放一个控制棒，把中子吸掉。我们要控制它的时候就把棒放下来，那么中子整个就会冲击到控制棒上，冲击到控制棒的时候，就冲击不到原子核，原子核就没法裂变了，最后就停下来了。控制就是这么控制的。比如说我想让它反应快一点，我把棒提高一点，让中子控制多一些。核电站就是这样，五万度电或者十万度的电，就提一个棒。比如说我提到顶了，可能就满功率发，减少一点就不会满功率发。

核燃料循环就更专业了，大家也不一定感兴趣。我们自然界当中含有铀矿，铀矿其中 99% 都是铀 –238，只有不到 1% 是铀 –235，而铀 –238 是没用的，如果要让它变得有用，必须把铀–235提出来。伊朗说20%的铀，指的就是含20%铀–235。原子弹的含铀量要90%以上，像核电站用的铀基本上3%就够了。我们党委书记就是研究铀浓缩的，这是一个很高端的技术，俄罗斯、美国、法国这几个国家是最早掌握的。我们集团在天津有一个研究院，大前年研究出了“旋风一号”，研究出来以后，我们国家自己就能做了。

接下来谈核电站的选址，为什么要选到台州的三门？核电站的选址有这么几个条件：第一，冷却水和淡水的供应充足，我刚才说的降温，降温最好的办法就是水，所以要取水来冷却。第二，气象稳定，如果老是来龙卷风也不好，气象要稳定。第三，输电距离要最短，核电站功率比较大，一台机组一个小时能发125万度电，我们六台机组，六台机组相当于一小时能发750万度电。这是一个什么概念？去年2011年夏天最高温的时候，整个大杭州高峰期用电一个小时要900多万度电，整个宁波最高峰的时候，一个小时是808万度，整个台州最高峰的时候是470多万，所以我们六台机组都发电了，全供台州，台州用不完，但如果全供宁波或杭州是不够的。

大家对核电站这么害怕，那建到戈壁滩行不行？可以，从技术上能解决，但是发电给谁用？你说新疆那边把电送过来，目前世界上送电，像我们国家一般是22万千伏，现在高的是50万和100万，我们三门核电一、二号机组是用50万的电压向外送电，长距离要100万，电压越高输得越远，损失越小，路上有损耗。长距离特高压输电技术最成熟的实际上是美国和德国，但他们都没用。整个浙江的电，如果有两条一百万千伏的送电从那边过来，两条线就够我们浙江用。为什么我们国家不建？如果要建这个特高压，同时你就必须要承受得起特高压出事时的损失。假如别人搞破坏，跳闸，半个浙江没电了。如果整个杭州连续三天没电，你们想想会是什么样子？你能不能承受得起这个损失？这都是不敢想象的。我们想想如果整个椒江三天没电会怎么样？如果不能给你一个合理的解释，核电站是要负主要责任的。还必须远离飞机跑道，飞机从上面过，万一掉下来撞着了，这是非常恐怖的。

再跟大家讲讲核技术的应用。我们现在做X光，做太空育种，这些全是核技术应用，包括世博会所有门口安装检测人的通道，就是我们集团研究的东西，确实先进。原来海关检测，要开箱检测，现在基本上不用开箱检测，只要集装箱一过，就知道你里面有什么东西，这是一种核技术应用。核技术应用是很广的，核电是清洁的，是高效的，安全的。核电站会不会像原子弹一样爆炸？这个跟大家讲讲，这个其实是量变和质变的问题。我举个简单的例子，就像男的喝酒，喝白酒，如果是60度的酒，你把酒倒到碗里，用火一点，酒精是不是燃起来了，如果喝啤酒，同样是酒，啤酒的酒精度只有10度左右，你放到碗里怎么点也点不着。白酒你放到碗里点了，如果同时盖个盖子，空气膨胀，就爆炸了，但啤酒点不着，盖个盖子，怎么也不会爆炸。原子弹含铀量达到90%以上，核电站只有3%，所以是一个量变和质变的问题。

我们国家现在核电站的分布，在大连、烟台、连云港、秦山、三门、福建宁德、福建福清、广东大亚湾，还有阳江、台山、海南、广西，基本上全是在沿海，这些都是经济发达地区。

最后讲讲应对措施。我们在建设过程当中，吸取了福岛核电站的教训，我们在柴油机旁边也放一个很大的水池，一旦发生事故，柴油机启动，把水抽上去，然后喷淋下来。三千吨的水，顶在上面，一旦出事故，假设温度升高，凉水就淋下来，就可以把温度降下来。温度降下来，锆管就不会破，不破的话，放射性的东西就出不来。福岛事件是因为柴油机被海啸淹没了，淹没就没冷却水了，温度就会升高。我们是顶着三千吨的水，一旦出事情就淋下来，这三千吨的水能管72个小时，三天三夜。72个小时过了以后怎么办？外面消防车可以向上面加水。如果加不了水，怎么办？上面下水的时候，里面有一个堆芯补水箱，里面还有两千吨的水往堆芯里面去注水了，直接就冷却核燃料了，冷却的时候堆芯的水又能保证14天。14天保证它不破，如果14天外面还不行怎么办？它里面还有一个安注箱，水再往里面注，空间很大，靠自然空气的对流，就能把热量带出去，保证它里面处于冷停堆状态，保证它的燃料不破。

今天我主要跟大家讲的是这些，是希望大家关注辐射。如果大家对核电站感兴趣，欢迎大家有机会到三门核电站现场去，我们再交流。谢谢大家!

（以上内容根据2012年3月2日的讲座录音整理，略有删改）